全国商业职业教育教学指导委员会推荐教材

工业和信息化高职高专"十二五"规划教材

高等职业教育财经类**名师精品**规划教材

Auditing Basis

审计基础

苗美华 孙宗彬 主编

于涵 颜永廷 郭书维 刘雪林 副主编

人民邮电出版社

北京

图书在版编目（ＣＩＰ）数据

审计基础 / 苗美华，孙宗彬主编. -- 北京 ：人民
邮电出版社, 2013.12（2024.1重印）
高等职业教育财经类名师精品规划教材
ISBN 978-7-115-33387-2

Ⅰ. ①审… Ⅱ. ①苗… ②孙… Ⅲ. ①审计学－高等
职业教育－教材 Ⅳ. ①F239.0

中国版本图书馆CIP数据核字(2013)第265625号

内 容 提 要

本书针对初学审计的人应具备的审计知识和能力要求，安排了三个部分的内容，包括了解审计职业、财务报表审计流程和对企业财务报表审计综合案例资料，使学生身临其境，明确会计师事务所审计工作的前后顺序和工作内容，掌握获取审计证据的方法和编制审计工作底稿的要求。

本教材适用于高职会计类专业教学，也能满足助理审计人员后续教育的需求。

◆ 主　　编　苗美华　孙宗彬

　　副 主 编　于　涵　颜永廷　郭书维　刘雪林

　　责任编辑　李育民

　　责任印制　杨林杰

◆ 人民邮电出版社出版发行　　北京市丰台区成寿寺路11号

　　邮编　100164　　电子邮件　315@ptpress.com.cn

　　网址　https://www.ptpress.com.cn

　　北京九天鸿程印刷有限责任公司印刷

◆ 开本：787×1092　1/16

　　印张：15.5　　　　　　　　　　2013 年 12 月第 1 版

　　字数：395 千字　　　　　　　　2024 年 1 月河北第 11 次印刷

定价：34.00 元

读者服务热线：**(010)81055256**　印装质量热线：**(010)81055316**
反盗版热线：**(010)81055315**
广告经营许可证：京东市监广登字 20170147 号

编委会

序

　　一个国家经济社会的发展，主要是靠自然资源、物质资源和人力资源，但是我们不能仅依靠对自然资源破坏性的开发和对物质资源的大量消耗、浪费来发展社会经济。由于我国自然资源比较贫乏，物质资源也相对有限，所以我们要实现经济社会的持续发展就要建设人力资源强国。当前，我国处于从一个人力资源大国向人力资源强国转变的关键时期，要实现这样的转变就必须大力发展教育。人力资源理论指出教育对于经济的增长有重要作用，以 1926—1957 年的美国为例，其经济增长中有近三分之一是来自人力资源增长的贡献。所以一个国家经济社会要发展，首先就要发展教育，特别是发展职业教育，因为职业教育是为一线生产、服务、管理等部门培养高素质的劳动者和技术技能型应用人才的，这些人才的素质高低直接关系到一个国家经济社会的发展的规模、速度和效益。因此可以说，国家之间的实力竞争，归根结底是人才的竞争，是一线劳动者和技术技能人才综合素质的竞争，所以抓职业教育发展就是抓经济社会发展。

　　为了更好地促进职业教育商业类专业的发展，教育部和商务部牵头成立了全国商业职业教育教学指导委员会，其主要职能之一就是"研究商业职业教育的人才培养目标、教学基本要求和人才培养质量的评价方法，对专业设置、教学计划制定、课程开发、教材建设提出建议"，推进职业教育课程衔接体系建设，全面推进现代职业教育体系的建设，推动职业教育商业类人才的培养。

　　进入 21 世纪以来，随着中国经济实力的飞速提升，中国商业获得了巨大的发展，发生了深刻的变化。与商业相关的多个行业领域也重获新生且飞速发展，不仅各行业内部的繁荣程度得到不断提升，行业对外开放程度，行业的法制建设、人才建设等各方面都取得了显著成就，上升到了新的水平。我国商业及相关经济行业的飞速发展，既为商科职业教育的发展带来了勃勃生机，也同时带来了新的挑战。以往商科高等职业教育更多借鉴原专科教学经验，教学内容和教学形式多为原专科教学的"翻版"，尤其是教材，很多经典教材都由从事本专科教学的教师编写。实践证明，这些教材越来越难以满足高等职业教育应用性强及以就业为导向的教学需要。正是基于这样的考虑，2012 年年初，人民邮电出版社发起了"职业教育财经类名师精品教材建设项目"，这个"聚名师、建精品、促教学"的有益之举甫一出台就得到全国多家知名高职院校的支持和响应。同年仲夏，该项目在北京召开了项目启动仪式及专家委员会组建大会，之后历时一年，该项目的成果终能付梓，也就是现在呈现给各位读者的"高等职业教育财经类名师精品规划教材"。

　　作为"职业教育财经类名师精品教材建设项目"专家委员会的主任委员，我参与了这套教材的筹备、审稿等多个关键环节，认为这套教材与以往高职高专财经类教材相比，在三个方面做得比较好。首先，编者名师汇集，内容紧扣教改。这套教材的编写者、审阅者都是国内商科类院校的知名专家、教授。他们将自己多年教学实践所得，按照职业教育最新的"五个深度对接"的教学改革要求撰写成册，实现了课程教材内容与职业标准对接，充分体现了"做中学，做中教"、"理论实践一体化"的要求，科学地将专业知识和专业技能的培养结合起来，教材内容在确保学生达到职业资格要求的同时，还能促进学生综合职业素养的发展。其次，体例论证严密，呈现形式有创新性。组建了专门的专家委员会对教材的体例、内容进行审定。其中主任委员负责教材宏观方向和思路的把握，副主任委员负责具体教材规划的制定，包括课程规划、写作思路、教材体例、整体进度规划等，通过多级专家审定和多次会议讨论、商定，最终选择符合课程特色和教学改革新要求的教材编写体例和内容呈现形式。最后，资源丰富实用，打造立体平台。为了寓教于学，充分调动学生学习的积极性和主动性，出版社聘请专人运用最先进的教学资源建设理念和手段，为每本教材配套建设了丰富的多媒体教学资源。这些教学资源都经过精心的教学设计，能够与教材内容紧密结合，有效地促进学与教，从而为教师课堂教学注入新的活力。

相信这套教材被广大职业院校使用之后，可以有效地实现对学生学习能力、职业能力和社会能力的培养，促进学生综合素质的发展和提高。

这套教材从专家团队组建、教材编写定位、教材结构设计、教材大纲审定到教材编写、审校全过程都倾注了高职商科教学一线众多教育专家和教学工作者的心血，在这里我真诚地对参加编审的教授、专家表示衷心的感谢。

全国商业职业教育教学指导委员会副主任委员 王晋卿

2013 年 6 月 26 日

前　言
Preface

　　高职会计类专业人才必须具有审计职业素质，才能更好地满足会计工作需要，更好地处理与审计工作的关系，也才有可能直接从事审计工作，拓宽就业领域。为什么长期以来教师和学生对审计课程教学都"犯难"——关键是教材的问题，其次是教师的教学能力问题。这本书的编写目的，就是要突破以往同类教材的编写思路和形式，解决好教师和学生的这个"抓手"问题，提高教学质量。

　　本书具有三大显著特点。

　　一、宏观层面的整体设计

　　1. 内容编排符合职业规律，有利于学生形成与审计职业要求相一致的系统化思维方式。按照审计工作过程的法规要求、具体项目审计工作的步骤流程进行全书的整体设计。

　　2. 内容编排符合教育规律，始终站在学生立场上，按照知识的获取、能力的形成过程展开讲述，全书内容由浅入深，由已知到未知，最终实现内化为学生自身的素质，增强学生获取新知识、提高综合素质的能力。

　　3. 身临其境对企业审计，展示审计双方需提供的和应完成的基本资料，有助于学生形成对财务报表审计流程的全面认识。

　　二、微观层面细节设计

　　1. 体现"以学生为主体，以教师为主导"的职业教育理念。具体教学内容的安排，从文字和顺序上体现"带着学生学"的理念，使学生充分参与到教学过程中来，以"问题的提出，给出解决问题的方案，出现的新问题怎么办"的思路去设计教学内容。能够在合适的地方提出有意义的问题，反映了编写者对学生知识体系的充分认知和对审计的全面理解把握。

　　2. 实现"做中学"。设计丰富的案例、实物资料供学生在教师的引导下学习。所有问题的来源、解决问题的方案、进一步对新问题的提出，都是建立在与实际工作相一致或者是学生熟识的事物上，具体、亲切，不空洞，让学生学得扎实，有探究感。

　　3. 提供了专业网站及相关栏目，作为读者查阅资料、开阔视野、自主学习的主要信息来源。

　　4. 安排了明确的"做中学"项目训练内容，既有模拟训练项目，也有社会实践项目，以增强学生的团队合作、组织管理、文字表达、计算机应用等综合素质。

　　三、外观形式生动活泼，图文并茂

　　1. 自然地使用"请你"、"你可以"等语言，营造一种"我在学"的氛围。

　　2. 利用现代计算机技术，大量呈现图片、实物，将晦涩难懂的审计法规知识归纳成流程图，直接在实物资料旁边插入图形，添加解释性说明，使学生看得清楚，便于理解。

　　3. 为了实现"做中学"，教材中安排了以表或其他方式预留的空位供学生思考、查找资料后填写完成，在此基础上继续引出新的教学点，引导和促进学生养成探究式思维和学习习惯。

　　另外，本书还提供丰富的教学资源，相关教学资源可以从人民邮电出版社的教学服务资源网或 http://www.worlduc.com/SpaceShow/Index.aspx?uid=78250 上下载。

本书是校企合作、高职名校合作共建的成果。由山东商业职业技术学院会计学院高级审计师、副教授苗美华和北京中天运会计师事务所济南分所注册会计师、高级会计师孙宗彬任主编，山东商业职业技术学院会计学院于涵讲师、江苏财经职业技术学院颜永廷副教授、天津职业大学郭书维副教授、山东商业职业技术学院国际交流学院刘雪林讲师任副主编，山东商业职业技术学院国际交流学院施方玮、会计学院谭霞老师参编并参与了教材的校对工作。

在此，特别感谢山东商业职业技术学院会计学院"会计综合实训"课程教学团队，在常年教学工作过程中积累了实践教学凭证资料，为审计教学提供了难得的可利用素材，增强了财务报表审计的职业性。特别感谢山东正源和信会计师事务所王晓楠注册会计师提供的无私业务指导和帮助；感谢助理审计员郭靖华、任庆龄校友对审计课程教学提出的有益建议。

由于时间紧，作者水平有限，教材中一定存在许多不完善的地方，敬请大家提出宝贵意见和建议。

苗美华

2013 年 11 月

目 录
Contents

项目一
了解审计职业

学习目标

① 了解审计机构的种类;
② 掌握各类审计机构的工作职责、业务范围;
③ 了解审计人员的资格和职业道德要求;
④ 了解审计法律责任;
⑤ 了解审计工作相关的法律、法规;
⑥ 掌握通过网络、媒体获取最新审计机构工作动态、法律法规的方法,并利用 PPT 演示讲解。

审计常被称为"国家财政的看门狗"、"投资者的守护神"——由此我们可以了解到审计的重要性。审计是由专职机构和人员,依法对被审计单位财政、财务收支及有关经济活动进行审查,客观地获得和评估关于经济活动的真实性、合法性、效益性的证据,对照相应的标准,确认经济事实与相关标准的符合程度,并将结果传达给利益关系人的系统过程。图 1-1 列示了审计在国民经济监督体系中的地位,经济越发展,审计越重要,这已是不争的事实。

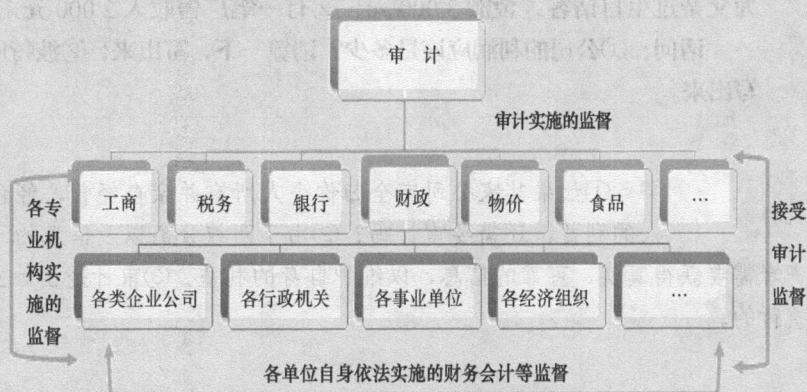

图 1-1　国民经济的监督体系

你还没开始做会计,一定没接触过审计,但你可能通过网络、电视等媒体听说过这个职业。审计这个职业在新中国成立后已经有 30 多年的历史了。本部分内容按照我国从事审计工作的不同机构,分别描述注册会计师审计、国家审计、内部审计的历史与现状，包括现行组织机构的设置、对审计人员的要求、审计业务范围、审计法律责任等，以激发你学习和认识审计工作的兴趣，为进一步学习审计过程以及如何做审计奠定基础。

任务一 | 注册会计师审计

案例导读

哈里和波特是两个老朋友，决定各自出资 10 万元注册一个 20 万元资本的小公司，从事广告业务。公司成立后不久，波特因意外车祸住院治疗不能参与公司的工作，哈里表示他自己会照顾好公司并要求从公司每月领取 2 000 元工资报酬，然后两人平分企业的净收益。5 个月后，哈里拿着 10.3 万元来看波特，表示公司清算不干了，这钱是波特的本钱及平分的收益。

假定哈里拿出公司的账簿记录，主要指标如下。

> 投入资本   200 000
> 取得业务收入   200 000
> 支付哈里及其他员工的工资   24 000
> 支付租金及其他各项税费   170 000
> 利润   6 000
> 收益分配（每人 6 000×50%）   3 000

还本   100 000

请问：如果你是波特，你会如何想？如何做？

如果波特聘请的注册会计师发现：①公司报销的费用账单中有一张发票确属哈里本人为父亲过生日请客，金额 3 000 元；②有一笔广告收入 2 000 元未入账。

请问：①公司的利润应该是多少？请算一下，写出来；②波特应从公司拿回多少钱？请写出来。

案例启示

①如果某家公司完全归你个人所有并亲自经营，经营的好坏不涉及任何其他人的利益，还需要审计吗？②由于两权分离以及信息的不对称，不参与经营的投资者需要获得真实、可靠的信息，以维护自身的利益。③审计是由独立的有专业胜任能力的人执行的。

相关知识

一、注册会计师职业的历史与现状

注册会计师审计是指由经政府有关部门审核批准，接受委托独立承办民间审计业务的会计师

事务所进行的审计，也称民间审计、社会审计、独立审计等。这种审计的历史起源在欧洲，我国注册会计师审计起步较晚。

（1）西方注册会计师职业的历史与现状如表 1-1 所示。

表 1-1　　　　　　　　　　　　西方注册会计师职业的历史与现状

发展历程	所属历史时期	标　　志
第一阶段：萌芽时期	16 世纪初地中海沿岸	合伙企业组织出现，民间审计萌芽
第二阶段：任意审计	16～18 世纪	无法规强制要求审计
第三阶段：英国式审计	18～19 世纪	详细查账，1844 年公司法，1853 年成立世界上第一个职业会计师团体——苏格兰爱丁堡会计师协会，标志着注册会计师职业诞生
第四阶段：美国式审计	20 世纪初	1917 年美国成立会计师协会（1957 年改名为美国注册会计师协会），发表专业技术公告"资产负债表审计方法"
第五阶段：财务报表审计	20 世纪 30 年代起	1933 年美国证券交易法规定，上市公司必须向证券交易管理机构报送经审计的资产负债表、损益表，并进一步扩大到全部会计报表及相关资料
第六阶段：现代审计	20 世纪 40 年代以后	美国注册会计师协会发表和通过《一般公认会计原则》和《一般公认审计准则》，先后出现了国际会计师事务所："八大"、"六大"、"五大"、"四大"
		审计技术和方法的发展：由制度基础审计到风险导向审计（20 世纪 90 年代以后）

请查阅相关信息，了解：

① 1721 年"南海公司案"的催化剂作用；

② 当今四大会计师事务所的基本情况。

（2）中国注册会计师审计的演进及发展。

请上网查阅一下中国历史上第一位注册会计师是谁？第一个会计师事务所是什么时间在哪里设立的？写出来。请上网查阅一下新中国注册会计师审计的发展历程，填在表 1-2 中。

表 1-2　　　　　　　　　　　　新中国注册会计师审计的发展历程

时间（年、月）	实施的法规名称	立法机构

二、我国会计师事务所及其业务范围

1．会计师事务所的性质

会计师事务所是注册会计师依法承办业务的机构。我国会计师事务所是经过省级以上财政部门审批、自收自支、独立核算、自负盈亏、依法纳税的经济组织。我国会计师事务所有合伙和有限责任会计师事务所两种组织形式，并正在推进向"特殊普通合伙"的组织形式改制。"特殊"之处，在于每个合伙人既有承担有限责任又有承担无限责任的可能。对一个或数个合伙人在执业中因故意或重大过失造成合伙企业债务时，其应承担无限责任或无限连带责任，其他人以其在合伙企业中的财产份额为限承担有限责任。

请上网查阅我国截至目前会计师事务所的数量，并按照性质、规模不同分类填在表 1-3、表 1-4 中。

表 1-3 我国会计师事务所的数量（按性质分类，信息截至 ）

事务所的性质	数量（家）	服务的企业组织（万家）	设立审批机构
有限责任事务所			
特殊普通合伙事务所			
普通合伙事务所			
总计			

表 1-4 我国会计师事务所的数量（按规模分类，信息截至 ）

事务所的规模	数量（家）	服务的企业组织（万家）	设立审批机构
大中型事务所			
其中：具有证券期货资格			
小型事务所			
总计			

注：表 1-3，表 1-4 信息来源自_____

2．注册会计师协会

中国注册会计师协会（CICPA）（以下简称"中注协"）是注册会计师行业的全国性组织，是在财政部党组和理事会领导下开展行业管理和服务的法定组织，依据《注册会计师法》和《社会团体登记条例》的有关规定设立，承担着《注册会计师法》赋予的职能、财政部党组委托和财政部领导交办的职能，以及协会章程规定的职能。省、自治区、直辖市注册会计师协会是注册会计师行业的地方组织。协会的宗旨是服务、监督、管理、协调。

请你通过中国注册会计师网站的相关栏目，了解中注协为履行职责所做的各项工作，并填在表 1-5 中。

表 1-5 中国注册会计师协会的宗旨

宗旨	栏目	举例（标题）
服务		
监督		
管理		
协调		

注：信息来源自_____

3．会计师事务所的业务范围

按照《注册会计师法》的规定，会计师事务所业务范围如图 1-2 所示。

图 1-3 所示为鉴证业务中的三方关系，请仔细理解图 1-3，以审计关系为例说明鉴证业务中的

三方关系产生的原因及相互关系。

请思考 相关服务业务中存在三方关系吗？如果不存在，请调查一项代理记账业务，简要说明以下关系人及事务所的任务。

按照我国目前鉴证业务的具体项目种类划分，进一步全面了解鉴证业务的种类和区别，见图1-4。

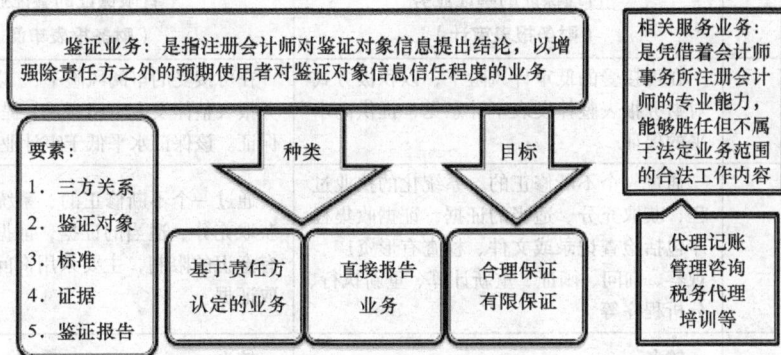

图 1-2　会计师事务所业务范围

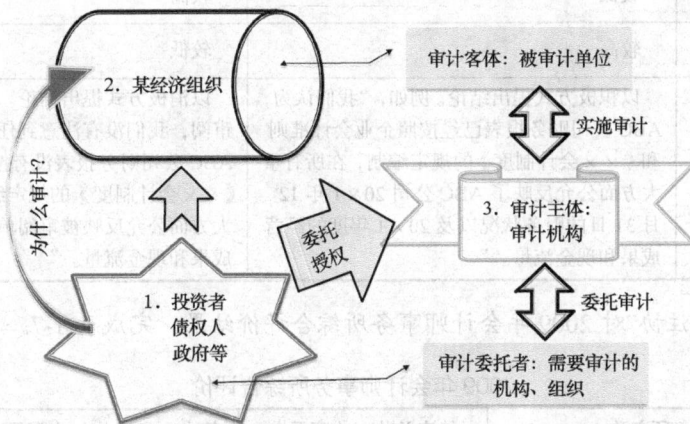

图 1-3　审计三方关系

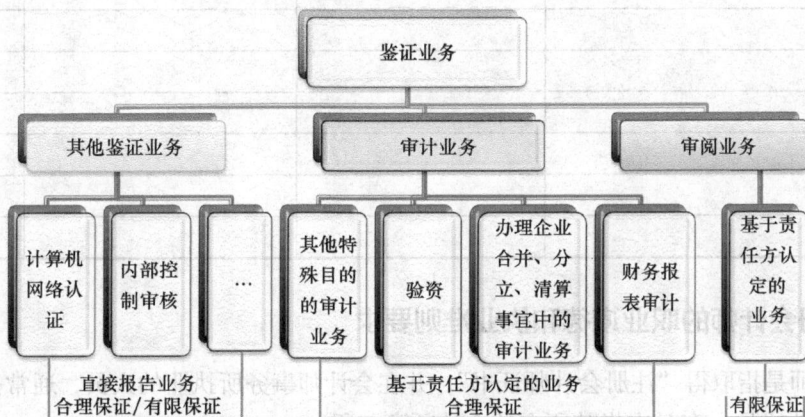

图 1-4　鉴证业务类型

按照鉴证业务基本准则的要求，鉴证业务的种类不同，目标要求不一样。财务报表的审计业务对报告结论的保证程度要求高，是合理保证的鉴证业务；财务报表的审阅业务对鉴证结论的保证程度要求相对低一些，是有限保证的鉴证业务；对于其他鉴证业务，可以根据需要约定。

通过表1-6，你可以对比认识不同鉴证业务，初步感受事务所的工作性质。

表 1-6 鉴证业务的类型和区别

业务类型 区别	合理保证的鉴证业务（财务报表审计）	有限保证的鉴证业务（财务报表审阅）
鉴证业务目标	在可接受的低审计风险下，以积极方式对财务报表整体发表审计意见，提供高水平的保证	在可接受的审阅风险下，以消极方式对财务报表整体发表审阅意见，提供有意义水平的保证。该保证水平低于审计业务的保证水平
证据收集程序	通过一个不断修正的、系统化的执业过程，获取充分、适当的证据，证据收集程序包括检查记录或文件、检查有形资产、观察、询问、函证、重新计算、重新执行、分析程序等	通过一个不断修正的、系统化的执业过程，获取充分、适当的证据，证据收集程序受到有意识的限制，主要采用询问和分析程序获取证据
所需证据数量	较多	较少
鉴证业务风险	较低	较高
鉴证对象信息的可信性	较高	较低
提出结论的方式	以积极方式提出结论。例如，"我们认为，ABC公司财务报表已经按照企业会计准则和《××会计制度》的规定编制，在所有重大方面公允反映了ABC公司20×1年12月31日的财务状况以及20×1年度的经营成果和现金流量。"	以消极方式提出结论。例如，"根据我们的审阅，我们没有注意到任何事项使我们相信，ABC公司财务报表没有按照企业会计准则和《××会计制度》的规定编制，未能在所有重大方面公允反映被审阅单位的财务状况、经营成果和现金流量。"

请上网了解"中注协"对2009年会计师事务所综合评价结果，完成表1-7。

表 1-7 2009年会计师事务所综合评价

序号	事务所名称	年度总收入（万元）	其中：审计收入（万元）	比例（%）
1				
2				
3				
4				
5				
6				
7				

三、注册会计师的职业道德和执业准则要求

注册会计师是指取得"注册会计师证书"，并在会计师事务所执业的人员，通常是指项目合伙人或项目组其他成员，有时也指其所在的会计师事务所。

1. 资格获取

国家考试，每年一次。

报考条件：具有高等专科以上学校毕业学历，或者具有会计或者相关专业中级以上技术职称。

考试科目和成绩认定：分两个阶段考试。专业阶段考试设会计、审计、财务成本管理、公司战略与风险管理、经济法、税法 6 个科目（60 分合格，连续 5 年内有效）；综合阶段考试科目应在取得注册会计师全国统一考试专业阶段考试合格证书后 5 个年度考试中完成。对取得综合阶段考试科目考试合格成绩的考生，财政部考委会颁发注册会计师全国统一考试全科合格证。

按照《注册会计师法》第 9 条规定，参加注册会计师全国统一考试成绩合格并从事审计业务工作 2 年以上的，可以向省级注册会计师协会申请注册，经审核批准发放注册会计师证书，具有执业资格。

请你了解相关信息，将我国注册会计师职业从业人员截至目前的情况填在表 1-8 中。

表 1-8　　　　　我国注册会计师从业人员情况统计（信息截至　　　）

执业注册会计师	从业人员数	比例

2. 对注册会计师职业道德要求

请你根据图 1-5 中对律师、医生、注册会计师的职业性质的比较，说明它们的共同点、区别，并得出对职业道德要求的结论来。

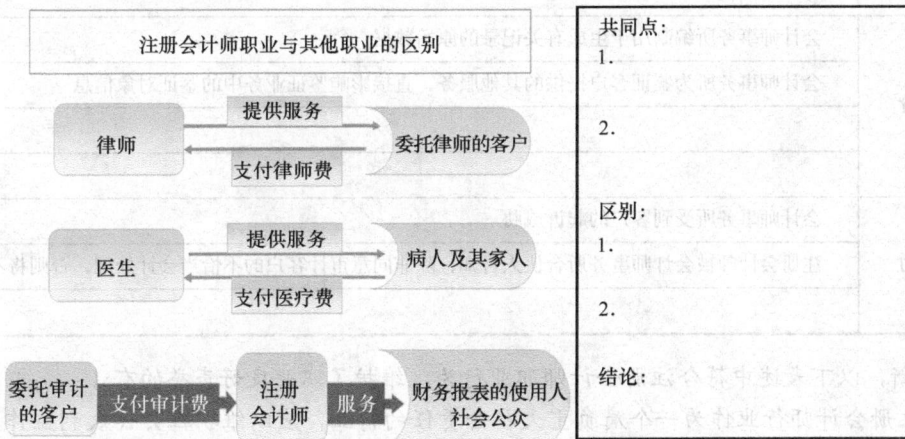

图 1-5　注册会计师职业比较

按照中国注册会计师协会发布的《中国注册会计师职业道德守则》，注册会计师在从事鉴证业务和相关服务工作中，应当遵守以下基本原则：①诚信；②独立性；③客观和公正；④专业胜任能力和应有的关注；⑤保密；⑥良好的职业行为。

请你对照《中国注册会计师职业道德守则第 1 号——职业道德基本原则》，分别说明上述基本原则的含义，写在相关位置上。

需要特别指出的是独立性原则。独立性是审计的本质属性，就是秉公、按原则办事。审计机构和人员在执行审计业务、出具审计报告时，应当在形式上（在第三者、社会看来）和实质上（实实在在地）独立于委托单位和其他机构，不受任何外力的影响和干扰。"实质上的独立"主要指审计人员的一种精神状态，即在工作中不使自己的判断受他人左右，不受个人偏见及杂念的影响，完全客观、公正地形成审计意见；"形式上的独立"主要是指审计机构和人员对于社会的一种形象，即在第三者看来，审计与委托人、被审计单位等没有任何利益关系会影响到审计发表客观、公正的审计意见。当注册会计师意识到独立性受到威胁时，会对审计过程和结果的客观公正产生损害，就应恪守独立性原则，主动采取措施予以防范。对独立性威胁的种类及具体情形见表1-9，可以帮助你分析和判断，并请你再补充一些。

表1-9 对独立性产生威胁的具体情形

威胁类型	对独立性产生威胁的具体情形
自身利益	审计项目组成员与审计客户进行雇佣协商
	会计师事务所与鉴证业务相关的或有收费安排
过度推介	在鉴证客户与第三方发生诉讼或纠纷时，注册会计师担任该客户的辩护人
密切关系	项目小组成员的妻子是客户的会计主管
	注册会计师接受客户的礼品或享受优惠待遇（价值重大）
自我评价	会计师事务所编制用于生成有关记录的原始数据
	会计师事务所为鉴证客户提供的其他服务，直接影响鉴证业务中的鉴证对象信息
外在压力	会计师事务所受到客户的起诉威胁
	注册会计师被会计师事务所合伙人告知，除非同意审计客户的不恰当会计处理，否则将不被提升

请判断，以下表述中符合注册会计师职业行为，维护了职业良好声誉的有（　　）。

A. 注册会计师行业作为一个肩负重大社会责任的行业，应以维护社会公众利益作为注册会计师行业的根本目标。

B. 注册会计师应当按照业务约定履行对客户的责任，不诋毁同行。

C. 会计师事务所不得雇用正在其他会计师事务所执业的注册会计师，注册会计师不得以个人名义同时在两家或两家以上的会计师事务所执业。

D. 注册会计师及其所在会计师事务所不得以向他人支付佣金等不正当方式招揽业务，也不得向客户或通过客户获取任何利益。

你选择的是A、B、C、D吧？还有哪些是应该保持的以及应该发扬的行为，你可以写下来。

3．对注册会计师执业的法规要求

在《中国注册会计师职业道德守则》的约束下，注册会计师依法从事的鉴证业务和相关服务业务的法规依据是《中国注册会计师执业准则》，包括对会计师事务所的质量控制准则和业务准则。具体种类及相互关系如图 1-6 所示。

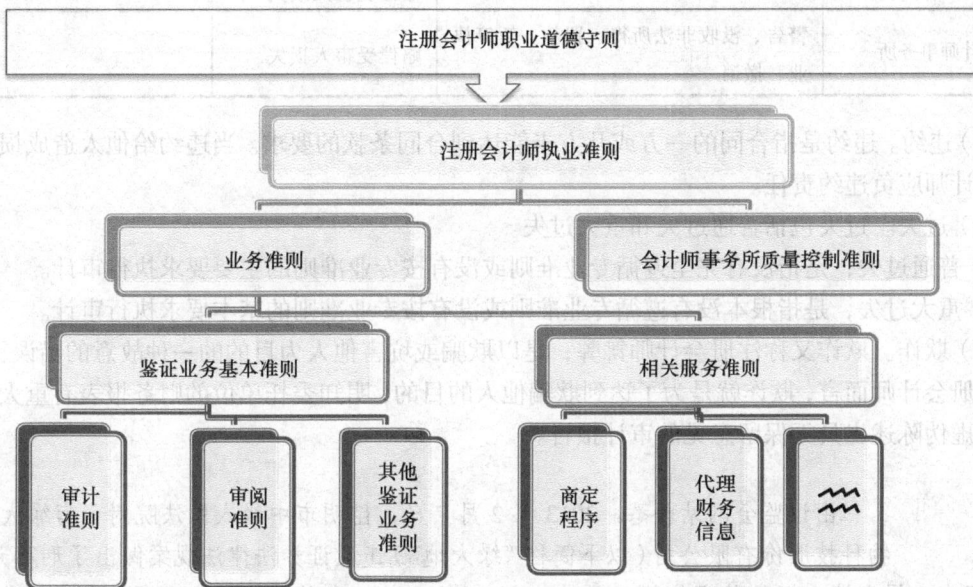

图 1-6　注册会计师执业准则体系

自 2012 年 1 月 1 日起实施的《中国注册会计师审计准则》共包含 38 项，是审计工作的权威依据，对于规范注册会计师的执业行为，提高执业质量，维护社会公众利益，促进社会主义市场经济的健康发展具有重要意义。由中国注册会计师协会主编的《财务报表审计工作底稿编制指南》，为注册会计师更好地理解和贯彻执业准则的要求提供了更具体的参考依据。你将在财务报表审计流程和进一步审计程序的应用中，有重点地学到和掌握这些准则的具体规范内容和要求。

四、注册会计师的法律责任

20 世纪 80 年代末，臭名昭著的国际商业信贷银行倒闭案，迫使普华支付了 1 亿多美元的赔偿，才与蒙受巨额损失的投资者达成庭外和解。20 世纪 90 年代美国加州奥然治县破产案、巴林银行理森舞弊案也把毕马威、德勤、永道卷入了代价高昂的诉讼。近些年发生的施乐公司、朗讯公司、山登公司等重大恶性案件，"五大"事务所也都牵涉其中，如 2001 年 8 月，法院裁定安永向山登公司的股东支付 3.35 亿美元的赔偿。万众瞩目的"安然事件"的焦点之一安达信最近几年更是官司缠身，丑闻不断。2002 年美联社发表了题为"安达信的过去有审计问题"的报道，历数了安达信过去20 年存在的严重审计问题，其中包括最近发生的阳光公司案和废物管理公司案。阳光公司因舞弊败露而退市并申请破产保护，安达信为此支付了 1.1 亿美元的赔偿，才了结与阳光公司股东的法律诉讼；2001 年，安达信因纵容废物管理公司的财务舞弊，被美国证券交易委员会（SEC）判罚了 700 万美元的罚款，创下美国证券交易委员会对会计师事务所单笔罚款的纪录。

在我国，注册会计师的法律责任包括因注册会计师违约、过失或欺诈给被审计单位或其他利害关系人造成损失而被追究和承担的行政、民事或刑事责任。具体处罚如表 1-10 所示。

表 1–10　　　　　　　　　　中国注册会计师的法律责任种类

责任种类 承担责任主体	行政责任 （因违约、过失）	民事责任 （因违约、过失、欺诈）	刑事责任 （因欺诈）
注册会计师	训诫、警告、暂停执业、吊销证书	赔偿受害人损失	5 年以下有期徒刑或者拘役
会计师事务所	警告、没收非法所得、罚款、暂停执业、撤销	赔偿受害人损失	

（1）违约。违约是指合同的一方或几方未能达到合同条款的要求。当违约给他人造成损失时，注册会计师应负违约责任。

（2）过失。过失包括普通过失和重大过失。

① 普通过失，是指没有完全遵循专业准则或没有按专业准则的主要要求执行审计。

② 重大过失，是指根本没有遵循专业准则或没有按专业准则的基本要求执行审计。

（3）欺诈。欺诈又称注册会计师舞弊，是以欺骗或坑害他人为目的的一种故意的错误行为。对于注册会计师而言，欺诈就是为了达到欺骗他人的目的，明知委托单位的财务报表有重大错报，却加以虚伪陈述出具无保留意见的审计报告。

身临其境　由证监会网站获悉，2013 年 2 月 7 日，昆明市中级人民法院对云南绿大地生物科技股份有限公司（以下简称"绿大地"）违反证券法律法规案做出了刑事判决。

经查，绿大地在招股说明书和 2007 年、2008 年、2009 年的年度报告中虚增资产、虚增业务收入。同时，中国证监会认定，联合证券有限责任公司（以下简称"联合证券"）未勤勉尽责，未发现绿大地在招股说明书中编造虚假资产、虚假业务收入。四川天澄门律师事务所（以下简称"天澄门"）在绿大地欺诈发行上市时未勤勉尽责，未在法律意见书中说明其工作相关情况，未对绿大地相关资产的取得过程进行完整的核实。深圳市鹏城会计师事务所有限公司（以下简称"深圳鹏城"）未勤勉尽责，未发现绿大地为发行上市所编制的财务报表编造虚假资产、虚假业务收入，从而出具了无保留意见的审计报告，发表了不恰当的审计意见。

上述相关中介机构的违法违规行为涉及金额巨大，性质恶劣，严重扰乱了证券市场秩序，极大地损害了投资者的合法权益，依法应予严惩。中国证监会将根据《证券法》及其他法律法规做出最高幅度的处罚和处理。近期，中国证监会拟对联合证券、天澄门、深圳鹏城给予行政处罚，撤销深圳鹏城证券服务业务许可，拟对相关责任人员给予行政处罚和终身证券市场禁入，撤销相关保荐代表人保荐代表人资格和证券从业资格。目前，中国证监会正在履行行政处罚告知程序。

特别提示

（1）重点关注的网站及相关栏目：中国注册会计师协会官网 http://www.cicpa.org.cn/。

（2）牢记的关键术语：注册会计师、业务范围、职业道德基本原则、独立性、法律责任。

（3）相关的审计法规：《中华人民共和国注册会计师法》、《中国注册会计师职业道德守则》、《中国注册会计师职业道德守则第 1 号——职业道德基本原则》。

任务训练

1. 了解会计师事务所的业务范围、内部机构设置情况、主要审计客户。

（1）任务背景资料：通过网络信息，查找一家当地事务所。

（2）任务实施：以小组为单位制作 PPT 汇报。

2. 了解注册会计师的法律责任。

（1）任务背景资料：通过网络查找信息——财政部、中注协、证监会等机构对会计师事务所和注册会计师的处罚。

（2）任务实施：提供一个案例资料，简要介绍案情。直接打开相关网页进行说明。

任务二 | 国家审计

案例导读

四川铁科建设监理有限公司私设"小金库"问题

审计署 2012 年在铁路建设项目审计中发现，2009～2010 年，四川铁科建设监理有限公司通过虚列外聘人员奖金支出等手段套取资金 1 277 万元，存放账外，用于发放奖金等。2012 年 7 月，审计署将此问题移送其上级公司中国中铁股份有限公司查处。2012 年 9 月，中国中铁股份有限公司对该公司董事长周波、总经理刘战利及另外 6 名责任人给予免职处理，并追回部分已发放的奖金。

案例启示 ①国家审计的对象是国家机关、国有企事业单位等经营或支配国有资产的组织、机构；②国家审计有权检查，对发现的违规或违法事实可以移交上级机关和司法机关处理，对检查结果可以公告；③审计过程以事实为依据，严格依法审计。

相关知识

一、我国国家审计的历史与现状

国家审计是指由国家审计机关实施的审计，又称政府审计。它是由国家设立机构，经国有资源财产所有人授权，并代表其对国有资源财产的主管人及其经管人进行审计监督。我国国家审计历史悠久，其发展过程及现状见表 1-11。

表 1-11　　　　　　　　　　我国国家审计的历史与现状

发展历程	所属历史时期	标　志
第一阶段：萌芽时期	西周	设专职官吏"宰夫"
第二阶段：确立时期	秦汉	设专职"御史大夫"，颁布"上计律"

续表

发展历程	所属历史时期	标　志
第三阶段：发展时期	唐宋	设"审计院"（公元 992 年）
第四阶段：中衰时期	明清	名存实亡
第五阶段：演进时期	民国	设"审计院"，颁布审计法规
第六阶段：新中国审计	1982 年 12 月 4 日第四部新《宪法》颁布至今	设立"国家审计署及县以上各级审计机关"。法制化建设的进程：1994 年 8 月 31 日第八届全国人民代表大会常务委员会第九次会议通过《中华人民共和国审计法》；1996 年起陆续颁布和修订《国家审计准则》、《审计职业道德》、《审计质量控制标准》；2006 年 2 月 28 日第十届全国人民代表大会常务委员会第二十次会议通过对《中华人民共和国审计法》的修正（现行）；2010 年 5 月 1 日起施行《中华人民共和国审计法实施条例》（2010 年修订）；2011 年 1 月 1 日起施行《中华人民共和国国家审计准则》（2010 年修订）

二、国家审计机关的职责、权限

我国国家审计机关依照《宪法》和《审计法》的规定设置并履行职责。《宪法》第九十一条规定：国务院设立审计机关，对国务院各部门和地方各级政府的财政收支，对国家的财政金融机构和企事业组织的财务收支，进行审计监督。审计机关在国务院总理领导下，依照法律规定独立行使审计监督权，不受其他行政机关、社会团体和个人的干涉。审计机构的设置及与政府的关系如图 1-7 所示。

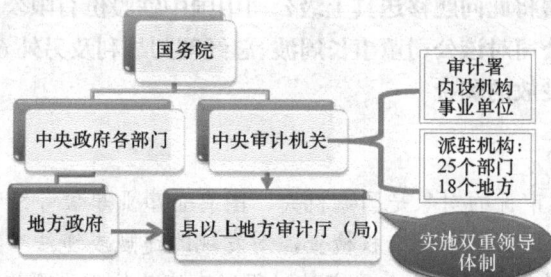

图 1-7　国家审计机构设置

请你对照图示的关系，结合自己所在省、市、县，说说地方审计机构的设置情况。

1．国家审计机关的职责

依据《中华人民共和国审计法》的规定，审计机关负有如下职责。

第十六条　审计机关对本级各部门（含直属单位）和下级政府预算的执行情况和决算以及其他财政收支情况，进行审计监督。

第十七条　审计署在国务院总理领导下，对中央预算执行情况和其他财政收支情况进行审计监督，向国务院总理提出审计结果报告。

地方各级审计机关分别在省长、自治区主席、市长、州长、县长、区长和上一级审计机关的领导下，对本级预算执行情况和其他财政收支情况进行审计监督，向本级人民政府和上一级审计机关提出审计结果报告。

第十八条　审计署对中央银行的财务收支，进行审计监督。审计机关对国有金融机构的资产、负债、损益，进行审计监督。

第十九条　审计机关对国家的事业组织和使用财政资金的其他事业组织的财务收支，进行审计监督。

第二十条　审计机关对国有企业的资产、负债、损益，进行审计监督。

第二十一条　对国有资本占控股地位或者主导地位的企业、金融机构的审计监督，由国务院规定。

第二十二条　审计机关对政府投资和以政府投资为主的建设项目的预算执行情况和决算，进行审计监督。

第二十三条　审计机关对政府部门管理的和其他单位受政府委托管理的社会保障基金、社会捐赠资金以及其他有关基金、资金的财务收支，进行审计监督。

第二十四条　审计机关对国际组织和外国政府援助、贷款项目的财务收支，进行审计监督。

第二十五条　审计机关按照国家有关规定，对国家机关和依法属于审计机关审计监督对象的其他单位的主要负责人，在任职期间对本地区、本部门或者本单位的财政收支、财务收支以及有关经济活动应负经济责任的履行情况，进行审计监督。

第二十六条　除本法规定的审计事项外，审计机关对其他法律、行政法规规定应当由审计机关进行审计的事项，依照本法和有关法律、行政法规的规定进行审计监督。

第二十七条　审计机关有权对与国家财政收支有关的特定事项，向有关地方、部门、单位进行专项审计调查，并向本级人民政府和上一级审计机关报告审计调查结果。

第二十八条　审计机关根据被审计单位的财政、财务隶属关系或者国有资产监督管理关系，确定审计管辖范围。

审计机关之间对审计管辖范围有争议的，由其共同的上级审计机关确定。

上级审计机关可以将其审计管辖范围内的本法第十八条第二款至第二十五条规定的审计事项，授权下级审计机关进行审计；上级审计机关对下级审计机关审计管辖范围内的重大审计事项，可以直接进行审计，但是应当防止不必要的重复审计。

第二十九条　依法属于审计机关审计监督对象的单位，应当按照国家有关规定建立健全内部审计制度；其内部审计工作应当接受审计机关的业务指导和监督。

第三十条　社会审计机构审计的单位依法属于审计机关审计监督对象的，审计机关按照国务院的规定，有权对该社会审计机构出具的相关审计报告进行核查。

2．国家审计机关的权限

依据《中华人民共和国审计法》的规定，审计机关具有如下权限。

第三十一条　审计机关有权要求被审计单位按照审计机关的规定提供预算或者财务收支计划、预算执行情况、决算、财务会计报告，运用电子计算机储存、处理的财政收支、财务收支电子数据和必要的电子计算机技术文档，在金融机构开立账户的情况，社会审计机构出具的审计报告，以及其他与财政收支或者财务收支有关的资料，被审计单位不得拒绝、拖延、谎报。

被审计单位负责人对本单位提供的财务会计资料的真实性和完整性负责。

第三十二条　审计机关进行审计时，有权检查被审计单位的会计凭证、会计账簿、财务会计报告和运用电子计算机管理财政收支、财务收支电子数据的系统，以及其他与财政收支、财务收支有关的资料和资产，被审计单位不得拒绝。

第三十三条　审计机关进行审计时，有权就审计事项的有关问题向有关单位和个人进行调查，并取得有关证明材料。有关单位和个人应当支持、协助审计机关工作，如实向审计机关反映情况，提供有关证明材料。

审计机关经县级以上人民政府审计机关负责人批准,有权查询被审计单位在金融机构的账户。

审计机关有证据证明被审计单位以个人名义存储公款的,经县级以上人民政府审计机关主要负责人批准,有权查询被审计单位以个人名义在金融机构的存款。

第三十四条 审计机关进行审计时,被审计单位不得转移、隐匿、篡改、毁弃会计凭证、会计账簿、财务会计报告,以及其他与财政收支或者财务收支有关的资料,不得转移、隐匿所持有的违反国家规定取得的资产。

审计机关对被审计单位违反前款规定的行为,有权予以制止;必要时,经县级以上人民政府审计机关负责人批准,有权封存有关资料和违反国家规定取得的资产;对其中在金融机构的有关存款需要予以冻结的,应当向人民法院提出申请。

审计机关对被审计单位正在进行的违反国家规定的财政收支、财务收支行为,有权予以制止;制止无效的,经县级以上人民政府审计机关负责人批准,通知财政部门和有关主管部门暂停拨付与违反国家规定的财政收支、财务收支行为直接有关的款项,已经拨付的,暂停使用。

审计机关采取前两款规定的措施不得影响被审计单位合法的业务活动和生产经营活动。

第三十五条 审计机关认为被审计单位所执行的上级主管部门有关财政收支、财务收支的规定与法律、行政法规相抵触的,应当建议有关主管部门纠正;有关主管部门不予纠正的,审计机关应当提请有权处理的机关依法处理。

第三十六条 审计机关可以向政府有关部门通报或者向社会公布审计结果。

审计机关通报或者公布审计结果,应当依法保守国家秘密和被审计单位的商业秘密,遵守国务院的有关规定。

第三十七条 审计机关履行审计监督职责,可以提请公安、监察、财政、税务、海关、价格、工商行政管理等机关予以协助。

请对照案例导读的资料,说说你对审计机关的职责、权限的认识。

三、国家审计职业道德和执业准则要求

1．审计机关审计人员基本审计职业道德

审计人员应当恪守严格依法、正直坦诚、客观公正、勤勉尽责、保守秘密的基本审计职业道德。

（1）严格依法。审计人员应当严格依照法定的审计职责、权限和程序进行审计监督,规范审计行为。

（2）正直坦诚。审计人员应当坚持原则,不屈从于外部压力;不歪曲事实,不隐瞒审计发现的问题;廉洁自律,不利用职权谋取私利;维护国家利益和公共利益。

（3）客观公正。审计人员应当保持客观公正的立场和态度,以适当、充分的审计证据支持审计结论,实事求是地做出审计评价和处理审计发现的问题。

（4）勤勉尽责。审计人员应当爱岗敬业,勤勉高效,严谨细致,认真履行审计职责,保证审计工作质量。

（5）保守秘密。审计人员应当保守其在执行审计业务中知悉的国家秘密、商业秘密;对于执行审计业务取得的资料、形成的审计记录和掌握的相关情况,未经批准不得对外提供和披露,不得用于与审计工作无关的目的。

审计人员执行审计业务时，应当保持应有的独立性，并避免对独立性可能造成损害的情形。

2．国家审计准则

为了规范和指导审计机关和审计人员执行审计业务的行为，保证审计质量，防范审计风险，发挥审计保障国家经济和社会健康运行的"免疫系统"功能，根据《中华人民共和国审计法》《中华人民共和国审计法实施条例》和其他有关法律法规，制定的《中华人民共和国国家审计准则》，是审计机关和审计人员履行法定审计职责的行为规范，是执行审计业务的职业标准，是评价审计质量的基本尺度。其具体内容共包括 7 章 200 条。

> 第一章 总则
> 第二章 审计机关和审计人员
> 第三章 审计计划
> 第四章 审计实施
> 　第一节 审计实施方案
> 　第二节 审计证据
> 　第三节 审计记录
> 　第四节 重大违法行为检查
> 第五章 审计报告
> 　第一节 审计报告的形式和内容
> 　第二节 审计报告的编审
> 　第三节 专题报告与综合报告
> 　第四节 审计结果公布
> 　第五节 审计整改检查
> 第六章 审计质量控制和责任
> 第七章 附则

四、国家审计机关和人员的法律责任

在审计职业道德和审计准则的约束、要求下，按照《审计法》《国家审计准则》的规定，审计机关和人员依法独立检查被审计单位的会计凭证、会计账簿、财务会计报告，以及其他与财政收支、财务收支有关的资料和资产，监督财政收支、财务收支的真实性、合法性和效益性。审计人员滥用职权、徇私舞弊、玩忽职守或者泄露所知悉的国家秘密、商业秘密的，依法给予处分；构成犯罪的，依法追究刑事责任。

> **身临其境**　[资料来源于审计署 2012 年第 12 号公告（摘要）]中国电信集团公司 2010 年度财务收支审计结果。

1．基本情况

中国电信成立于 2000 年 5 月，注册资本 1 580 亿元，全资和控股二级公司 35 家，主要从事固定通信、蜂窝移动通信、网络接入、增值电信等。据中国电信合并财务报表反映，截至 2010 年年底，中国电信资产总额 6 476.40 亿元，负债总额 2 184.18 亿元，所有者权益总额 4 292.22 亿元，当年营业收入 2 604.06 亿元，利润总额 138.08 亿元。

2．审计评价意见

本次重点审计了中国电信本部及所属 5 家单位，涉及资产量占中国电信资产总额的 50%以上。审计结果表明，中国电信法人治理结构逐渐完善，内部管理水平不断提高，重大经济决策较为规范，会计信息基本真实反映了企业财务状况和经营成果，但也存在部分会计核算不规范、对所属企业管理不够严格等问题。这些问题对中国电信 2010 年度财务收支状况的影响主要是：少计资产 20 769.73 万元，占资产总额的 0.03%；多计负债 6 200.41 万元，占负债总额的 0.03%；少计所有者权益 22 540.94 万元，占所有者权益总额的 0.05%；少计利润 4 429.20 万元，占利润总额的 0.32%。

对审计发现的问题，审计署已依法出具了审计报告、下达了审计决定书，要求中国电信予以整改。

3．审计发现的主要问题及整改情况

（1）会计核算和财务管理存在的问题。

① 2004 年 12 月至 2010 年 12 月，所属浙江省电信实业集团公司（以下简称"浙江电信实业"）

等单位未按企业会计准则规定抵消内部损益、确认部分投资收益和资产减值准备等，导致少计利润1亿元，其中2010年少计利润0.44亿元。

审计指出上述问题后，浙江电信实业等单位已调整了相关会计账目。

② 2008年至2010年，所属浙江电信实业金华市分公司等单位少缴纳企业所得税1 260.56万元。

审计指出上述问题后，相关单位已补缴了企业所得税。

③ 2009年至2010年，中国电信本部及部分所属二、三级公司本部在成本费用中列支工资性支出5 627.10万元，未纳入工资总额管理，也未代扣代缴个人所得税。

审计指出上述问题后，中国电信及所属各单位已补缴了个人所得税。

④ 2008年4月至2011年7月，中国电信所属单位以物业费、会议费等名义套取资金307.36万元形成"小金库"，累计支出304.96万元，主要用于招待费、培训费和发放奖金等。

审计指出上述问题后，相关单位调整了会计账目并追回了资金，完善了物业管理和会议费、招待费管理制度，对20名相关责任人进行了通报批评、诫勉谈话和经济处罚。

（2）贯彻落实国家宏观政策存在的问题。

2010年9月至2011年7月，中国电信新增移动电话用户实名登记率为79%~83%，与工业和信息化部关于全面实施新增电话用户实名登记的要求存在一定差距。

审计指出上述问题后，中国电信下发了《关于进一步加强电话用户实名登记工作并开展用户登记信息保护检查的通知》，以进一步加强管理，提高实名登记工作质量。

（3）内部管理存在的问题。

① 中国电信所属单位在开展"外呼营销"和"商务短信群发"业务过程中对用户信息管理不严，有的单位移动电话"公免公纳卡"存在无消费限额、超期使用等管理不规范情况。

审计指出上述问题后，相关单位下发《关于加强增值业务营销合作中用户信息管理工作的通知》，对建立用户信息保护长效机制做出了规定，并组织"公免公纳卡"使用单位进行清理规范。

② 中国电信企业年金自2003年建立以来，在运作过程中存在未采取规范的委托管理模式等问题，截至2010年年底仍未按规定清理规范到位。

审计指出上述问题后，中国电信按照国家相关要求，于2011年8月向上级主管部门上报了企业年金方案并于次月获得批准，此后下发了《关于规范集团企业年金有关问题的通知》等3个配套文件。

③ 2008年至2010年，中国电信所属单位部分大额采购未进行招标，涉及金额6 753.75万元，占应招标金额的0.04%；购买的公务用车有14辆超过了中国电信规定的采购价格上限。

审计指出上述问题后，相关单位对采购管理办法进行修订，并下发《关于进一步加强经营管理者公务用车管理的通知》，组织开展采购供应管理交叉检查，加强了对招标工作的监督检查和公务用车的管理。

④ 2008年至2010年，中国电信所属单位将承接的电信工程违规分包给不具备电信工程施工相关资质的单位，涉及合同金额5.97亿元。

审计指出上述问题后，相关单位实施整改，清退了无资质的分包单位，并制定或修订了劳务分包管理办法等4项内部管理制度。

⑤ 2008年至2010年，中国电信所属单位向福建省电信实业集团公司重复收费106.90万元；未及时对增值业务欠费时间已超过3个月的用户停止或限制电信服务，多发生用户欠费590.37万元。

审计指出上述问题后，相关单位已退回重复收取的费用；下发了《关于进一步规范后付费用户信息费欠费管理的通知》，要求各单位进一步规范欠费管理，并认真进行整改。

请你在仔细阅读的基础上，感受审计过程，体会审计的职责、权限，将国家审计发挥的经济监督和评价职能及作用写在表 1-12 中（审计发现的问题可以注明资料中的序号）。

表 1-12　　　　　　　　　　　体会审计的职能和作用

审计职能	审计发现			审计结果
经济监督（针对会计核算）	1.	2.	3.	
经济评价（针对内部管理）	1.	2.	3.	

特别提示

（1）重点关注的网站及相关栏目：中国国家审计署官网 http://www.audit.gov.cn，栏目为审计法规、审计结果公告、审计知识。

（2）牢记的关键术语：审计职责、审计权限、职业道德基本内容、独立性、国家审计准则、审计职能。

（3）相关的审计法规：《中华人民共和国审计法》、《中华人民共和国审计法实施条例》、《中华人民共和国国家审计准则》。

任务训练

1. 描述审计机关的机构设置、工作职责、审计结果。

（1）任务背景资料：利用国家审计署网站信息，结合一项审计结果公告进行说明。

（2）任务实施：以小组为单位制作 PPT 汇报。

2. 结合审计权限，体会审计在国民经济监督中的作用。

（1）任务背景资料：审计署发布了 2011 年上半年审计情况统计结果。2011 年上半年，全国审计机关共审计（调查）48 540 个单位。通过审计，为国家增收节支 189.8 亿元，其中已上交财政 118.8 亿元，已减少财政拨款或补贴 26.1 亿元，已归还原渠道资金 44.9 亿元；帮助被审计单位和有关单位挽回或避免损失 73.8 亿元，核减固定资产投资项目投资或结算额 235.6 亿元。向司法、纪检监察机关移送事项 268 件，涉及人员 278 人。全国审计机关共完成对 10 205 人的经济责任审计。审计后，8 名被审计领导干部和 60 名其他人员的问题被移送司法、纪检监察机关处理。

（2）任务实施：总结归纳审计权限，说明审计发挥的作用，完成表 1-13。

表 1-13　　　　　　　　　　　审计的权限及作用

审计权限	作用
1.	
2.	
3.	

任务三 | 内部审计

案例导读

因揭露超过 30 亿美元的世通舞弊案件而出名的内部审计师

世界通信利用会计造假虚构的利润创下世界纪录,这一惊天动地的财务舞弊案到底是如何被发现的? 具有讽刺意义的是,世界通信的财务舞弊既不是由人才济济、经费充裕的证券监管部门美国证券交易委员会发现的,也不是由经验丰富、技术精湛的跻身于"五大"事务所的安达信(AA)发现的,更不是由薪酬丰厚、权高位重的董事会发现的,而是被世界通信一些牢骚满腹的高管人员称作"不自量力、多管闲事"的 3 位内部审计人员发现的。揭开世界通信造假黑幕的英雄是辛西亚·库珀(Cynthia Cooper,世界通信内部审计部副主管)、哲恩·摩斯(Gene Morse,擅长计算机技术的内部审计师)和格林·史密斯(Glyn Smith,内审部高级经理,辛西亚的助理)。正是这 3 位不计个人安危,忠于职守的"火枪手",排除困扰,顶住压力,才将世界通信的舞弊罪行昭示于天下。

案例启示 ①内部审计人员身份特殊,时刻保持独立、客观、公正的审计本质特征不能动摇; ②内审人员熟悉和更容易掌握本单位发生的经济业务实质,对财务信息的风险领域识别得更准确; ③内部审计人员的职业综合素质需要专业培养。

相关知识

一、内部审计的历史与现状

内部审计是独立监督和评价本单位及所属单位财政收支、财务收支、经济活动的真实、合法和效益的行为,以促进加强经济管理和实现经济目标。

20 世纪初,一些经营规模庞大、经营地点分散、经营业务复杂的大规模商业公司(如托拉斯、康采恩等垄断组织)相继出现,为满足加强企业内部经营管理、控制和监督的需要诞生了现代内部审计。1941 年,美国维克多·贝瑞克(Victor E.Brink)博士出版《内部审计: 性质、职能和程序方法》;同年,约翰·瑟斯顿(John B.Thurston)在纽约建立了"内部审计师协会"(IIA,Institute of Internal Auditors)。贝瑞克对内部审计理论的构建,以及瑟斯顿所推动的内部审计职业化,一般被认为是现代内部审计诞生的标志。1973 年劳伦斯·索耶(Lawrance B.Sawyer)编撰世界审计名著《现代内部审计实务》,使现代内部审计理论体系日臻完善。索耶也因此号称"现代内部审计之父"而享誉全球。

20 世纪 90 年代后,由于技术变革速度加快导致产品生命周期缩短,经济国际化程度进一步加深导致经营地日趋分散,以及企业间竞争加剧、资产证券化、衍生金融业务导致经营业绩波动扩大,企业多元化经营进入众多前所未涉的领域导致经营失败风险的加大,信息技术在经营管理中的广泛应用和控制环节减少而引发毁灭性的、更加隐蔽的计算机犯罪机会增加等因素的影响，企业经营中面临的各种风险普遍增大。企业不仅要面对传统的财务风险，还要全面考量战略风险和经营风险。这些风险包括关联交易、合资以及合伙风险，企业重组并购风险，新业务、产品和系统的风险，信息系统风险以及声誉风险等。内部审计的发展进入了风险导向综合审计的更高阶段，内部审计采用系统化、规范化的方法对风险管理、控制及治理程序进行评价，以达成为组织增加价值、提高组织的运作效率、实现组织目标等目的。

我国内部审计工作起步于 20 世纪 80 年代。1983 年 8 月，国务院转发审计署《关于开展审计工作几个问题的请示》，首次提出建立内部审计监督问题。当年 9 月，中国石化总公司率先成立审计部，开展内部审计监督活动。1985 年 12 月 5 日，审计署颁布关于内部审计工作的第一个法规性文件——《审计署关于内部审计工作的若干规定》。1994 年 8 月颁布并于 1995 年开始实施的《审计法》第二十九条明确规定："国务院各部门和地方人民政府各部门、国有的金融机构和企业、事业组织，应当按照国家有关规定建立健全内部审计制度。"《审计署关于内部审计工作的若干规定》从 1985 年首次颁布至今，历经 1989 年、1995 年、2003 年多次修订和完善，以行政法规的形式确立了我国内部审计的基本制度。

二、我国内部审计机构设置、职责、权限

1．我国内部审计机构设置

根据《审计署关于内部审计工作的若干规定》，国家机关、金融机构、企业事业组织、社会团体以及其他单位，应当按照国家有关规定建立健全内部审计制度。法律、行政法规规定设立内部审计机构的单位，必须设立独立的内部审计机构；法律、行政法规没有明确规定设立内部审计机构的单位，可以根据需要设立内部审计机构，配备内部审计人员。

设立内部审计机构的单位，可以根据需要设立审计委员会，配备总审计师。

内部审计机构在本单位主要负责人或者权力机构的领导下开展工作。

2．我国内部审计机构职责

依据《审计署关于内部审计工作的若干规定》，内部审计机构按照本单位主要负责人或者权力机构的要求，履行下列职责。

（1）对本单位及所属单位（含占控股地位或者主导地位的单位，下同）的财政收支、财务收支及其有关的经济活动进行审计；

（2）对本单位及所属单位预算内、预算外资金的管理和使用情况进行审计；

（3）对本单位内设机构及所属单位领导人员的任期经济责任进行审计；

（4）对本单位及所属单位固定资产投资项目进行审计；

（5）对本单位及所属单位内部控制制度的健全性和有效性以及风险管理进行评审；

（6）对本单位及所属单位经济管理和效益情况进行审计；

（7）法律、法规规定和本单位主要负责人或者权力机构要求办理的其他审计事项。

需要强调的是，内部审计机构每年应当向本单位主要负责人或者权力机构提出内部审计工作报告。

3．我国内部审计机构权限

单位主要负责人或者权力机构应当制定相应规定，确保内部审计机构具有履行职责所必需的权限，主要有以下内容。

（1）要求被审计单位按时报送生产、经营、财务收支计划、预算执行情况、决算、会计报表和其他有关文件、资料；

（2）参加本单位有关会议，召开与审计事项有关的会议；

（3）参与研究制定有关的规章制度，提出内部审计规章制度，由单位审定公布后施行；

（4）检查有关生产、经营和财务活动的资料、文件和现场勘察实物；

（5）检查有关的计算机系统及其电子数据和资料；

（6）对与审计事项有关的问题向有关单位和个人进行调查，并取得证明材料；

（7）对正在进行的严重违法违规、严重损失浪费行为，做出临时制止决定；

（8）对可能转移、隐匿、篡改、毁弃会计凭证、会计账簿、会计报表以及与经济活动有关的资料，经本单位主要负责人或者权力机构批准，有权予以暂时封存；

（9）提出纠正、处理违法违规行为的意见以及改进经济管理、提高经济效益的建议；

（10）对违法、违规和造成损失浪费的单位和人员，给予通报批评或者提出追究责任的建议。

此外，单位主要负责人或者权力机构在管理权限范围内，授予内部审计机构必要的处理、处罚权。

三、内部审计职业道德和执业准则要求

1．内部审计人员任职要求

《审计署关于内部审计工作的若干规定》、《内部审计基本准则》等相关法规，对内部审计人员主要有以下任职要求。

（1）具备岗位资格，保持和提高专业胜任能力。内部审计人员实行岗位资格和后续教育制度，内部审计人员应当具备相应的岗位资格。内部审计人员应具备必要的学识及业务能力，熟悉本组织的经营活动和内部控制，并不断通过后续教育来保持和提高专业胜任能力。

（2）遵循职业道德规范。内部审计人员办理审计事项，应当严格遵守内部审计职业规范，忠于职守，做到独立、客观、公正、保密。并以应有的职业谨慎态度执行内部审计业务。

（3）保持独立性。内部审计机构和人员应保持独立性和客观性，不得负责被审计单位经营活动和内部控制的决策与执行。

（4）交往沟通能力。内部审计人员应具有较强的人际交往技能，能恰当地与他人进行有效的沟通。

2．内部审计人员职业道德规范

（1）内部审计人员在履行职责时，应当严格遵守中国内部审计准则及中国内部审计协会制定的其他规定。

（2）内部审计人员不得从事损害国家利益、组织利益和内部审计职业荣誉的活动。

（3）内部审计人员在履行职责时，应当做到独立、客观、正直和勤勉。

（4）内部审计人员在履行职责时，应当保持廉洁，不得从被审计单位获得任何可能有损职业判断的利益。

（5）内部审计人员应当保持应有的职业谨慎，并合理使用职业判断。

（6）内部审计人员应当保持和提高专业胜任能力，必要时可聘请有关专家协助。

（7）内部审计人员应诚实地为组织服务，不做任何违反诚信原则的事情。

（8）内部审计人员应当遵循保密性原则，按规定使用其在履行职责时所获取的资料。

（9）内部审计人员在审计报告中应客观地披露所了解的全部重要事项。

（10）内部审计人员应具有较强的人际交往技能，妥善处理好与组织内外相关机构和人士的关系。

（11）内部审计人员应不断接受后续教育，提高服务质量。

3．内部审计执业准则

中国内部审计执业准则，由内部审计基本准则、内部审计具体准则、内部审计实务指南 3 个层次组成。内部审计基本准则、内部审计具体准则在进行内部审计时应当遵照执行；内部审计实务指南是对内部审计机构和人员实施内部审计的具体指导，内部审计机构和人员在进行内部审计时应当参照执行。为适应内部审计最新发展，更好地发挥内部审计准则在规范内部审计行为，提升内部审计质量方面的作用，中国内部审计协会正在征求意见修订中。

四、内部审计人员的法律责任

依据《审计署关于内部审计工作的若干规定》，对滥用职权、徇私舞弊、玩忽职守、泄露秘密的内部审计人员，由所在单位依照有关规定予以处理；构成犯罪的，移交司法机关追究刑事责任。

特别提示

（1）重点关注的网站：中国内部审计协会官网 http://www.ciia.com.cn/，大型公司、金融机构网站（如中国建设银行）。

（2）牢记的关键术语：审计职责、审计权限、职业道德基本内容、独立性、内部审计准则体系。

（3）相关的审计法规：《审计署关于内部审计工作的若干规定》《中国内部审计执业准则》。

任务训练

任务：具体描述一个内部审计的机构设置、工作职责、审计结果。

（1）**任务背景资料**：利用某上市公司、国有企业集团、金融机构等网站信息。

（2）**任务实施**：以小组为单位制作 PPT 汇报。

项目二
财务报表审计流程

　　无论是上市公司、国有企业还是民营组织，无论企业规模大小或处于什么行业，在年度终了，企业均应按照所遵循的会计准则要求编制财务报表，包括资产负债表、利润表、现金流量表、所有者权益变动表及财务报表附注。在提交财务报表前，企业必须委托会计师事务所的注册会计师对财务报表进行审计并发表意见。这是市场经济条件下经济监督的制度安排，是会计师事务所的传统和法定业务。

　　截至 2012 年年底中注协网站的信息表明，在 8 087 家会计师事务所中，有近 10 万名执业的注册会计师和近 30 万名从业人员，服务于约 350 万家企业组织，审计业务收入是总收入的主要来源。

　　本部分内容：系统讲述注册会计师在遵循职业道德守则的基础上，在风险导向审计理念的指导下，如何按照审计准则的要求，执行从业务承接开始到发表审计意见的全过程工作。希望你在做中学的过程中，理解和掌握财务报表审计的基本原理，身临其境感受审计流程在山东商苑商城有限责任公司财务报表审计中的应用，从而形成对财务报表审计的系统认识，为进一步有针对性地按照业务循环学习具体项目审计奠定基础。

任务一 | 明确审计目标

学习目标

1．明确财务报表审计的总体目标；

2．理解管理层认定的种类和审计具体目标；

3．理解管理层认定与审计具体目标、审计总体目标的关系。

案例导读

2012 年 5 月 8 日，中注协发布了 2011 年年报审计情况快报（第十七期）。快报显示，截至 4 月 30 日，有证券资格会计师事务所共为 2 362 家上市公司出具了审计报告。各类审计报告意见汇总见表 2-1。

表 2-1　　　　上市公司 2011 年年报审计意见汇总表

序号	审计意见类型	各类意见汇总
1	（标准）无保留意见	2 247
2	带强调事项段的无保留意见	92
3	保留意见	19
4	否定意见	0
5	无法表示意见	4
合　计		2 362

从表 2-1 反映的审计结果分析，事务所为 99%的上市公司年度财务报表发表了无保留意见，即认可了 2 339 家上市公司的财务报表整体不存在由于舞弊或错误导致的重大错报，在所有重大方面是按照适用的财务报告编制基础编制的。

①财务报表审计的目的是发表审计意见，审计意见有区别。②作为使用审计报告的各方，如社会公众、投资者、债权人、政府、企业管理层等，应该以审计报告为依据，理性判断财务报表信息，对自己的投资、交易、监管等行为负责。必须明确审计有风险，投资需谨慎的道理！

相关知识

一、财务报表审计的总体目标

依据中国注册会计师审计准则第 1101 号，对财务报表审计的总体目标确立为：①对财务报表整体是否不存在由于舞弊或错误导致的重大错报获取合理保证，使得注册会计师能够对财务报表是否在所有重大方面按照适用的财务报告编制基础编制发表审计意见；②按照审计准则的规定，根据审计结果对财务报表出具审计报告，并与管理层和治理层沟通。

这里涉及几个与审计目标相关的必须明确的关键术语。

1．明确财务报表整体

财务报表整体指整套财务报表，包括资产负债表、利润表、现金流量表、所有者权益变动表和财务报表附注；有时也指单一财务报表。

2．明确财务报表的编制者与责任人

公司管理层负责制定选择相关政策、制度，保证编制的财务报表真实、完整，不存在重大错报；如有可能，公司内部对管理层履行责任设立执行监督的机构即治理层，负责及时发现、纠正、防范各种违反政策的错误或舞弊行为，使公司内部自身风险防范制度化，会更有效果。

3．明确财务报表审计的前提

（1）按照适用的财务报告编制基础编制财务报表，并使其实现公允反映（如适用）。

（2）设计、执行和维护必要的内部控制，以使财务报表不存在由于舞弊或错误导致的重大错报。

（3）向注册会计师提供必要的工作条件，包括允许注册会计师接触与编制财务报表相关的所有信息（如记录、文件和其他事项），向注册会计师提供审计所需的其他信息，允许注册会计师在获取审计证据时不受限制地接触其认为必要的内部人员和其他相关人员。被审计单位管理层或治理层做不到上述3个方面的话，则财务报表不具有可审性。

4．明确错报的性质

错报是指某一财务报表项目的金额、分类、列报或披露，与按照适用的财务报告编制基础应当列示的金额、分类、列报或披露之间存在的差异。按照性质不同，非故意造成的差异属于错误，而故意造成的差异属于舞弊。

5．何谓适用的财务报告编制基础

适用的财务报告编制基础是指法律法规要求采用的财务报告编制基础；或者管理层和治理层（如适用）在编制财务报表时，就被审计单位性质和财务报表目标而言，采用的可接受的财务报告编制基础。如大中型企业应当选择《企业会计准则》编制财务报表，而小企业则应当选择使用《小企业会计准则》处理经济事项和编制财务报表。在特殊情况下，为满足财务报表特定使用者对财务信息的需求，同一会计主体采用的财务报告编制基础也可能不同，包括按计税核算基础、监管机构的报告要求和合同的约定等编制财务报表。注册会计师必须能够做出正确判断。

6．明确实现合理保证

合理保证是指注册会计师在财务报表审计中提供的一种高水平但非绝对的保证。即上述99%的无保留意见具有很高的可靠性，但不应理解为这些被出具无保留意见的审计结论100%绝对正确。提醒注册会计师的审计应当谨慎，而且财务报表使用者也应当对此有所认识和了解。

这是执行企业会计准则的山东商苑商城有限责任公司提交审计的利润表（见表 2-2）和资产负债表（见表 2-3）（现金流量表、所有者权益变动表、财务报表附注略）。自公司成立以来，管理层根据业务的需要和监管的要求，明确岗位职责，明确业务流程；谨慎选择会计政策，合理进行会计估计且保持一贯性。承接该项目审计的注册会计师严格执行审计准则要求的审计程序，遵守职业道德，按时完成了任务。

表 2-2　　　　　　　　　　　　　　利润表

会企 02 表

编制单位：山东商苑商城有限责任公司　　　20×1 年 12 月　　　　　　单位：元

项　目	行次	本年金额	上年金额
一、营业收入	1	264 471 092.66	229 052 044.36
减：营业成本	2	223 504 799.39	187 952 353.09
营业税金及附加	3	17 078 332.97	18 324 163.55
销售费用	4	10 443 686.80	10 075 360.36
管理费用	5	3 304 949.27	2 001 312.00
财务费用（收益以"-"号填列）	6	309 995.90	417 712.36
资产减值损失	7		
加：公允价值变动净收益（净损失以"-"号填列）	8	30 000.00	298 000.00
投资净收益（净损失以"-"号填列）	9	46 898.00	1 200 000.00
其中：对联营企业和合营企业的投资收益			
二、营业利润（亏损以"-"号填列）	10	9 906 226.33	11 779 143.00
加：营业外收入	11	1 645.70	109 000.00
减：营业外支出	12	306 582.90	528 900.00
其中：非流动资产处置净损失（净收益以"-"号填列）	13	89 790.00	
三、利润总额（亏损总额以"-"号填列）	14	9 511 499.13	11 359 243.00
减：所得税费用	15	2 400 322.28	2 839 810.75
四、净利润（净亏损以"-"号填列）	16	7 111 176.85	8 519 432.25
五、每股收益：	17		
（一）基本每股收益	18		
（二）稀释每股收益	19		

单位负责人：高示范　　　　　会计机构负责人：乔俊亮　　　　　制表：乔俊亮

表 2-3   资产负债表

会企 01 表

编制单位：山东商苑商城有限责任公司   20×1 年 12 月 31 日   单位：元

资产	行次	期末余额	年初余额	负债和所有者权益	行次	期末余额	年初余额
流动资产：	1			流动负债：	35		
货币资金	2	11 034 120.73	10 342 219.08	短期借款	36	550 000.00	2 020 000.00
交易性金融资产	3	420 000.00	214 600.00	交易性金融负债	37		
应收票据	4			应付票据	38	21 937.50	121 051.00
应收账款	5			应付账款	39	11 276 071.78	11 458 173.81
预付账款	6	1 669 687.60	2 108 050.00	预收账款	40		
应收股利	7			应付职工薪酬	41	75 199.70	200 988.98
应收利息	8			应交税费	42	507 791.11	2 566 344.90
其他应收款	9	29 922.00	12 100.00	应付利息	43		
存货	10	1 678 471.46	2 021 109.59	应付股利	44	720 096.69	
其中：消耗性生物资产	11			其他应付款	45	150 361.00	269 788.00
一年内到期的非流动资产	12			预计负债	46		
其他流动资产	13			一年内到期的非流动负债	47		
流动资产合计	14	14 832 201.79	14 698 078.67	其他流动负债	48		
非流动资产：	15			流动负债合计	49	13 301 457.78	16 636 346.69
可供出售金融资产	16			非流动负债：	50		
持有至到期投资	17			长期借款	51	1 212 382.68	3 089 500.00
投资性房地产	18			应付债券	52		
长期股权投资	19	907 986.46	1 290 700.00	长期应付款	53		
长期应收款	20			专项应付款	54		
固定资产	21	18 000 149.13	16 482 694.78	递延所得税负债	55		
在建工程	22			其他非流动负债	56		
工程物资	23			非流动负债合计	57	1 212 382.68	3 089 500.00
固定资产清理	24			负债合计	58	14 513 840.46	19 725 846.69
生产性生物资产	25			所有者权益：	59		
油气资产	26			实收资本（或股本）	60	10 000 000.00	10 000 000.00
无形资产	27			资本公积	61		

续表

资 产	行次	期末余额	年初余额	负债和所有者权益	行次	期末余额	年初余额
开发支出	28			减：库存股	62		
商誉	29			盈余公积	63	1 387 606.69	667 510.00
长期待摊费用	30			未分配利润	64	7 838 890.23	2 078 116.76
递延所得税资产	31			所有者权益合计	65	19 226 496.92	12 745 626.76
其他非流动资产	32				66		
非流动资产合计	33	18 908 135.59	17 773 394.78		67		
资产总计	34	33 740 337.38	32 471 473.45	负债和所有者权益总计	68	33 740 337.38	32 471 473.45

单位负责人：高示范　　　　会计机构负责人：乔俊亮　　　　制表人：乔俊亮

> **讨论** ①你从报表中了解到了哪些信息？②如果你是企业的投资者，你最关注什么项目并说明理由。③如果这是经审计的报表，而且审计的意见是"我们认为，山东商苑商城有限责任公司财务报表在所有重大方面按照企业会计准则的规定编制，公允反映了公司20×1年12月31日的财务状况以及20×1年年度的经营成果和现金流量。"你会100%相信报表一定没有重大错报吗？你会100%相信审计结论一定正确吗？

二、管理层认定及种类

管理层认定是指管理层对财务报表组成要素的确认、计量、列报所做出的明确或隐含的表达。

针对上述利润表营业收入项目，管理层的明确表达是，主营业务和其他业务收入共计264 471 092.66元，都是本期实际发生的，没有虚构，金额准确；隐含表达是，没有将不属于营业收入的投资收益、营业外收入等计入，除上述金额的收入之外，没有实际发生而未反映的收入。针对资产负债表存货项目，管理层的明确表达是，截至12月31日存货1 678 471.46元是存在的，金额是恰当的；隐含表达是，没有未入账的存货，所有已记录的存货都归被审计单位所拥有。按照符合会计核算程序要求的逻辑推理，管理层对于每一个重大交易类别和账户余额，以及财务报表披露的信息，一般认为都做出了认定。管理层认定的种类见表2-4。

表2-4　　　　　　　　　　　　　管理层认定的种类

序号	认定种类	具体认定				
1	针对各类交易和事项的认定	发生	完整性	准确性	分类	截止
2	针对期末账户余额的认定	存在	完整性	权利和义务	计价和分摊	
3	针对列报的认定	发生以及权利和义务	完整性	分类和可理解性	准确性和计价	

1. 针对各类交易和事项的认定

各类交易和事项即各类账簿记录的本期发生额，见表2-5。

表 2-5 主营业务收入明细账

明细科目：M产品　　　　　　　　　　　　　　　　　　　　　　　第　页

20×1年 月	日	记账凭证号数	摘要	对方科目	借方	贷方	借或贷	余额
12	2	收3	销售M产品3 000件			480000 00	贷	480000 00
	9	转3	销售M产品1 000件			150000 00	贷	630000 00
	17	收7	销售M产品3 500件			560000 00	贷	1190000 00
	31	转151/2	结转本年利润		1190000 00		平	∅
	31		本月合计		1190000 00	1190000 00	平	∅

（1）发生：本期贷方三笔收入记录不是虚构的，都有凭证（没有多计）。

（2）完整性：除贷方三笔记录以外本期没有未入账的收入（没有少计）。

（3）准确性：每笔收入发生的记录金额计算、确认是恰当的，收入计算结转的金额是正确的。

（4）截止：没有提前或推迟入账的事项。

（5）分类：账户的使用是恰当的。

2．针对期末账户余额的认定

期末账户余额即资产、负债、所有者权益类账簿记录结果，见表2-6。

表 2-6 库存现金日记账　　　　　　　　　　13

20×1年 月	日	凭证号数	摘要	对应科目	借方	√	贷方	借或贷	余额
12	1		承前页					借	4700 00
	2	收2	收李平差旅费余款		200 00			借	4900 00
	9	付7	付王伟差旅费				1000 00	借	3900 00
	15	付12	提现金备用		2000 00			借	5900 00
	20	付16	付李文借差费				3000 00	借	2900 00
	22	付19	付报销职工药费				900 00	借	2000 00
	31		本月合计		2200 00		4900 00	借	2000 00
	31		结转下年						

（1）存在：12月31日确实有现金2 000元（没有多计）。

（2）权利：现金2 000元是企业的（拥有所有权，负债类账户余额认定为真实的义务）。

（3）完整性：除2 000元之外没有未入账的现金（没有少计）。

（4）计价和分摊：金额的确认恰当（特别针对应收账款、存货、固定资产等期末重新计价和重新计算净值的）。

3．针对列报的认定

针对列报的认定即确认财务报表及其附注的本期发生额、期末余额符合编报、披露要求。

（1）发生以及权利和义务：针对利润表各损益项目都是本期发生的，没有虚构；针对资产负债表截止日的余额资产是企业拥有的权利，负债是企业承担应偿还的义务。

（2）完整性：所有财务报表要素项目的发生额、余额没有少计。

（3）分类和可理解性：所有财务报表要素项目符合编报要求，分类正确，充分披露。

（4）准确性和计价：财务报表要素项目计价合理恰当，计算准确。

> **讨论**　①针对山东商苑商城有限责任公司财务报表管理层的认定有哪些？②既然管理层对财务报表有认定，意味着财务报表应该没有重大错报存在，是合理的，为什么还需要审计？③你现在对"本公司及董事会全体成员保证信息披露内容的真实、准确、完整，对公告的虚假记载、误导性陈述或重大遗漏负个别及连带责任"如何理解？

三、审计具体目标及与管理层认定、审计总目标的关系

显然，管理层有意或无意的原因，可能造成交易、账户余额、列报的多计或少计、漏计。特别是当业务的发生缺乏有效的控制活动制约时，错报的可能性就增加了。针对管理层认定的审计具体目标就是对认定的确认，与认定的种类直接对应。审计具体目标及与管理层认定种类的关系如图 2-1 所示。

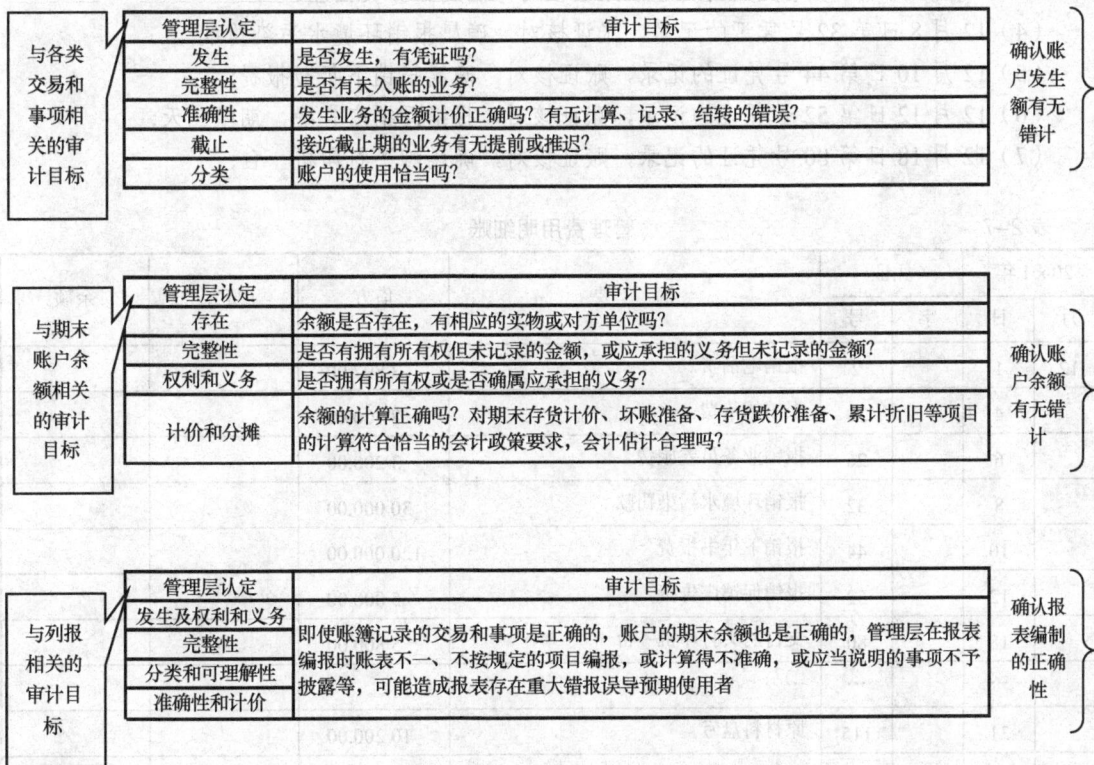

	管理层认定	审计目标	
与各类交易和事项相关的审计目标	发生	是否发生，有凭证吗？	确认账户发生额有无错计
	完整性	是否有未入账的业务？	
	准确性	发生业务的金额计价正确吗？有无计算、记录、结转的错误？	
	截止	接近截止期的业务有无提前或推迟？	
	分类	账户的使用恰当吗？	

	管理层认定	审计目标	
与期末账户余额相关的审计目标	存在	余额是否存在，有相应的实物或对方单位吗？	确认账户余额有无错计
	完整性	是否有拥有所有权但未记录的金额，或应承担的义务但未记录的金额？	
	权利和义务	是否拥有所有权或是否确属应承担的义务？	
	计价和分摊	余额的计算正确吗？对期末存货计价、坏账准备、存货跌价准备、累计折旧等项目的计算符合恰当的会计政策要求，会计估计合理吗？	

	管理层认定	审计目标	
与列报相关的审计目标	发生及权利和义务	即使账簿记录的交易和事项是正确的，账户的期末余额也是正确的，管理层在报表编报时账表不一、不按规定的项目编报，或计算得不准确，或应当说明的事项不予披露等，可能造成报表存在重大错报误导预期使用者	确认报表编制的正确性
	完整性		
	分类和可理解性		
	准确性和计价		

图 2-1　审计具体目标及与管理层认定种类的关系

在分项目实现审计目标的基础上，注册会计师才能对财务报表发表意见，实现审计总体目标。审计具体目标的种类及与审计总目标的关系如图 2-2 所示。

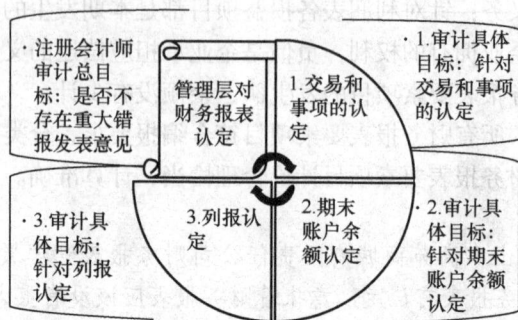

图 2-2 审计具体目标及与审计总目标的关系

身临其境

客户公司 20×1 年度管理费用明细账的记录见表 2-7，审计中发现下列事实。

（1）12 月 1 日第 2 号凭证的记录，审计发现该笔报销电话费单据中有一张没有经过领导签字，经询问是出纳私自报销，金额 125.00 元；

（2）12 月 4 日第 20 号凭证的记录，证证核对，审计发现报销发票的金额为 7 800.00 元，记账凭证及账簿记录却为 8 700.00 元，审计并未发现出纳长款，便进一步询问多计金额（现金账户贷方多计，余额减少）的去向，在审计的不断追问下，出纳承认贪污公款的事实；

（3）12 月 6 日第 26 号凭证的记录，账证核对，确属业务员出差；

（4）12 月 8 日第 32 号凭证的记录，账证核对，确属报销环境水污染罚款；

（5）12 月 10 日第 44 号凭证的记录，账证核对，确属报销下年书报费；

（6）12 月 12 日第 52 号凭证的记录，账证核对，报销促销广告费，期限三天；

（7）12 月 18 日第 80 号凭证的记录，账证核对，确属购买打印机一台；

表 2-7   管理费用明细账

20×1年		凭证		摘　　要	借方	贷方	余额
月	日	字	号				
12	1		2	报销电话费	3 897.00		
	4		20	报销招待费	8 700.00		
	6		26	报销业务员差旅费	3 200.00		
	8		32	报销环境水污染罚款	30 000.00		
	10		44	报销下年书报费	120 000.00		
	12		52	报销促销广告费	5 000.00		
	18		80	支付购买打印机一台	5 800.00		
…	…		…	……		…	
	31		115	原材料盘亏	10 200.00		
	31		126	计提固定资产折旧	136 500.00		
	31		128	结转本年利润		807 000.00	
				本月合计	807 000.00	807 000.00	（平）

（8）12月31日第115号凭证的记录，账证、证证核对，原材料盘亏为管理不善造成，经批准作为企业管理费用入账，但审计发现未将该原材料盘亏损失金额的"进项税额转出"；

（9）12月31日第126号凭证的记录，账证核对，审计发现固定资产改变折旧方法多提折旧3 000.00元，且本期折旧总额中包括出租固定资产的折旧5 000.00元；

（10）通过观察、询问审计人员，了解到年末企业发了全年奖金，管理人员的奖金总额为360 000元，账上无此记录，出纳交待了企业靠日常销售产品不开发票的现金收入形成"小金库"资金发放全年奖金的事实。

请按照管理层对交易和事项的认定，分类整理对应的审计目标并将相应的错计金额填在表2-8中。

表 2-8   理解审计目标

序号	发生	完整性	准确性		分类		截止	
	虚构多计	隐瞒少计	多计	少计	多计	少计	提前多计	推迟少计
①								
②								
③								
④								
⑤								
⑥								
⑦								
⑧								
⑨								
⑩								
合计								

特别提示

（1）重点关注的网站及相关栏目：中国注册会计师网站 http://www.cicpa.org.cn/，相关栏目见图2-3。

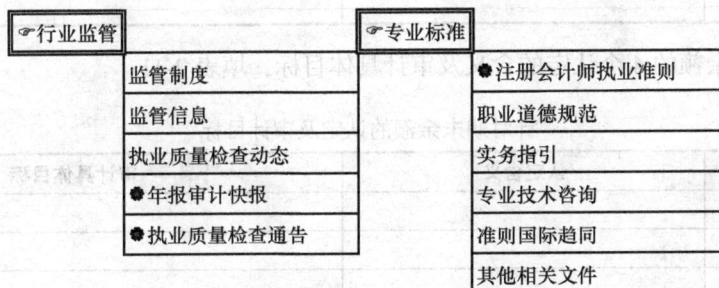

☞行业监管
- 监管制度
- 监管信息
- 执业质量检查动态
- ●年报审计快报
- ●执业质量检查通告

☞专业标准
- ●注册会计师执业准则
- 职业道德规范
- 实务指引
- 专业技术咨询
- 准则国际趋同
- 其他相关文件

图2-3 中国注册会计师网站相关栏目

（2）牢记的关键术语：审计总体目标、合理保证、管理层认定（每类认定的含义）、审计具体目标。

（3）相关的审计准则：《中国注册会计师审计准则第 1101 号——注册会计师的总体目标和审计工作的基本要求》。

任务训练

1. 用图表示山东商苑商城有限责任公司财务报表的形成过程。

2. 说明针对交易和期末余额的认定及审计目标。

（1）任务背景资料：截止日应付账款的明细账簿记录，见表 2-9。

表 2-9 应付账款明细账

明细科目：山东光华经贸有限责任公司　　　　　　　　　　　　　　　　　　第　　页

20×1年 月 日	记账凭证号数	摘要	对方科目	借方 千百十万千百十元角分	贷方 千百十万千百十元角分	借或贷	余额 千百十万千百十元角分
12 1		承前页				贷	1 0 6 6 0 2 0 0 0
10	13	商品验收，货款未付			1 7 0 0 4 0 0 0 0	贷	2 7 6 6 4 2 0 0 0
13	23	商品验收，货款未付			1 9 2 4 0 6 5	贷	2 7 8 5 6 6 0 6 5
16	26	商品验收，货款未付			5 5 3 2 9 3 0	贷	2 8 4 0 9 8 9 9 5
20	30	结算货款		2 2 0 8 0 6 7 2 9		贷	6 3 2 9 2 2 6 6
31		结转下年					

（2）任务实施：任务实施过程如下。

① 针对交易的 5 个认定的含义及审计具体目标，填表 2-10。

表 2-10 针对交易的认定及审计目标

序号	认定	认定含义	审计具体目标
1			
2			
3			
4			
5			

② 针对期末余额的 4 个认定的含义及审计具体目标，填表 2-11。

表 2-11 针对期末余额的认定及审计目标

序号	认定	认定含义	审计具体目标
1			
2			
3			
4			

任务二 | 接受业务委托

学习目标

1. 明确业务承接时的主要工作及目的要求；
2. 了解业务约定书中甲方的责任和乙方的责任；
3. 能草拟审计业务约定书。

案例导读

2012 年 5 月 8 日，中注协发布 2011 年年报审计情况快报（第十七期），对有证券资格事务所承接的上市公司审计业务数量进行了统计，如表 2-12 所示。

表 2-12　　　　　　　　　上市公司 2011 年年报审计业务数量统计

序号	会计师事务所	承接上市公司家数
1	立信	285
2	天健	204
3	大华	139
4	信永中和	139
5	中瑞岳华	133
6	大信	100
7	深圳鹏城	92
8	天健正信	86
9	天职国际	64
10	华普天健	63
小　计		1 305
11～50 位		1 057
总　计		2 362

案例启示 从 2011 年 12 月 30 日至 2012 年 1 月 18 日，共有 21 家事务所向中注协报备了上市公司审计机构变更信息，共涉及上市公司 86 家。事务所报备的变更原因是，事务所合并或分立（39 家）、时间安排或地域原因（10 家）、前任事务所聘期已满（8 家）、控股股东或实际控制人委派审计师（7 家）、项目负责合伙人或主要审计团队整体加入后任事务所（6家）。上述信息表明，大多数事务所继续承接老客户的年报审计业务，但也确有因各种原因导致上市公司更换事务所，对于变更前和变更后的事务所都必须在中注协办理报备登记手续。即使不

具备证券业务资格的事务所（现共有 8 087 家事务所），也同样会面对一个现实的问题，就是只要有客户委托、只要能收审计费，就要尽可能承接业务，有的甚至不惜不正当低价竞争招揽业务，屈从客户，诋毁同行。在风险、道德、收入、生存的矛盾和压力下，如何选择，怎样应对呢？

相关知识

一、审计业务的委托与承接

审计准则对评估是否继续保持老客户、是否承接新客户业务必须履行的手续和评价内容做出规定。基本要求见图 2-4。事务所依据自身制定的质量控制管理政策，编制业务承接评价表或业务保持评价表，并做出评价。助理审计人员可能会被安排去调查、整理评价表要求的内容。业务承接评价表的主要内容见表 2-13。

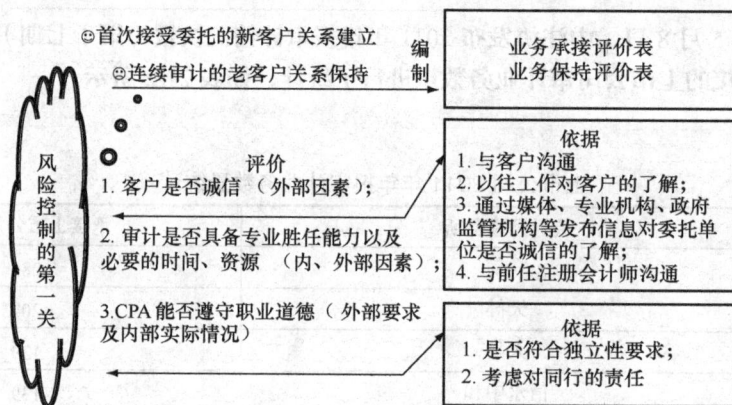

图2-4 评价审计业务委托关系能否建立或保持

表2-13 业务承接评价表（新客户）

序号	调查内容	信息来源
1	记录客户基本信息	客户提供
2	了解客户的诚信	与客户交流或从其他渠道取得，包括与前任会计师沟通
3	了解客户经营风险	从企业内、外部信息或客户或其他渠道了解
4	了解客户财务状况	近三年财务报表
5	是否具备审计的前提	座谈了解客户对会计信息的质量要求和对审计的态度
6	评价事务所的资源、胜任能力、独立性	自我评价
7	预计审计收费、成本及回收的可能性	

风险评价： 最终结论：

审批人： 记录人：

二、签订审计业务约定书

审计业务约定书是会计师事务所与被审计单位签订的，用以记录和确认审计业务的委托与受托关系、审计目标和范围、双方的责任以及报告的格式等事项的书面协议。承接任何审计业务都应签订约定书。在连续审计情况下，如果审计业务约定条款发生变更，注册会计师应当与管理层就新的业务约定条款达成一致意见，对原有的业务约定书做出修改记录。

请阅读理解并以此为模板对接受山东商苑商城有限责任公司委托起草一份约定书。

审计业务约定书

甲方：ABC 股份有限公司

乙方：××会计师事务所

兹由甲方委托乙方对 20×1 年度财务报表进行审计，经双方协商，达成以下约定。

一、审计的目标和范围

1. 乙方接受甲方委托，对甲方按照企业会计准则编制的 20×1 年 12 月 31 日的资产负债表、20×1 年度利润表、所有者权益（或股东权益）变动表和现金流量表以及财务报表附注（以下统称"财务报表"）进行审计。

2. 乙方通过执行审计工作，对财务报表的下列方面发表审计意见：（1）财务报表是否在所有重大方面按照企业会计准则的规定编制；（2）财务报表是否在所有重大方面公允反映了甲方 20×1 年 12 月 31 日的财务状况以及 20×1 年度的经营成果和现金流量。

二、甲方的责任

1. 根据《中华人民共和国会计法》及《企业财务会计报告条例》，甲方及甲方负责人有责任保证会计资料的真实性和完整性。因此，甲方管理层有责任妥善保存和提供会计记录（包括但不限于会计凭证、会计账簿及其他会计资料），这些记录必须真实、完整地反映甲方的财务状况、经营成果和现金流量。

2. 按照企业会计准则的规定编制和公允列报财务报表是甲方管理层的责任，这种责任包括：（1）按照企业会计准则的规定编制财务报表，并使其实现公允反映；（2）设计、执行和维护必要的内部控制，以使财务报表不存在由于舞弊或错误导致的重大错报。

3. 及时为乙方的审计工作提供与审计有关的所有记录、文件和所需的其他信息（在 20×2 年×年×月之前提供审计所需的全部资料，如果在审计过程中需要补充资料，亦应及时提供），并保证所提供资料的真实性和完整性。

4. 确保乙方不受限制地接触其认为必要的甲方内部人员和其他相关人员。

5. 甲方管理层必要时，还包括治理层对其做出的与审计有关声明予以书面确认。

6. 为乙方派出的有关工作人员提供必要的工作条件和协助，乙方将于外勤工作开始前提供主要事项清单。

7. 按照本约定书的约定及时足额支付审计费用以及乙方人员在审计期间的交通、食宿和其他相关费用。

8. 乙方的审计不能减轻甲方及甲方管理层的责任。

三、乙方的责任

1. 乙方的责任是在执行审计工作的基础上对甲方财务报表发表审计意见。乙方根据中国注册会计师审计准则（以下简称"审计准则"）的规定执行审计工作。审计准则要求注册会计师遵守中国注册会计师职业道德守则，计划和执行审计工作以对财务报表是否不存在重大错报获取合理保证。

2. 审计工作涉及实施审计程序，以获取有关财务报表金额和披露的审计证据。选择的审计程序取决于乙方的判断，包括对由于舞弊或错误导致的财务报表重大错报风险的评估。在进行风险评估时，乙方考虑与财务报表编制和公允列报相关的内部控制，以设计恰当的审计程序，但目的并非对内部控制的有效性发表意见。审计工作还包括评价管理层选用会计政策的恰当性和做出会计评估的合理性，以及评价财务报表的总体列报。

3. 由于审计和内部控制的固有限制，即使按照审计准则的规定适当地计划和执行审计工作，仍不可以避免地存在财务报表的某些重大错报可能未被乙方发现的风险。

4. 在审计过程中，乙方若发现甲方存在乙方认为值得关注的内部控制缺陷，应以书面形式向甲方治理层或管理层通报。但乙方通报的各项事项，并不代表已全面说明所有可能存在的缺陷或已提出所有可行的改进建议。甲方在实施乙方提出的改进建议前应全面评估其影响。未经乙方书面许可，甲方不得向任何第三方提供乙方出具的沟通文件。

5. 按照约定时间完成审计工作，出具审计报告。乙方应于20×2年×月×日前出具审计报告。

6. 除下列情况外，乙方应当对执行业务过程中知悉的甲方信息予以保密：（1）法律法规允许披露，并取得甲方的授权；（2）根据法律法规的规定，为法律诉讼、仲裁准备文件或提供证据，以及向监管机构报告发现的违法行为；（3）在法律法规允许的情况下，在法律诉讼、仲裁中维护自己的合法权益；（4）接受注册会计师协会或监管机构的执业质量检查，答复其询问和调查；（5）法律法规、执业准则和职业道德规范规定的其他情形。

四、审计收费

1. 本次审计服务的收费是以乙方各级别工作人员在本次工作中所耗费的时间为基础计算的。乙方预计本次审计服务的费用总额为人民币××万元。

2. 甲方应于本约定书签署之日起××日内支付×%的审计费用，其余款项于[审计报告草稿完成日]结清。

3. 如果由于无法预见的原因，致使乙方从事本约定书所涉及的审计服务实际时间较本约定书签订时预计的时间有明显增加或减少时，甲乙双方应通过协商，相应调整本部分第1段所述的审计费用。

4. 如果由于无法预见的原因，导致乙方人员抵达甲方的工作现场后，本约定书所涉及的审计服务中止，甲方不得要求退还预付的审计费用；如上述情况发生于乙方人员完成现场审计工作，并离开甲方的工作现场之后，甲方应另行向乙方支付人民币××元的补偿费，该补偿费应于甲方收到乙方的收款通知之日起××日内支付。

5. 与本次审计有关的其他费用（包括交通费、食宿费等）由甲方承担。

五、审计报告和审计报告的使用

1. 乙方按照中国注册会计师审计准则规定的格式和类型出具审计报告。

2. 乙方向甲方致送审计报告一式×份。

3. 甲方在提交或对外公布乙方出具的审计报告及其后附的已审计财务报表时，不得对其进行修改。当甲方认为有必要修改会计数据、报表附注和所做的说明时，应当事先通知乙方，乙方将考虑有关的修改对审计报告的影响，必要时，将重新出具审计报告。

六、本约定书的有效期间

本约定书自签署之日起生效，并在双方履行完毕本约定书约定的所有义务后终止。但其中第三项第 6 款、第四、第五、第七、第八、第九、第十项并不因本约定书终止而失效。

七、约定事项的变更

如果出现不可预见的情况，影响审计工作如期完成，或需要提前出具审计报告，甲、乙双方均可要求变更约定事项，但应及时通知对方，并由双方协商解决。

八、终止条款

1. 如果根据乙方的职业道德及其他有关专业职责、适用的法律法规或其他任何法定的要求，乙方认为已不适宜继续为甲方提供本约定书约定的审计服务，乙方可以采取向甲方提出合理通知的方式终止履行本约定书。

2. 在本约定书终止的情况下，乙方有权就其于终止之日前对约定的审计服务项目所做的工作收取合理的审计费用。

九、违约责任

甲、乙双方按照《中华人民共和国合同法》的规定承担违约责任。

十、适用法律和争议解决

本约定书的所有方面均应适用中华人民共和国法律进行解释并受其约束。本约定书履行地为乙方出具审计报告所在地，因本约定书所引起的或与本约定书有关的任何纠纷或争议（包括关于本约定书条款的存在、效力或终止，或无效之后果），双方协商确定采取以下第_____种方式予以解决：

（1）向有管辖权的人民法院提起诉讼；

（2）提交××仲裁委员会仲裁。

十一、双方及其他有关事项的约定

本约定书一式两份，甲、乙方各执一份，具有等同法律效力。

ABC 股份有限公司（盖章）   ××事务所（盖章）

授权代表：（签名并签章）   授权代表：（签名并签章）

二〇××一年×月×日   二〇××一年×月×日

请你上网搜集两家事务所公布的信息，理解对业务承接时关于审计收费的考虑，填在表 2-14 中。

表 2-14   审计收费

事务所	财务报表审计业务计费标准	

特别提示

（1）重点关注的网站及相关栏目：中国注册会计师网站 http://www.cicpa.org.cn/，相关栏目见图 2-3 中执业质量检查动态。

（2）牢记的关键术语：甲方（被审计单位）管理层的责任、乙方（注册会计师）的责任、财务报表审计的前提、审计业务约定书。

（3）相关的审计准则：《中国注册会计师审计准则第 1111 号——就审计业务约定条款达成一致意见》、《中国注册会计师审计准则第 1201 号——计划审计工作》。

任务训练

1. 请你作为授权代表，为中天运会计师事务所接受山东商苑商城有限责任公司 2012 年财务报表审计委托，起草一份审计业务约定书，并用计算机录入、打印。注意排版。

2. 请描述一个案例资料，说明注册会计师在业务承接中不遵循审计准则或违背职业道德，对事务所、注册会计师个人或对社会产生的不良后果及教训，引以为戒。用 PPT 多媒体展示汇报。

任务三 | 实施风险评估

学习目标

1．描述、理解审计风险模型；

2．明确风险评估的内容，会有针对性地使用风险评估的方法；

3．熟练掌握内部控制要素，理解内部控制的作用；

4．能够对现实企业内部控制开展调查并做出说明；

5．了解两个层次的重大错报风险的主要影响因素。

案例导读

[田宾（现任职于全球知名会计师事务所）撰文揭穿儿慈会谎言] 单纯从会计角度，儿慈会的解释（多输一个零）显然站不住脚！因为一旦这样，现金流量表的期末余额一定会与实际的余额有差异，但这并没有发生。比起更改数据刻意做平现金流量表来，更令人心寒的是这么大的问题竟通过审计，如此审计水平让人汗颜！——百度一下相关事件

案例启示 ①审计的必要性——客户的财务报表本身可能存在重大错报，可能是非故意的错报，但也可能是故意（舞弊）造成的，需要审计的鉴证并发表意见，维护投资者利益，维护市场经济秩序。②审计有风险——财务报表存在重大错报，而注册会计师发表不恰当意见的可能性。如果你是这家机构报表的审计，如何说明已实施的审计过程符合审计准则的要求，请继续关注事态的发展。③现代审计不能"以账论账"，在实施风险评估的基础上，设计安排进一步的审计工作，实现审计的目标。

相关知识

一、风险导向下审计风险模型

图 2-5 所示的审计风险模型公式，反映了审计风险的影响因素及相互关系。即审计风险和重大错报风险有关，重大错报风险越高，审计风险越大；审计风险和检查风险有关，可以通过改变审计程序的设计来发现可能存在的错报，降低检查风险，从而降低审计风险。

审计风险

审计风险是指财务报表存在重大错报而注册会计师发表不恰当意见的可能性

重大错报风险

重大错报风险是指财务报表在审计前存在重大错报的可能性

检查风险

检查风险是指某一认定存在错报，该错报单独或连同其他错报是重大的，但注册会计师未能发现这种错报的可能性

审计风险＝重大错报风险×检查风险

图 2-5　审计风险模型

在实际审计工作中，注册会计师在确定某个项目承接时，根据项目的性质和委托的目的不同，已将该项目的审计风险确定在某个合理保证的水平上了。审计项目不同，注册会计师职业判断对审计风险的要求可以不一样，变形后的审计风险模型公式，揭示了对审计工作的规律要求，如图2-6 所示。

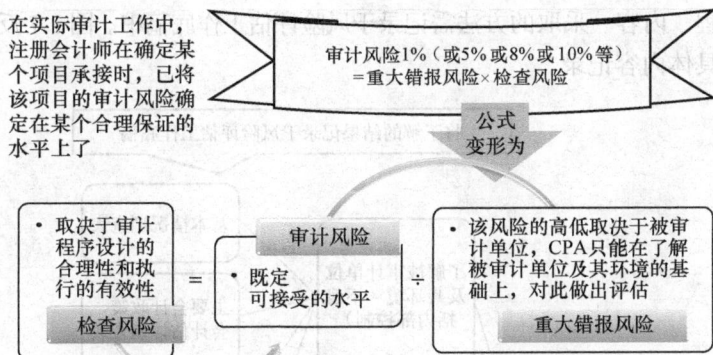

在实际审计工作中，注册会计师在确定某个项目承接时，已将该项目的审计风险确定在某个合理保证的水平上了

审计风险1%（或5%或8%或10%等）
＝重大错报风险×检查风险

公式变形为

- 取决于审计程序设计的合理性和执行的有效性

检查风险

＝

审计风险
- 既定可接受的水平

÷

- 该风险的高低取决于被审计单位，CPA只能在了解被审计单位及其环境的基础上，对此做出评估

重大错报风险

图 2-6　审计风险模型的应用

结论： 在既定的审计风险水平下，评估的重大错报风险越高，可接受的检查风险要求越低，审计程序的要求越高。请你将反之部分的理解写下来。

因此，针对重大错报风险不同的被审计单位，如何设计已承接项目的审计方案，才能合理保证审计风险控制在可以接受的水平上以完成审计工作，实施风险评估成为审计准则要求的必需的审计程序，作为制定总体审计策略和审计方案的前提并贯穿审计始终。

二、实施风险评估的程序

通过采取包括询问、现场观察、检查文件记录、分析程序等方法，了解被审计单位及其环境，并依据实施这些程序所获取的信息，识别和评估财务报表的重大错报风险。

1．了解被审计单位及其环境（不包括内部控制）

表 2-15 列举了影响财务报表重大错报的被审计单位及其环境（不包括内部控制）的 5 个内外部因素，以及在了解相关信息时主要的信息来源和方法。

表 2-15 　　　　　　　　　　　了解被审计单位及其环境（不包括内部控制）

序号	被审计单位及其环境	信息来源举例	主要方法
1	了解行业状况、法律环境以及其他外部环境	国家发布的政策；媒体的披露；分析师的分析报告；行业的专业刊物等	1.询问 2.分析程序
2	了解被审计单位的性质	董事会、监事会报告；主要生产经营活动的批准文件；有关生产经营、投融资活动的合同文件；对重大投资、融资活动的会议记录等	1.询问 2.观察和检查
3	了解被审计单位对会计政策的选择和运用	企业会计制度（根据财政部的规定企业选择的会计政策和估计、制定的具体核算办法）；对重大事项会计处理（变更）的记录等	1.询问 2.观察和检查
4	了解被审计单位的目标、战略及相关的经营风险	董事会、监事会报告；对重大投资、融资活动的会议记录等；对可能发生的经营风险的控制措施等	1.询问 2.观察和检查
5	了解被审计单位财务业绩的衡量和评价	被审计单位董事会、管理层业绩报告；行业专业统计报告、分析师报告；有关动机和压力的了解（来自监管机构、上级主管部门等）；有关政策文件、计划、合同等	1.询问 2.观察和检查 3.分析程序

上述了解的过程、内容、采取的方法需记录于风险评估工作底稿中。图 2-7 反映了部分工作底稿的名称，不要求具体内容记录。

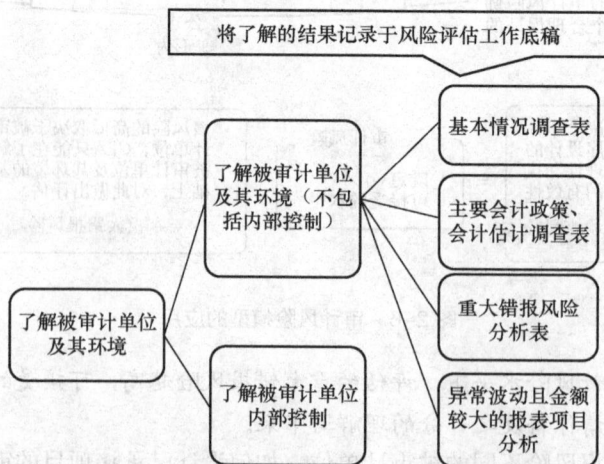

图 2-7 　风险评估工作底稿（不包括内部控制）

请根据你所掌握的信息分析：不同性质、规模的企业在不同时期因其内在动机或外在压力的影响，主营业务收入项目是否可能发生错报？多计的风险高，还是少计的风险高？填在表2-16中。

表2-16   主营业务收入重大错报领域

单位性质/规模	风险领域（高/低）		
	动机	压力	备注
国有企业			
上市公司			
拟上市公司			
中小企业			

2. 了解被审计单位内部控制

内部控制是被审计单位为了合理保证财务报告的可靠性、经营的效率和效果以及对法律法规的遵守，由治理层、管理层和其他人员设计和执行的政策和程序。设计并执行内部控制，及时防范与发现并纠正重大错报是《会计法》、《企业内部控制基本规范》等法律、法规的要求，但具体到各个经济组织在依法设计和执行内部控制时，依然存在达不到控制目标要求的情形，出现如财产物资被贪污、被盗，各项信息与事实严重不符，业务活动效率低、效果差、损失浪费严重，严重的违法经营活动长期得不到揭露、被隐瞒等，给企业、给社会造成严重负面影响。以下列举了内部控制的局限性，帮助你理解合理保证的含义，并形成一种认识，即对内部控制的建立、执行并达到内部控制的目标，是一个长期持续的和需要内、外部监督才能不断完善的过程。

（1）在决策时人为判断错误或人为失误而导致内部控制失效（非故意）；

（2）串通或管理层凌驾于内部控制之上而导致内部控制失效（故意）；

（3）人员素质低达不到岗位任务要求；

（4）成本效益的考虑使有些控制措施无法实施；

（5）控制活动主要针对经常和重复发生的业务设计，如果出现不经常发生或未预计到的业务，原有的控制不适用而造成错计或损失。

如果你是企业内部控制的设计者，针对内部控制的局限性，你应该考虑采取一些预防性控制措施，以降低负面影响。

请问：（1）针对可能的串通，你的对策是_____。

（2）针对人员素质低，你的对策是_____。

（3）小企业业务单一，业务量小，出于对成本效益的考虑，在岗位分工时，会出现一人多岗的现象，缺乏相互制约，比如设一名出纳管钱，一名会计管账。对于会计人员一个人完成的账、报表不能保证符合业务实际和准则要求，甚至最基本的账账、账表是否一致都无法保证。针对小企业的这种实际情况，你的对策是_____。

正是由于内部控制与重大错报风险具有直接联系，那些影响财务报表可靠性的内部控制设计得是否合理、是否得到执行，就成为风险评估的一项重要内容，是评估重大错报风险的重要依据。以下按照图2-8内部控制的构成要素及相互关系，重点了解控制环境和控制活动的要求及与审计的关系。

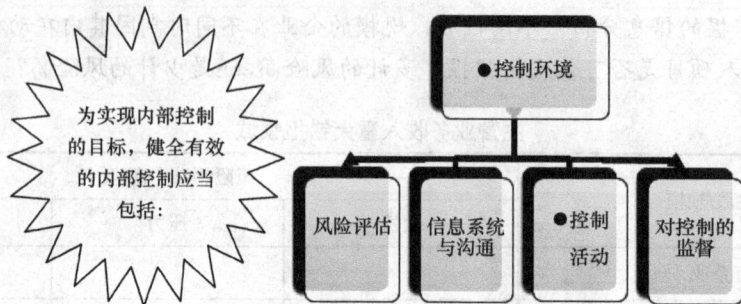

图 2-8　内部控制的构成要素及相互关系

（1）控制环境及与审计的关系。控制环境是指对企业内部控制的建立和实施具有重要影响的因素（管理层、治理层对内部控制及其重要性的态度、认识以及所采取的措施）的统称。控制环境的优劣直接决定着企业的各项控制措施能否执行及执行的效果。控制环境主要包括的内容如图2-9 所示。

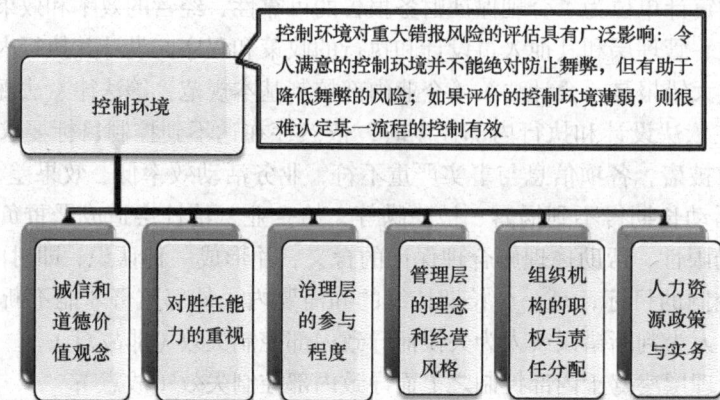

图 2-9　控制环境的内容及与审计的关系

了解控制环境的主要信息来源及采取的主要审计程序，如表 2-17 所示。

表 2-17　　　　　　　　　　　　　对控制环境的了解

序号	控制环境的具体内容	信息来源及采取的主要方法
1	诚信和道德价值观念	查阅有关文件，包括企业文化、员工手册、惩罚措施；观察企业环境
2	对胜任能力的重视	查阅有关文件，包括人事部门关于岗位人员聘用标准（学历、工作经验等）、员工后续教育规定、关键岗位人员调动文件
3	治理层（监督）的参与程度	查阅公司章程、人事部门对独立董事、审计委员会工作职责的规定；询问相关人员；查阅工作记录；现场观察
4	管理层的理念和经营风格	查阅人事部门对违规处理的文件记录；询问相关人员；对重大投融资活动决策过程记录；对重要会计事项等处理记录；现场观察
5	组织机构及职权与责任分配	查阅人事部门组织机构图（机构的设置及隶属关系）；询问相关人员机构设置的变化
6	人力资源政策与实务	查阅人事部门人事政策文件，包括计划、招聘、待遇、培训、考核、奖惩等；询问相关人员；观察员工工作态度、精神面貌

请你关注 2012 CCTV 中国经济年度人物评选结果，关注他们领军的中国企业，从网站或其他渠道了解相关信息，说一说你对这些企业的控制环境相关内容的体会并写下来。

（2）风险评估及与审计的关系。企业应树立风险和危机意识，面对内外部风险因素设计并采取相应的风险防范政策与措施，包括设置必要的机构，负责从本公司内部（包括各职能部门、中层及上层管理层及董事）及外部（包括分析师、律师、注册会计师等）收集信息。结合图 2-10 所示内、外部风险因素，考虑导致舞弊的动机和压力，根据风险重要性和发生的可能性进行风险评估，并基于风险管理策略，制定风险控制制度，提交总经理批复后组织实施。

| 应当关注的内部风险因素一般包括：高级管理人员职业操守、员工专业胜任能力、团队精神等人员素质因素；经营方式、资产管理、业务流程设计、财务报告编制与信息披露等管理因素；财务状况、经营成果、现金流量等基础实力因素；研究开发、技术投入、信息技术运用等技术因素；营运安全、员工健康、环境污染等安全环保因素 | 应当关注的外部风险因素一般包括：经济形势、产业政策、资源供给、利率调整、汇率变动、融资环境、市场竞争等经济因素；法律法规、监管要求等法律因素；文化传统、社会信用、教育基础、消费者行为等社会因素；技术进步、工艺改进、电子商务等科技因素；自然灾害、环境状况等自然环境因素 |

图 2-10　风险评估关注的内、外部风险因素

请注意　并不是企业所有的风险影响因素都会导致财务报表重大错报，审计只关心那些可能对财务报表重大错报有影响的风险控制设计得是否合理、是否执行，以此作为风险评估的依据。

（3）信息系统与沟通及与审计的关系。企业的信息系统涉及面很广泛。与财务报告相关的信息系统，包括对发生日常经济活动的识别、确认、记录程序；异常业务的处理程序；利用生成信息进一步确认、计量、记录的程序；报告程序及相关程序下形成并保管的会计档案资料。图 2-11 所示的会计核算程序，反映了会计信息确认、计量、列报的基本要求。与财务报告相关的信息系统必须与设计的业务流程相适应，以满足财务信息质量要求。信息沟通是指员工在各自职责范围内处理员工之间、上下级之间，例外事项的沟通、报告渠道与方式，也包括管理层与治理层的沟通，与企业外部机构（律师、注册会计师等）的沟通。

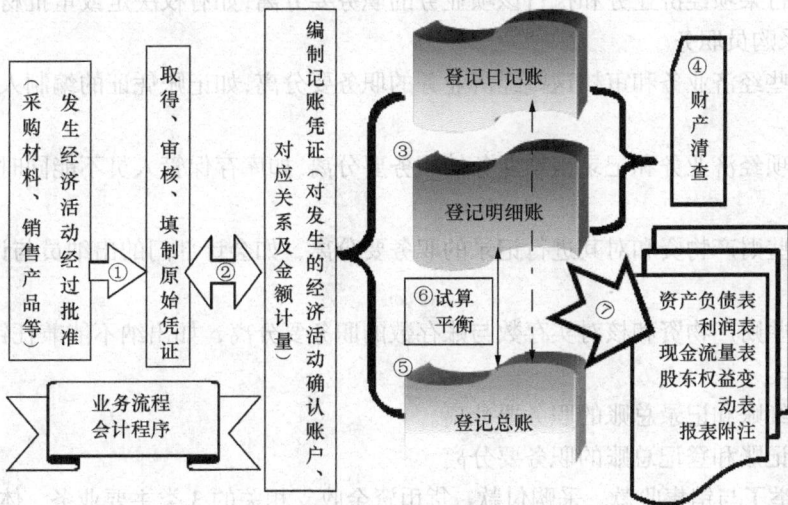

图 2-11　财务信息系统下的会计信息的生成、记录

通过向相关人员询问、现场观察、检查被审计单位对主要经济业务流程的设计、执行，了解企业选择和应用的财务信息系统及其对信息沟通、反馈渠道的规定，可以对其设计得是否合理、是否执行做出初步评价，作为进一步从整体层面评价财务报表重大错报风险的依据。

（4）控制活动及与审计的关系。控制活动是指管理当局为了保证既定目标得以顺利实现而制定并执行的各项控制政策和程序。这些政策和程序是针对企业在实现其既定目标过程中可能遇到的风险所建立的各种必要的防范措施。控制活动贯穿于企业的所有生产经营环节和各个职能部门（针对各类交易和事项），是内部控制的重要组成部分。图 2-12 反映了控制活动的主要内容和要求。

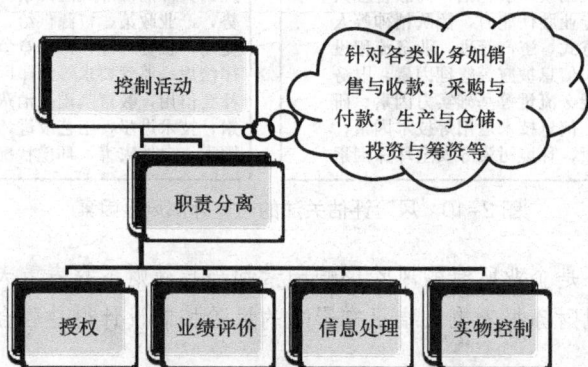

图 2-12　控制活动的主要内容和要求

职责分离是控制活动的前提，是从静态的角度将处理某类经济业务的部门、岗位进行分工并明确各自的职责。在岗位分工时，注意遵循不相容职务分工的原则。所谓不相容职务是指那些如果由一个人担任，既可能发生错误和舞弊，又可能掩盖其错误和弊端行为的职务。不相容职务分离的核心是"内部牵制"，它要求每项经济业务都要经过两个或两个以上的部门或人员的处理，使得单个人或部门的工作必须与其他人或部门的工作相一致或相联系，并受其监督和制约。常见的不相容职务包括以下内容。

① 授权进行某项经济业务和执行该项业务的职务要分离，如有权决定或审批材料采购的人员不能同时兼任采购员职务。

② 执行某些经济业务和审核这些经济业务的职务要分离，如记账凭证的编制人员不能兼任审核人员。

③ 执行某项经济业务和记录该项业务的职务要分离，如库存保管人员不能同时兼任会计库存商品记账工作。

④ 保管某些财产物资和对其进行记录的职务要分离，如会计部门的出纳员与记账员要分离，不能兼任。

⑤ 保管某些财产物资和核对实存数与账存数的职务要分离，如出纳不能兼任银行存款核对、编制调节表工作。

⑥ 记录明细账和记录总账的职务要分离。

⑦ 登记日记账和登记总账的职务要分离。

表 2-18 列举了与销售收款、采购付款、货币资金收支相关的 3 类主要业务，体现了每类业务的发生至完成必须职责分离，由不同部门、人员共同完成的内部控制要求。

表 2-18　　　　　　　　　　　　　　控制活动要求的职责分离

序号	销售与收款	采购与付款	货币资金
1	办理销售与收款、发货的相互分离	请购与审批	出纳人员不得兼任稽核、会计档案保管和收入、支出、费用、债权、债务账目的登记工作，不得由一人办理货币资金业务的全过程
2	至少两名专门人员就销售合同内容与客户谈判，谈判人员与订立合同人员分离	询价与确定供应商	记录银行存款日记账的人员与取得银行存款对账单并编制银行存款余额调节表的人员相互分离，不得由一人办理银行存款业务全过程
3	编制销售发出通知单人员与开具销售发票的人员相互分离	采购合同的订立与审批	财务专用章由专人保管，个人名章由本人或其授权人保管，不得由一人保管支付款项所需的全部印章
4	信用审批部门与销售部门分离	采购与验收	取得应收票据贴现业务的人员应当与保管应收票据的人员相互分离
5		付款审批与付款执行	货币资金申请、审批、复核、支付应相互分离

　　在此基础上，从动态的角度将完成该业务全过程中各部门、岗位人员的工作连接起来，形成业务流程。以各岗位业务处理的凭证为载体，业务的发生必须经过授权和批准；对业务处理的结果必须进行业绩评价；业务处理过程按照各自岗位处理业务时应取得、审核、填制的凭证种类、凭证联次、凭证保管或传递路线及时间等技术要求进行信息处理。对于信息处理的记录结果可能与实际不符，需要定期或不定期进行财产清查，保证账实一致；同时要求对文件记录、财产物资建立防火、防盗、防潮、防虫等安全措施和限制接近的保护办法，甚至采取参加保险的措施防患于未然。控制活动的内容及实现的控制目标，如图 2-13 所示。

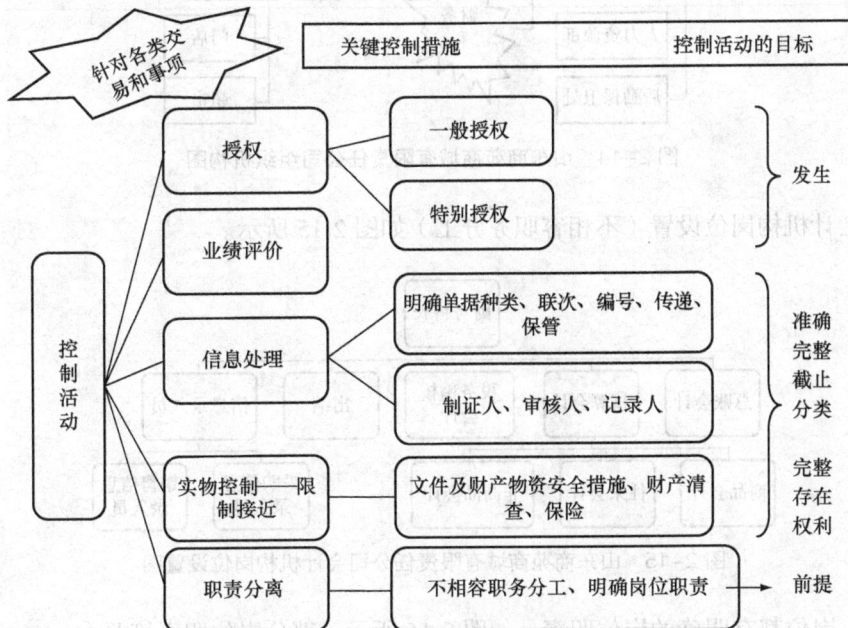

图 2-13　控制活动的内容及实现的控制目标

获取被审计单位岗位设置、岗位职责、业务流程、信息处理的制度规定，检查业务处理，了解控制活动。体会控制活动及其实现的控制目标，并理解控制活动与审计的关系。

山东商苑商城有限责任公司是一家被批准从事百货、食品、洗化、酒水、服装、鞋帽、文化用品、健身器材零售的中型企业；同时允许经营场所广告宣传收费，地下停车场地收费，及开展经营场所租赁业务。公司投资者构成情况见表 2-19。

表 2-19　　　　　　　山东商苑商城有限责任公司投资者构成

投资者名称	注册资本（万元）		实收资本（万元）	
	金额	出资比例（%）	金额	占注册资本（%）
山东嘉华科技股份有限公司	550	55	550	100
济南常青藤房地产开发有限公司	400	40	400	100
刘一水	50	5	50	100
合　计	1 000	100	1 000	100

公司的组织机构如图 2-14 所示。

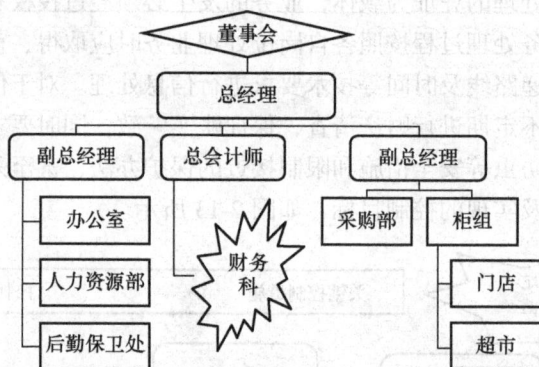

图 2-14　山东商苑商城有限责任公司组织机构图

公司的会计机构岗位设置（不相容职务分工）如图 2-15 所示。

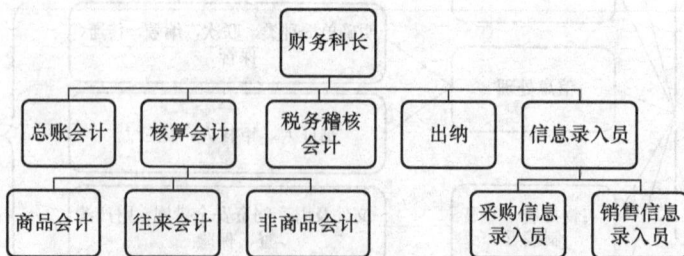

图 2-15　山东商苑商城有限责任公司会计机构岗位设置图

各部门、岗位都有明确的岗位职责，如图 2-16 所示（部分岗位职责摘要）。

采购部部门、岗位职责：
- 负责签订、保管和传递商品采购订货单；
- 负责填制、保管和传递预付款通知单；
- 负责审核传递客户开具的增值税专用发票、销售货物或者提供应税劳务清单；
- 具体工作任务按照业务流程要求办理。

柜组部门、岗位职责：
- 负责填制和传递商品验收单；
- 负责填制和传递柜组销货汇总表、联营销货汇总表；
- 负责保管和使用"货物收讫""货物付讫"章；
- 负责验收、整理、保管、销售商品；
- 参加定期商品盘点；
- 具体工作任务按照业务流程要求办理。

财务科长岗位职责
1. 组织管理日常会计工作；
2. 业务审批；
3. 审核记账凭证并编号；
4. 监督会计工作各岗位交接；
5. 检查会计档案整理；
6. 抽查库存现金盘点；
7. 保管和使用财务专用章和法定代表人人名章；
8. 资金管理与筹划；
9. 领导交办的其他事项。

总账会计岗位职责
1. 汇总记账凭证；
2. 登记与保管总账；
3. 总账与明细账核对；
4. 处理期末业务；
5. 办理期末总账结账；
6. 编制财务报表；
7. 撰写财务分析。领导交办的其他事项。

税务稽核会计岗位职责
1. 购置、开具、保管增值税发票；
2. 保管、认证、装订增值税专用发票抵扣联；
3. 登记应交增值税明细账；
4. 办理与总账核对；
5. 办理期末结账；
6. 办理涉税事项、纳税申报；
7. 稽核、整理、装订凭证、保管会计凭证；
8. 保管和使用"发票专用章"。

商品会计岗位职责
1. 审核购销、代销、联营商品采购、验收、销售，结算业务原始凭证；
2. 保管商品验收单（结算联）、代销商品销货清单、填制付款通知单；
3. 计算确定销售业务长短款；
4. 编制相关业务记账凭证；
5. 登记与保管库存商品明细账（二级账）、受托代销商品、主营业务收入、主营业务成本明细账；
6. 办理上述明细账与总账核对；
7. 期末盘点商品溢余短缺确认、处理；
8. 办理期末上述账簿结账；
9. 保管和使用"已核对"章、"结算专用章"。具体工作任务按照业务流程要求办理。

出纳岗位职责
1. 购置、登记、保管各种空白结算凭证；
2. 保管和开具收据、服务业发票；
3. 办理库存现金、银行存款收付业务；
4. 登记库存现金、银行存款日记账；
5. 办理支票领用、核销；
6. 每日库存现金盘点；
7. 定期办理与总账核对；
8. 办理期末库存现金、银行存款日记账结账；
9. 每天业务开始，了解当日现金需求额，根据库存现金账存数，提出提现申请，办理提现业务，保证业务部门对现金的需要；
10. 办理存现业务，遵守库存现金限额；
11. 保管和使用"现金收讫"、"现金付讫"章。

图 2-16 部门、岗位职责

公司各类典型业务都有明确的业务流程（动态），业务流程清单，如表 2-20 所示。

表 2-20　　　　　　　　　　　　　典型业务流程清单

序号	典型业务类型	备注说明
1	购销商品验收业务	1. 企业典型业务内部控制及会计处理要求属于制度规定，相关岗位工作人员必须认真学习贯彻执行；
2	购销商品定期付款业务	
3	银行汇票申请、支付购买、验收业务	
4	银行承兑汇票采购付款业务	
5	预付账款购进商品业务	

续表

序号	典型业务类型	备注说明
6	购销商品现金收款销售业务	
7	购销商品转账收款销售业务（团购）	
8	联营商品销售业务	
9	联营商品货款结算业务	
10	代销商品验收业务	
11	代销商品现金收款销售业务	
12	代销商品货款结算业务	
13	非商品业务——现金收款	
14	非商品业务——转账收款	2. 每种典型业务详细说明单据种类、业务流程、会计处理要求
15	非商品业务——现金付款	
16	非商品业务——现金借款	
17	非商品业务——现金借款报销	
18	非商品业务——支票领用	
19	非商品业务——支票报销	
20	非商品业务——财产物资采购报销	
21	非商品业务——固定资产采购报销	
22	期末转账业务	

图 2-17 所示为差旅费借款业务流程图（其他业务流程略）。

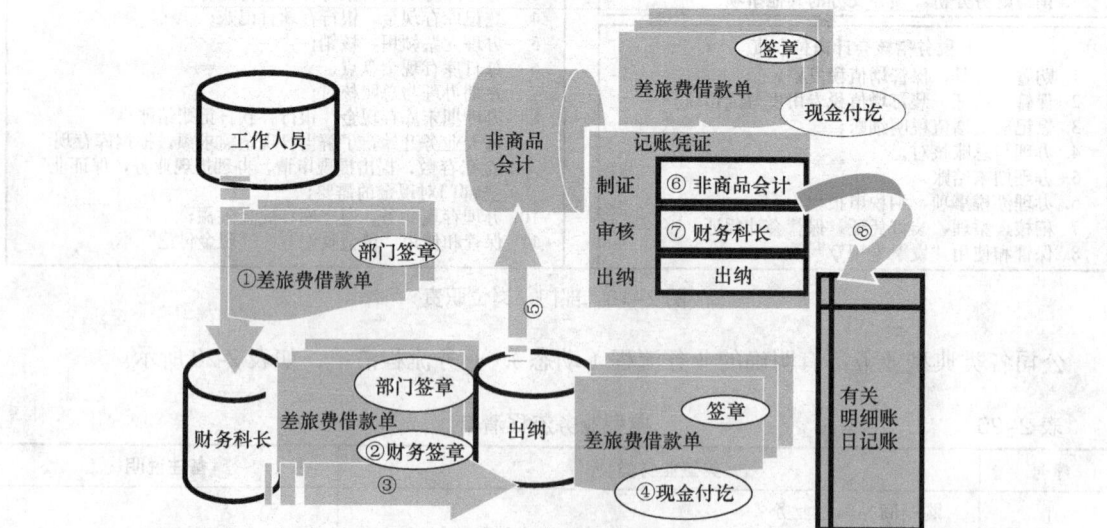

图 2-17　差旅费借款业务流程图

- 从差旅费借款业务看该类业务的控制体现控制活动的要求：业务过程有明确的岗位分工，所有业务发生经授权审批，各岗位业务处理单据齐全，手续明确，流程清楚，会计处理符合准则、制度规定。

- 抽查其中一笔差旅费借款业务，单据见表 2-21、表 2-22。

表 2-21   记账凭证

20×1 年 12 月 2 日   记字第 12 号

摘　要	会计科目	明细科目	借方金额										贷方金额										附单据
			千	百	十	万	千	百	十	元	角	分	千	百	十	万	千	百	十	元	角	分	
支付职工差旅费	其他应收款	暂付差旅费					2	0	0	0	0	0											1
借款	库存现金																2	0	0	0	0	0	张
合　计							2	0	0	0	0	0					2	0	0	0	0	0	

财务主管：王海   记账：李雯   出纳：李丽   审核：   制单：李雯

表 2-22   差旅费借款单

出差地点	泰安等地		预计天数				4 天		
借款事由	联系业务								
金额大写	贰仟元整	现金付讫	万	千	百	十	元	角	分
			2	0	0	0	0	0	0
部门负责人（签字） 齐大力 年 12 月 2 日	财务负责人（签字） 王海 年 12 月 2 日		借款人： 高虎 年 12 月 2 日						

出纳：李丽

- 对照商品采购付款业务流程，抽查一笔购销商品验收付款业务，共 7 张单据，见表 2-23～表 2-29。

根据供应商档案，山东利伟酒业有限公司是一般纳税人，合同约定逐笔结算货款。采购部按照授权负责订货、柜组根据订货单验收后，商品会计负责核对订单、验收单无误，审核供应商发票，办理申请付款手续；经采购部、财务部负责人审核签字，由出纳按规定的结算方式办理付款。商品会计根据已办理业务的所有单据，及时确认库存商品、应交税费和银行存款的增减，交财务科长审核后，有关人员登记账簿。取得的增值税专用发票抵扣联交税务会计保管并办理认证手续。

表 2-23   记账凭证

20×1 年 12 月 14 日   记字第 28 号

摘　要	会计科目	明细科目	√	借方金额										√	贷方金额										附单据
				千	百	十	万	千	百	十	元	角	分		千	百	十	万	千	百	十	元	角	分	
商品验收，支付	库存商品	酒水奶品组	√			1	1	4	0	0	0	0	0												6
货款	应交税费	应交增值税 （进项税额）	√				1	9	3	8	0	0													张
	银行存款													√			1	3	3	3	8	0	0	
合　计						1	3	3	3	8	0	0					1	3	3	3	8	0	0	

财务主管：王海   记账：李红 李雯   出纳：李丽   审核：   制单：李红

表 2-24   采购订货单

供 应 商：2002 山东利伟酒业有限公司   日   期：20×1-12-12   单据号：P000071212004

柜   组：0004 酒水奶品组   业务员：赵明

有 效 期：20×1-12-19   询价单：

折   扣：1.00   结算方式：预付款   备   注：

行号	货号	条码	商品名称	单位	数量	单价	金额
1	03020		泰山 38° 泰山酒	盒	550.00	8.16	4 488.00
2	03015		兰陵喜临门酒	盒	320.00	21.60	6 912.00
	合计						11 400.00

录入员：吴丹   商品会计：李红

表 2-25   支票存根

转账支票   №：02371

20×1 年 12 月 14 日

收款单位：山东利伟酒业

有限公司

金   额： ¥13 338.00

用   途：货款

会计主管：王海   出纳：李丽

表 2-26   付款通知单

20×1 年 12 月 14 日

付款事由	支付供应商货款	合同号：略	
收 款 人	山东利伟酒业有限公司		
开户行、账号：济南市工商银行历下区支行 16010042090078053 89			
支付金额（大写）	壹万叁仟叁佰叁拾捌元整	部门负责人：齐大力	
支付方式：☑转账支票 □电汇 □网银 □其他		财务负责人：王海	
备 注	附发票		

出纳：李丽   商品会计：李红

表 2-27

山东增值税专用发票

3700019852

№　**00586216**

开票日期：20×1 年 12 月 14 日

购货单位	名称：山东商苑商城有限责任公司
	纳税人识别号：3701112787444223
	地址、电话：济南市旅游路 88 号 0531-86345678
	开户行及账号：工行历城区支行洪楼分理处
	16020070090341208118

密码区	67893--+9827/16<241<	加密版本：01
	0<<>3<2+876<-6105>4+>	3700019852
	51*84-9319<8>9-20<750	
	0/-3000252/9-*+91>>4+	00586216

货物或应税劳务名称	规格型号	单位	数量	单价	金额	税率	税额
泰山 38° 泰山酒		盒	550	8.16	4 488.00	17%	762.96
兰陵喜临门酒		盒	320	21.60	6 912.00	17%	1 175.04
合计					¥11 400.00		¥1 938.00

价税合计（大写）	⊗ 壹万叁仟叁佰叁拾捌元整	（小写）¥13 338.00

销货单位	名称：山东利伟酒业有限责任公司		
	纳税人识别号：370102560985092	备注	
	地址、电话：济南市解放路 328 号　0531-86273659		
	开户行及账号：济南市工商银行历下区支行　1601004209007805389		

收款人：周鸣　　　　复核：田壮　　　　开票人：丁平　　　　销货单位：（章）

第三联：发票联　购货方记账凭证

国税函[2010]150 号济南华泰印刷厂

表 2-28

商品验收单（结算联）

供　应　商：1002 山东利伟酒业有限公司　　操作日期：20×1-12-14　　单据号：PI00071200135

柜　　　组：0004 酒水奶品组　　　　　　　经销方式：购销　　　已核对 办人：赵明

订货单号：P000071212004　　　　　　　　限付款日：20×1-12-14

行号	货号	商品名称	单位	数量	单价	金额	零售价	零售金额
1	03020	泰山 38° 泰山酒	盒	550.00	8.16	4 488.00	10.60	5 830.00
2	03015	兰陵喜临门酒	盒	320.00	21.60	6 912.00	28.00	8 960.00
		合计				11 400.00		14 790.00

柜组经办人：刘蓓　　　　录入员：吴丹　　　　　　　　　　　　商品会计：李红

表 2-29   商品验收单（记账联）

供 应 商：1002 山东利伟酒业有限公司   操作日期：20×1-12-14   单据号：PI00071200135

柜   组：0004 酒水奶品组   经销方式：购销   已核对 经办人：赵明

订货单号：P000071212004   限于款日：20×1-12-14

行号	货号	商品名称	单位	数量	单价	金额	零售价	零售金额
1	03020	泰山 38° 泰山酒	盒 验讫	550.00	8.16	4 488.00	10.60	5 830.00
2	03015	兰陵喜临门酒	盒	320.00	21.60	6 912.00	28.00	8 960.00
	合计					11 400.00		14 790.00

柜组经办人：刘蕾   录入员：吴丹   商品会计：李红

①请对照表 2-30 理解并说明：上述业务处理符合控制活动的要求吗？控制活动的设计合理吗？按照这样的控制活动要求，能够实现哪些控制目标？②所有业务的处理都有明确的职责分工、业务流程，会计处理符合准则要求，在此基础上错报、漏报的风险会怎样？

表 2-30   控制活动及其目标的实现

交易类型	相关账户	发生	准确性	分类	截止
差旅费借款	其他应收款	借款经批准	记账凭证与借款单一致	业务确认符合核算要求：——借款	入账时间及时，属于本期
	库存现金	付款经批准	记账凭证与借款单一致	业务确认符合核算要求：——现金支付	入账时间及时，属于本期
商品采购	库存商品	订货验收	计价正确，证证相符	业务确认符合核算要求：——商品验收	入账时间及时，属于本期
	银行存款	付款经批准	结算凭证与付款通知单、发票、验收单一致，证证相符	业务确认符合核算要求：——支票支付	入账时间及时，属于本期
	应交税费	取得增值税专用发票	证证相符	业务确认符合核算要求：——增值税专用发票	入账时间及时，属于本期

注：（1）为保证业务完整，防止本期漏计，订单、验收单等重要业务发生的凭证设计了编号；

（2）原始凭证内容设计体现业务发生的经办人、审核批准人及流程要求；

（3）编制的记账凭证必须经审核后记账。

结论： 排除管理层舞弊的因素，同类业务出错的风险应该比较低，但是，复杂、不经常发生、需主观判断、需计算的业务出错的可能性会高些。因此，具有高效、畅通的沟通渠道，以及通过进一步实施对控制活动的监督，可以防范、及时发现和纠正错报，降低风险。

• 控制活动与审计的关系是：控制活动是针对各类交易和事项设计并执行的，与认定层次的重大错报风险相关。

如果了解的控制环境薄弱，则很难认定某一业务流程与财务报表相关认定的控制是有效的；控制环境本身并不能防止或发现并纠正各类交易、账户余额、列报认定层次的重大错报。良好的控制环境，有效的控制活动，并结合其他因素，才能实现内部控制的目标。

● 了解控制活动的主要方法是：询问、现场观察、检查和执行穿行测试。

穿行测试是指追踪交易在财务报告信息系统中的处理过程，以了解业务处理过程并确定是否执行。上述对差旅费借款和购销商品验收两笔业务控制活动的了解，采取的就是穿行测试法。

（5）对控制的监督及与审计的关系。为了保证企业内部控制的效果，必须对整个内部控制的执行过程进行恰当的监督，并通过监督活动对内部控制的某个薄弱环节加以必要的修正。可以采取自我评估的方式，即由专门人员经常或定期独立地对整个企业或某个部门内部控制的设计和运行效果进行评估；或者企业可以借助内部审计和外部审计的力量对其自身控制系统的设计及实施的质量进行评估，还可以采用始终监控的方式对企业的经营和责任履行过程进行同步监督。

请问： 你可以采取哪些方法了解企业对控制的监督采取了哪些措施？

结论： 对控制的监督措施设计得合理并得到执行，会降低财务报表重大错报风险。

综合对内部控制的了解，将结果记录在风险评估工作底稿中，如图 2-18 所示。相关的工作底稿很多，具体工作底稿的编制不做要求。

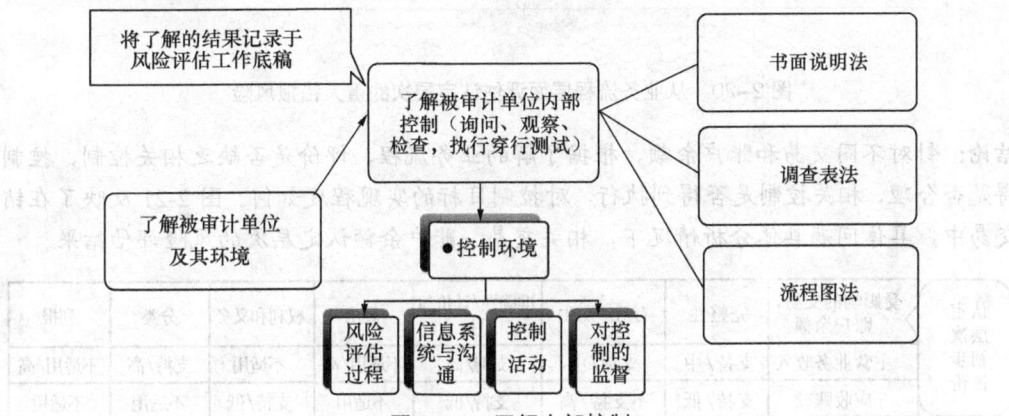

图 2-18　了解内部控制

三、评估两个层次的重大错报风险

1．从财务报表整体层面评估财务报表层次重大错报风险

属于财务报表层次重大错报风险可以理解为与财务报表整体广泛相关，进而影响多项认定，不直接对应哪项交易、账户、认定。通过在被审计单位整体层面了解内部控制，特别是通过对控制环境的了解，可以做出评估，如图 2-19 所示。

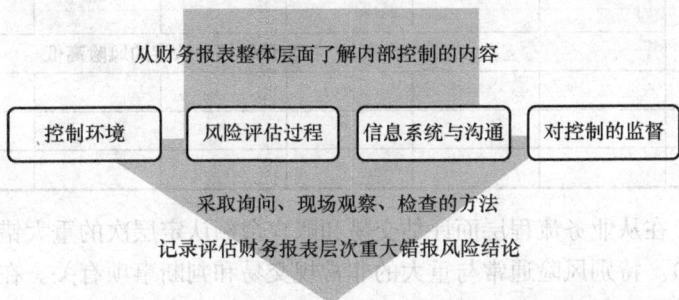

图 2-19　从财务报表整体层面评估重大错报风险

结论： 令人满意的控制环境并不能绝对防止舞弊，但有助于降低舞弊的风险。如果评价的控制环境薄弱，则很难认定某一流程的控制有效。在内外部环境的压力下，是否存在财务报表层次重大错报，关键取决于控制环境，特别是高级管理层的理念、社会责任感。

2．从业务流程层面评估交易和账户余额认定层次的重大错报风险

通过了解相关循环的主要业务活动和交易流程，评估相关交易和账户余额认定层次的重大错报风险，如图 2-20 所示。

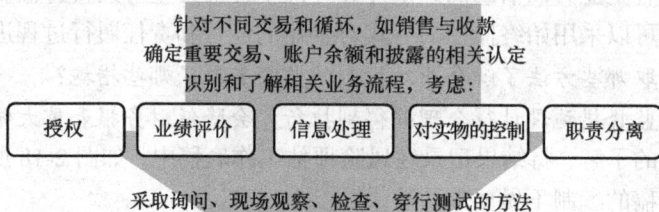

针对不同交易和循环，如销售与收款
确定重要交易、账户余额和披露的相关认定
识别和了解相关业务流程，考虑：

| 授权 | 业绩评价 | 信息处理 | 对实物的控制 | 职责分离 |

采取询问、现场观察、检查、穿行测试的方法

图 2-20 从业务流程层面评估认定层次的重大错报风险

结论： 针对不同交易和账户余额，根据了解的业务流程，评价是否缺乏相关控制，控制活动设计得是否合理，相关控制是否得到执行，对控制目标的实现程度如何。图 2-21 反映了在销售与收款交易中，具体问题具体分析情况下，相关交易、账户余额认定层次的风险评估结果。

认定层次初步评价	受影响的交易、账户余额	完整性	存在/发生	准确性/计价与分摊	截止	权利和义务	分类	列报
	主营业务收入	支持/中	支持/中	支持/高	不适用/高	不适用	支持/高	不适用/高
	应收账款	支持/低	不支持/高	支持/低	不适用	支持/低	不适用	不适用

图 2-21 销售与收款交易认定层次重大错报风险

身临其境 请根据山东商苑商城采购付款的业务流程，在执行穿行测试的基础上，评估认定层次的重大错报风险，完成表 2-31。

表 2-31 采购与付款交易认定层次重大错报风险

步骤 1 确定相关账户（不包括货币资金）	步骤 2 确定相关认定				
	步骤 3 初步评价相关认定的风险高低				

需要注意的是，在从业务流程层面评估交易和账户余额认定层次的重大错报风险时，应当关注是否存在特别风险。特别风险通常与重大的非常规交易和判断事项有关。在确定哪些风险是特别风险时，注册会计师应当在考虑识别出的控制对相关风险的抵消效果前，根据风险的性质、潜在错报的重要程度（包括该风险是否可能导致多项错报）和发生的可能性，判断风险是否属于特

别风险。

请你根据下列对特别风险判断时考虑的影响因素，指出通常情况下注册会计师将应收账款计提坏账准备，存货、固定资产等计提减值损失的准确性（计价与分摊）认定判断为具有特别风险的事项，是考虑的哪项因素？

（1）风险是否属于舞弊风险；

（2）风险是否与近期经济环境、会计处理方法和其他方面的重大变化相关；

（3）交易的复杂程度；

（4）风险是否涉及重大的关联方交易；

（5）财务信息计量的主观程度，特别是计量结果是否具有高度不确定性；

（6）风险是否涉及异常或超出正常经营过程的重大交易。

特别提示

（1）重点关注的网站及相关栏目：中国注册会计师网站期刊杂志［中国注册会计师］http:// www.cicpa.org.cn/knowledge/xhhk/qbhk/2012hk/201211/。

（2）牢记的关键术语：审计风险、重大错报风险、检查风险、风险评估程序、被审计单位性质、内部控制、控制环境、控制活动、穿行测试、财务报表层次重大错报风险、认定层次重大错报风险、特别风险。

（3）相关的审计准则：《中国注册会计师审计准则第 1211 号——通过了解被审计单位及其环境识别和评估重大错报风险》、《中国注册会计师审计准则第 1141 号——财务报表审计中与舞弊相关的责任》、《中国注册会计师审计准则第 1152 号——向治理层和管理层通报内部控制缺陷》。

任务训练

1. 从业务流程层面了解内部控制，记录在表 2-40 中，作为评估认定层次重大错报风险的依据。

任务背景资料：山东商苑商城有限责任公司针对各类业务明确了职责分工和业务流程，请根据下列业务的资料，运用检查、穿行测试的方法将了解的内部控制记录下来。

（1）费用报销业务流程如图 2-22 所示，对照费用报销业务流程抽查一笔费用报销业务，单据见表 2-32、表 2-33、表 2-34、表 2-35、表 2-36。

表 2-32

记账凭证

20×1 年 12 月 9 日 记字第 17 号

摘　要	会计科目	明细科目	√	借方金额 千 百 十 万 千 百 十 元 角 分	√	贷方金额 千 百 十 万 千 百 十 元 角 分	附单据
报销办公用品	管理费用	办公费	√	9 6 0 0 0			3张
	银行存款	工行			√	9 6 0 0 0	
合　计				9 6 0 0 0		9 6 0 0 0	

财务主管：王海　　记账：李雯　　出纳：李丽　　审核：　　　制单：李雯

费用报销业务流程

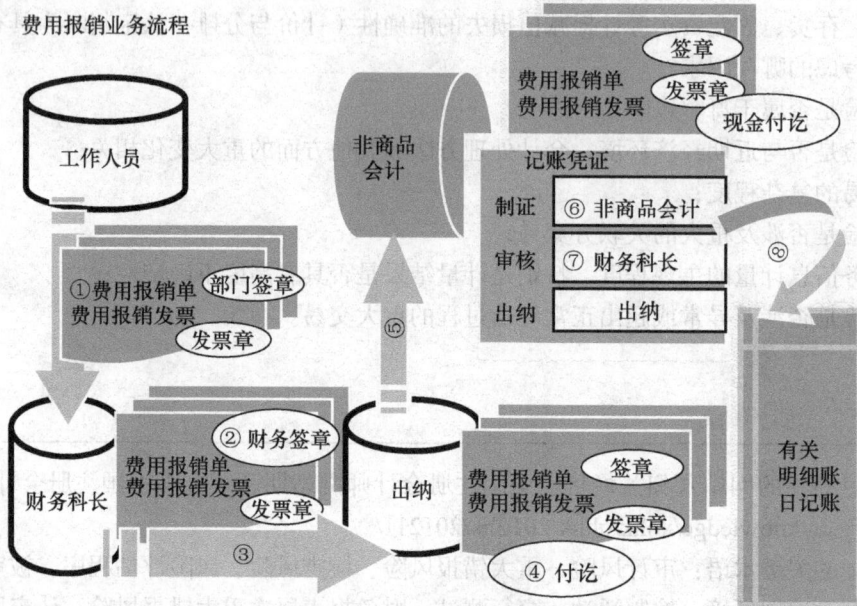

图 2-22　费用报销业务流程图

表 2-33　　　　　　　　　山东商苑商城有限责任公司费用报销单

报销部门：后勤保卫处　　　　　　　　　20×1 年 12 月 9 日　　　　　　　　附报销单据 2 张

费用项目及用途	金　额	部门审批	齐大力
购办公用品	960.00		
		公司审批	王胜利
		财务审批	王海　12 月 9 日
合　计	960.00		
金额（大写）：玖佰陆拾元整			
实报金额（大写）：玖佰陆拾元整			
付款方式：现金□　转账支票☑　　银行汇票□　电汇□　其他□			

出纳：李丽　　　　　　　　　　　　经手人：高虎

表 2-34　　　　　　　　　　　转账支票存根

转账支票　　№：02120

20×1 年 12 月 9 日

收款单位：济南文高办公用品公司

金　　额：￥960.00

用　　途：办公用品

会计主管：王海　　出纳：李丽

表 2-35　　　　　　　　　山东省商品销售统一发票

发票代码 137040760153
发票号码 04443999

客户名称及地址　山东商苑商城有限责任公司　　　20×1 年 12 月 9 日填制

品名	规格	单位	数量	单价	百	十	元	角	分	备注
打印纸	A4	包	50	18.00	9	0	0	0	0	
签字笔	10支	盒	3	20.00		6	0	0	0	
合计人民币	（大写）玖佰陆拾零元零角零分				9	6	0	0	0	

税号：3701044487221240

填票人：　　　收款人：高　　　单位名称（盖章）

表 2-36　　　　　　　　　材料物资验收单

20×1 年 12 月 9 日　　　　№　002123

采购部门	后勤保卫处	验收部门		办公室	
编号	品名	规格型号	单位	数量	单价	金额
	打印纸	A4	包	50	18.00	900.00
	签字笔	10支	盒	3	20.00	60.00

备注：

送交人：高虎　　　　　　　　　验收人：张梅

（2）商品采购验收业务流程要求。采购部负责订货、柜组根据经批准的订单验收后，商品会计负责审核订单、验收单无误，确认库存商品和应付账款，交财务科长审核后登记有关账簿。验收单的结算联留存，以便定期付款时核对用。根据供应商档案，山东光华经贸有限公司是一般纳税人，供应的商品款采取定期结算方式。对照商品验收业务流程，抽查一笔购销商品验收业务，单据见表2-37、表2-38、表2-39。

表2-37 记账凭证

20×1年12月13日　　　　　　　　记字第23号

摘　要	会计科目	明细科目	√	借方金额	√	贷方金额	附单据2张
				千百十万千百十元角分		千百十万千百十元角分	
购进商品验收，货款未付	库存商品	食品组	√	1 6 4 4 5 0 0			
	应付账款	应付进项税		2 7 9 5 6 5			
	应付账款	山东光华经贸公司			√	1 9 2 4 0 6 5	
合　计				1 9 2 4 0 6 5		1 9 2 4 0 6 5	

财务主管：王海　　　记账：李静　　　出纳：　　　审核：　　　制单：李静

表2-38 商品验收单（记账联）

供 应 商：1001 山东光华经贸有限责任公司　　操作日期：20×1-12-13　　单据号：PI00071200130
柜　　组：0003 食品组　　　已核对　　经销方式：购销　　经办人：赵明
订货单号：P000071211007　　　　　　限付款日：20×1-12-15

行号	货号	商品名称	单位	数量	单价	金额	零售价	零售金额
1	0201×	彩虹迷你筒彩虹糖	包	460.00	3.60	1 656.00	4.50	2 070.00
2	02013	正林纸葵	包	480.00	7.90	3 792.00	9.90	4 752.00
3	02017	洽洽凉茶瓜子	包	1 200.00	3.50	4 200.00	4.40	5 280.00
4	02022	鸿昌隆芝麻球	包	850.00	0.90	765.00	1.10	935.00
5	02024	鸿昌隆米上好米饼	包	1 400.00	2.90	4 060.00	3.60	5 040.00
6	02028	鸿昌隆麦上好麦饼	包	680.00	2.90	1 972.00	3.60	2 448.00
	合计	验收				16 445.00		20 525.00

柜组经办人：吴丹　　　录入员：高一飞　　　商品会计：李静

表2-39 采购订货单

供 应 商：1001　山东光华经贸有限责任公司　　　日　期：20×1-12-11　　　单据号：P000071211007

柜　组：0003　食品组　　　业务员：赵明

有 效 期：20×1-12-18　　　询价单：　　　　　　　　　　　　　已核对

折　扣：1.00　　　结算方式：支票　　　备注：

行号	货号	条码	商品名称	单位	数量	单价	金额
1	0201×		彩虹迷你筒彩虹糖	包	460.00	3.60	1 656.00
2	02013		正林纸葵	包	480.00	7.90	3 792.00
3	02017		洽洽凉茶瓜子	包	1 200.00	3.50	4 200.00
4	02022		鸿昌隆芝麻球	包	850.00	0.90	765.00
5	02024		鸿昌隆米上好米饼	包	1 400.00	2.90	4 060.00
6	02028		鸿昌隆麦上好麦饼	包	680.00	2.90	1 972.00
	合计						16 445.00

录入员：高一飞　　　　　　　　　　　　　　　商品会计：李静

● 记录任务完成情况，填写表2-40。

表2-40 从业务流程层面了解内部控制

交易类型	相关账户	发生	完整	准确性	分类	截止

结论：（1）相关控制是否存在（√或×）：

（2）相关控制的设计是否合理（√或×）：

（3）相关控制是否被执行（√或×）：

2. 以小组为单位进行社会调查，以电子文档记录并报告了解的内部控制，感受内部控制的应用。

（1）任务背景资料。

① 调查学校某食堂、餐厅的基本情况，了解采购、销售业务的流程，了解财产物资的管理。

② 调查学校商场的基本情况，了解采购、销售业务的流程，了解财产物资的管理。

（2）任务实施。

① 调查前做好准备。提前联系好，注意时间尽量不影响被调查对象工作，注意小组成员分工。

② 调查过程。注意态度要有礼貌，说明调查目的和参加人员，采取询问、观察的方法（检查、

穿行测试的应用有一定局限性），允许的话可以拍照等方式做好记录。

③ 调查结束。整理调查结果，用 Word 文档录，写调查报告。可以采用调查表、流程图、文字说明等方法说明调查的内部控制，并填写表 2-41 进行自评和小组评价。

表 2-41　　　　　　　　　　　社会实践项目自评和小组评价表

班级

学号	项目成员	自评	小组评价	综合（百分制）	备注

组长签名：

任务四 | 实施进一步审计

学习目标

1. 能理解说明针对财务报表层次重大错报风险的总体应对措施；
2. 明确进一步审计的类型和审计方案设计；
3. 理解控制测试的目的，能有针对性地执行控制测试；
4. 明确实质性程序的种类，能有针对性地执行细节测试和实质性分析程序。

案例导读

　　针对"儿慈会"已公布的财务报表中"财务人员将其中的银行短期理财累计发生额 475 000 000（4.75 亿）元误写为 4 750 000 000（47.5 亿）元"的解释，负责此项审计的北京中证天通会计师事务所副主任会计师李征在接受采访时表示，审计过程中银行的出入账记录肯定是要查的，但是对于庞杂的数字，出现一个失误也是情有可原的。李征说，在审计过程中，他们主要关注中华儿慈会的账目资金发生情况，所以没有发现中华儿慈会财务报告中 48 亿元的数字问题。

"对于庞杂的数字""他们主要关注中华儿慈会的账目资金发生情况",意味着项目组人员实施了进一步审计程序,但并没有发现目前揭示的问题。那么,按照审计准则要求的进一步审计工作该如何设计和实施呢?

相关知识

一、针对财务报表层次重大错报风险采取的总体应对措施

图 2-23 反映了风险评估与进一步审计工作内容的关系,体现了对风险导向的审计工作要求,影响审计总体策略和对具体审计计划的总体方案的选择。

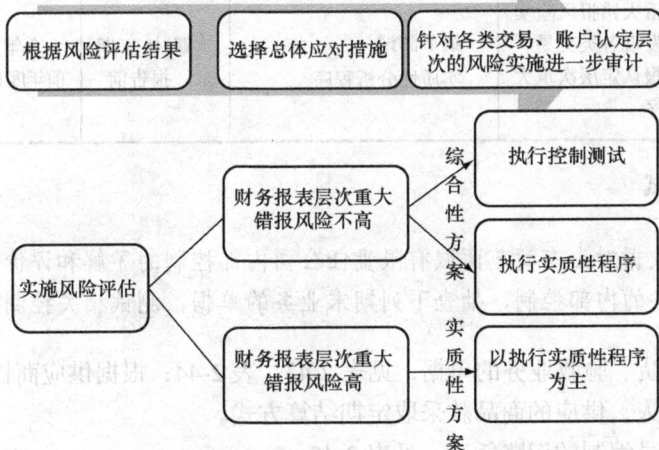

图 2-23 风险评估与进一步审计工作内容关系

在风险评估的基础上,针对财务报表层次重大错报风险,采取的总体应对措施包括以下几个方面。

(1)向项目组强调在收集和评价证据过程中保持职业怀疑态度的必要性;

(2)分派更有经验或具有特殊技能的审计人员,或利用专家的工作;

(3)提供更多的督导;

(4)在选择进一步审计程序时,应当注意使某些程序不被管理层预见或事先了解;

(5)对拟实施审计程序的性质、时间和范围做出总体修改。

如果评估的重大错报风险不属于财务报表层次,相对来说选派的项目组成员可能更一般,对进一步审计工作要求会更程序化。

二、针对认定层次重大错报风险采取的进一步审计程序

表 2-42 列示了针对评估的各类交易、账户余额、列报认定层次重大错报风险实施的进一步审计程序,包括进一步审计的类型,进一步审计的目的,进一步审计的性质、时间和范围。

在设计和实施进一步审计时,应该考虑以下 3 个方面。①区别各类交易,明确相关的账户。

比如采购与付款循环，相关账户包括应付账款、材料采购、管理费用等；销售与收款循环，相关账户包括主营业务收入、应收账款、坏账准备等。②是否执行控制测试。如果执行控制测试，设计控制测试的性质、时间和范围并实施。③设计、修改实质性程序的性质、时间和范围并实施。

表 2-42　　　　　　　　　　　　进一步审计程序的性质、时间和范围

类型	目的	性质	时间		范围
			测试执行时间	测试对象（资料）涵盖期间	
控制测试	针对拟信赖的控制活动，测试是否有效运行，是否支持风险评估的结果	询问、观察、检查（包括穿行测试）、重新执行	期中、期末（如有可能）	全年	测试项目的笔数
实质性程序	针对评估的重大错报风险实施的直接用以发现各类交易、账户余额、列报认定层次重大错报的审计程序	细节测试实质性分析程序	期中、期末、报告前	全年，也包括以前年度和下年度	测试项目的笔数

1．执行控制测试

依据对山东商苑商城有限责任公司内部控制的了解和评价，打算信赖采购付款业务的内部控制，抽查下列期末业务的单据，测试相关控制执行的有效性。

（1）找出采购订货、验收业务的单据，见表 2-43、表 2-44；根据供应商档案，山东光华经贸有限公司是一般纳税人，供应的商品款采取定期结算方式。

（2）核对会计人员编制的记账凭证，见表 2-45。

表 2-43　　　　　　　　　　　　采购订货单

供　应　商：1001　山东光华经贸有限责任公司　　　　日　　期：20×1-12-11　　　　单据号：P000071211007

柜　　　组：0003　食品组　　　　　　　　　　　　业务员：赵明

有　效　期：20×1-12-18　　　　　　　　　　　　询价单：　　　　　　　　　已核对

折　　　扣：1.00　　　　　　　　　　　　　　　结算方式：支票　　　备注：

行号	货号	条码	商品名称	单位	数量	单价	金额
1	0201×		彩虹迷你筒彩虹糖	包	460.00	3.60	1 656.00
2	02013		正林纸葵	包	480.00	7.90	3 792.00
3	02017		洽洽凉茶瓜子	包	1 200.00	3.50	4 200.00
4	02022		鸿昌隆芝麻球	包	850.00	0.90	765.00
5	02024		鸿昌隆米上好米饼	包	1 400.00	2.90	4 060.00
6	02028		鸿昌隆麦上好麦饼	包	680.00	2.90	1 972.00
	合计						16 445.00

录入员：高一飞　　　　　　　　　　　　　　　　　　　商品会计：李静

表 2-44　　　　　　　　　　　商品验收单（记账联）

供 应 商：1001　山东光华经贸有限责任公司　　操作日期：20×1-12-13　　单据号：PI00071200130

柜　　组：0003　食品组　　　　已核对　　　经销方式：购销　　　　经办人：赵明

订货单号：P000071211007　　　　　　　　　　限付款日：20×1-12-15

行号	货号	商品名称	单位	数量	单价	金额	零售价	零售金额
1	0201×	彩虹迷你筒彩虹糖	包	460.00	3.60	1 656.00	4.50	2 070.00
2	02013	正林纸葵	包	480.00	7.90	3 792.00	9.90	4 752.00
3	02017	洽洽凉茶瓜子	包	1 200.00	3.50	4 200.00	4.40	5 280.00
4	02022	鸿昌隆芝麻球	包	850.00	0.90	765.00	1.10	935.00
5	02024	鸿昌隆米上好米饼	包	1 400.00	2.90	4 060.00	3.60	5 040.00
6	02028	鸿昌隆麦上好麦饼	包	680.00	2.90	1 972.00	3.60	2 448.00
		合计				16 445.00		20 525.00

柜组经办人：吴丹　　验讫　　　录入员：高一飞　　　　商品会计：李静

表 2-45　　　　　　　　　　　记账凭证

20×1 年 12 月 13 日　　　　　　　　　记字第 23 号

摘　要	会计科目	明细科目	√	借方金额 千百十万千百十元角分	√	贷方金额 千百十万千百十元角分
购进商品验收，货款未付	库存商品	食品组	√	1 6 4 4 5 0 0		
	应付账款	应付进项税		2 7 9 5 6 5		
	应付账款	山东光华经贸公司			√	1 9 2 4 0 6 5
合　计				1 9 2 4 0 6 5		1 9 2 4 0 6 5

附单据 2 张

财务主管：王海　　记账：李静　　　出纳：　　　审核：　　　制单：李静

（3）找出支付山东光华经贸公司的付款凭证，包括转账支票存根、付款通知单、增值税专用发票、销货清单（共 4 张，仅附 1 张，其他 3 张略），见表 2-46、表 2-47、表 2-48、表 2-49。

表 2-46　　　　　　　　　　　转账支票存根

转账支票　　№：002378

20×1 年 12 月 20 日

收款单位：山东光华经贸公司

金　　额：￥2 208 067.29

用　　途：货款

会计主管：王海　　出纳：李丽

表 2-47 付款通知单

20×1 年 12 月 20 日

付款事由	支付供应商货款		合同号：略	
收 款 人	山东光华经贸有限责任公司			
开户行、账号：济南市工商银行历下区支行 1601004209007805321				
支付金额（大写）	贰佰贰拾万捌仟零陆拾柒元贰角玖分		部门负责人：齐大力	
支付方式：☑转账支票 □电汇 □网银 □其他			财务负责人：王海	
备 注	附发票			

出纳：李丽   商品会计：李静

表 2-48 山东增值税专用发票

3700052170

发 票 联

№ **00216584**

开票日期：20×1 年 12 月 20 日

第三联：发票联

购货方记账凭证

购货单位	名称：山东商苑商城有限责任公司 纳税人识别号：370112787444223 地址、电话：济南市旅游路 88 号 0531-86345678 开户行及账号：工行历城区支行洪楼分理处 1602007009034120818			密码区	67893-—+9827/16<241< 加密版本：01 0<<>3<2+876<-6105>4+> 3700052170 51*84-9319<8>9-20<750 0/-3000252/9-*+91>>4+ 00216584		
货物或应税劳务名称	规格型号	单位	数量	单价	金额	税率	税额
（详见销售清单）					1 887 237.00	17%	320 830.29
合计					￥1 887 237.00		￥320 830.29
价税合计（大写）	⊗贰佰贰拾万捌仟零陆拾柒元贰角玖分					（小写）￥2 208 067.29	
销货单位	名称：山东光华经贸有限责任公司 纳税人识别号：370102560983212 地址、电话：济南市泺泉路 128 号 0531-86598888 开户行及账号：济南市工商银行历下区支行 1601004209007805321			备注	山东光华经贸有限责任公司 税号：370102560983212 发票专用章		

收款人：张星   复核：钱飞   开票人：丁华   销货单位：（章）

表 2-49 销售货物或者提供应税劳务清单

购买方名称：山东商苑商城有限责任公司

销售方名称：山东光华经贸有限责任公司

所属增值税专用发票代码：3700052170   号码：00216584   共 4 页 第 1 页

序号	货物（劳务）名称	规格型号	单位	数量	单价	金额	税率	税额
1	美易添美式中空大汤勺	6 寸	只	1 038	23.40	24 289.20	17%	4 129.16
2	张小泉民用厨刀	CD-175	把	750	50.90	38 175.00	17%	6 489.75
3	张小泉不锈钢折刀	CD-175	把	500	11.70	5 850.00	17%	994.50
4	爱仕达不锈钢复底二层高锅	28cm	个	250	217.20	54 300.00	17%	9 231.00

续表

序号	货物（劳务）名称	规格型号	单位	数量	单价	金额	税率	税额
5	统福汤匙	4.5寸	个	950	1.40	1 330.00	17%	226.10
6	瑞鹊四层长方形组合层架	120*55*60	套	530	51.40	27 242.00	17%	4 631.14
7	百利丰衣橱	150*75*45	件	230	90.00	20 700.00	17%	3 519.00
8	立白彩奇野菊花洗洁精	1.5kg	瓶	895	9.20	8 234.00	17%	1 399.78
9	金鱼洗涤灵	500g	瓶	886	2.80	2 480.80	17%	421.74
10	超能离子柠檬护手油洗洁精	500g	瓶	1 610	4.30	6 923.00	17%	1 176.91
11	立白生姜洗洁精	2kg	瓶	1 630	13.30	21 679.00	17%	3 685.43
12	浪奇洗洁精	900C	瓶	1 250	5.90	7 375.00	17%	1 253.75
13	立白大蒜洗洁精	500g	瓶	1 100	3.30	3 630.00	17%	617.10
14	花仙子去味大师汽车专用	120g	包	1 110	49.10	54 501.00	17%	9 265.17
15	花仙子克潮灵除湿剂	237g	包	750	6.70	5 025.00	17%	854.25
16	雕牌超效加酶洗衣粉	650g	包	1 650	3.50	5 775.00	17%	981.75
17	立白超洁清新洗衣粉	508g	包	1 330	3.80	5 054.00	17%	859.18
18	立白超洁清新洗衣粉	838g	包	1 660	6.10	10 126.00	17%	1 721.42
19	立白去渍霸无磷洗衣粉	1.8kg	包	1 330	15.60	20 748.00	17%	3 527.16
20	雪豹羽绒服洗剂	420ml	瓶	850	11.30	9 605.00	17%	1 632.85
21	洁霸洗衣粉	1 800g	包	900	20.10	18 090.00	17%	3 075.30
22	威洁士儿童洗衣液	1 000ml	包	1 000	25.40	25 400.00	17%	4 318.00
23	雕牌加酶洗衣粉	350g	包	1 800	1.60	2 880.00	17%	489.60
24	雕牌加酶洗衣粉	650g	包	1 100	3.10	3 410.00	17%	579.70
小计						382 822.00		65 079.74
备注	税号：							

销货方（章票专用章）　　　　　　填开日期：20×1年12月20日

注：本清单一式两联。第一联，销售方留存；第二联，销售方送交购买方。

共4页，第2～4页略，与开具的发票相符。

（4）核对会计人员编制的记账凭证，见表2-50。

表2-50　　　　　　　　　　记账凭证

20×1年12月20日　　　　　　　　　记字第30号

摘　要	会计科目	明细科目	√	借方金额	√	贷方金额	附单据
结算购销商品款	应付账款	光华经贸公司	√	2 2 0 8 0 6 7 2 9			7 张
	应交税费	增值税（进项）	√	3 2 0 8 3 0 2 9			
	应付账款	应付进项税			√	3 2 0 8 3 0 2 9	
	银行存款				√	2 2 0 8 0 6 7 2 9	
合　计				2 5 2 8 8 9 7 5 8		2 5 2 8 8 9 7 5 8	

财务主管：王海　　记账：李静　　出纳：李丽　　审核：　　制单：李静

（5）核对账簿记录，见表2-51。

表2-51　　　　　　　　　　　　　　　　应付账款明细账

明细科目：山东光华经贸有限责任公司　　　　　　　　　　　　　　　　　　　　　　　第　　页

20×1年 月	日	记账凭证号数	摘要	对方科目	借方	贷方	借或贷	余额
12	1		承前页				贷	2066420 00
	13	23	商品验收，货款未付			1924065	贷	2085660 65
	16	26	商品验收，货款未付			553293 0	贷	2140989 95
	20	30	结算货款		2208067 29		借	670773 4
	31		结转下年					

- 控制测试的结论：业务发生、会计核算手续符合控制要求，但最终账簿记录的结果，说明付款审核控制无效。应调整增加对付款发生的实质性测试程序。

- 在执行控制测试时，针对测试项目的性质，比如固定资产计提折旧、应收账款计提坏账准备等，审计人员按照既定的会计政策和会计估计重新执行该业务，并将结果与被审计单位核对，可以实现双重目的的审计——评价制度执行的有效性，并确认是否存在错报及其金额。

2．执行实质性程序

实质性程序是指注册会计师针对评估的重大错报风险实施的直接用以发现各类交易、账户余额、列报认定层次重大错报的审计程序，包括细节测试和实质性分析程序。

（1）执行细节测试。即运用审计方法直接确认某项认定是否有错报。

身临其境　　　以表2-52中的细节测试为例。

表2-52　　　　　　　　　　　　　　　　主营业务收入明细账

明细科目：M产品　　　　　　　　　　　　　　　　　　　　　　　　　　　　第　　页

细节测试12月17日交易认定是否存在错报	20×1年 月	日	记账凭证号数	摘要	对方科目	借方	贷方	借或贷	余额
	12	2	收3	销售M产品3 000件			480000000	贷	480000000
		9	转3	销售M产品1 000件			150000000	贷	630000000
→（17日）		17	转7	销售M产品3 500件			560000000	贷	1190000000
		31	转151/2	结转本年利润		1190000000		平	
		31		本月合计		1190000000	1190000000	平	

核对 12 月 17 日转字 7 号记账凭证及所附原始凭证，见表 2-53、表 2-54、表 2-55、表 2-56。

表 2-53

转账凭证

20×1 年 12 月 17 日　　　　　　　　　　转字第 7 号

摘　要	会计科目	明细科目	√	借方金额 千百十万千百十元角分	√	贷方金额 千百十万千百十元角分	
销售产品款未收	应付账款	海台公司		8 8 9 2 0 0 0 0	√		附单据3张
	主营业务收入	M 产品			√	5 6 0 0 0 0 0 0	
		N 产品			√	2 0 0 0 0 0 0 0	
	应交税费	应交增值税			√	1 2 9 2 0 0 0 0	
				8 8 9 2 0 0 0 0		8 8 9 2 0 0 0 0	

财务主管：王程　　记账：丁一　　出纳：　　审核：　　制单：丁一

表 2-54

山东增值税专用发票

3100050678　　此联不作报销扣税凭证　　№　00829402

开票日期：20×1 年 12 月 17 日

| 购货单位 | 名称：海台公司
纳税人识别号：3701127874444223
地址、电话：济南市历山路 102 号 0531-89025678
开户行及账号：工行历城区支行洪楼分理处
16023570090341207 61 | | 密码区 | 67893-+9827/16<241<　加密版本：01
0<<>3<2+876<-6105>4+> 3100050678
51*84-9319<8>9-20<750
0/-3000252/9-*+91>>4+　00829402 |

货物或应税劳务名称	规格型号	单位	数量	单价	金额	税率	税额
M 产品		件	3 500	160.00	560 000.00	17%	95 200.00
N 产品		件	1 000	200.00	200 000.00	17%	34 000.00
合计					¥ 760 000.00		¥ 129 200.00

价税合计（大写）　⊗ 捌拾捌万玖仟贰佰元整　　（小写）¥ 889 200.00

| 销货单位 | 名称：华兴股份有限公司
纳税人识别号：310104760169081
地址、电话：济南市旅游路 88 号　0531-86345678
开户行及账号：工行历城区支行洪楼分理处　16020070090341208 18 | | 备注 | 税号：
370104760169081
发票专用章 |

收款人：苗艳　　复核：李经开　　开票：王越　　销货单位：（章）

表 2-55 　　　　　　　　　　　　　　出库单

发往单位：海台公司　　　　　　　　　20×1 年 12 月 17 日　　　　　　　　　No：065836

品　名	单位	数量	单价	金额
M 产品	件	3 500		
			付　讫	
用　途	销售			

审核：李文　　　　　　　　　　　　　　　　　保管：李莉

表 2-56 　　　　　　　　　　　　　　出库单

发往单位：海台公司　　　　　　　　　20×1 年 12 月 17 日　　　　　　　　　No：065837

品　名	单位	数量	单价	金额
N 产品	件	1 000		
			付　讫	
用　途	销售			

审核：李文　　　　　　　　　　　　　　　　　保管：李莉

　　结论： 发生真实、计价准确、截止（入账时间）正确、分类（账户确认）正确。没有错报。

　　假如你从合同中了解到客户单位是代销商，约定每月末收到代销商品清单开具发票结算货款，本月未收到销货清单。月末将上述发出商品结转成本，见表 2-57。

表 2-57 　　　　　　　　　　　　　　记账凭证

20×1 年 12 月 31 日　　　　　　　　　　　　　　　　记字第 97 号

摘　　要	会计科目	明细科目	√	借方金额									√	贷方金额								
				千	百	十	万	千	百	十	元	角	分		千	百	十	万	千	百	十	元	角	分
结转成本	主营业务成本	m 产品	√			5	0	0	0	0	0	0	0											
		n 产品	√			1	8	0	0	0	0	0	0											
	库存商品	m 产品												√		5	0	0	0	0	0	0	0	
		n 产品												√		1	8	0	0	0	0	0	0	
合　　计						6	8	0	0	0	0	0	0				6	8	0	0	0	0	0	0

附单据张

财务主管：王海　　　记账：丁一　　　　出纳：　　　　审核：⊗　　　制单：丁一

　　请问： 上述业务的处理是否有错计？＿＿＿＿＿＿。错计的性质是：＿＿＿＿＿＿＿＿＿＿＿＿。

　　请注意 　　选择的细节测试方法必须有针对性，有关获取审计证据的审计程序将在审计证据中进一步学习和运用。

　　（2）执行实质性分析程序。即运用比率推算某项认定是否有错报。以下举例说明运用实质性分析程序确定主营业务收入是否存在错报的过程。

① 将上期已审计主营业务收入作为基数 100 万元；

② 合理预期本年度增长率 10%；

③ 估计本年主营业务收入的发生额为 110 万元；

④ 合理估计允许的误差 1%（多计或少计 110×1%=1.1 万元），即主营业务收入的结果为 110+（-）1.1，即 108.9 万元～111.1 万元被认为是正确的；

⑤ 根据被审计单位账簿记录的结果 119 万元，推断的错报是 119-111.1=7.9（万元）。

请问：被审计单位管理费用的账面未审数 150 万元，审计根据同行业平均水平的费用率（管理费用/营业收入）25%，估计的管理费用的金额为 100 万元（营业收入 400 万元×25%），考虑估计的精确程度，允许 10%的差异是可以接受的，即管理费用的金额为 90 万元～110 万元都是可以接受的。如果审计对超出金额无法取得证据获得合理解释，则管理费用推断的错报金额是_____；假定审计对超出金额的 60%有理由确认确实发生，而另外的 40%无法确认，则管理费用推断的错报金额是_____。

> 针对山东商苑商城有限责任公司财务报表审计，请对照图 2-24，分别说明对每一句话的理解。

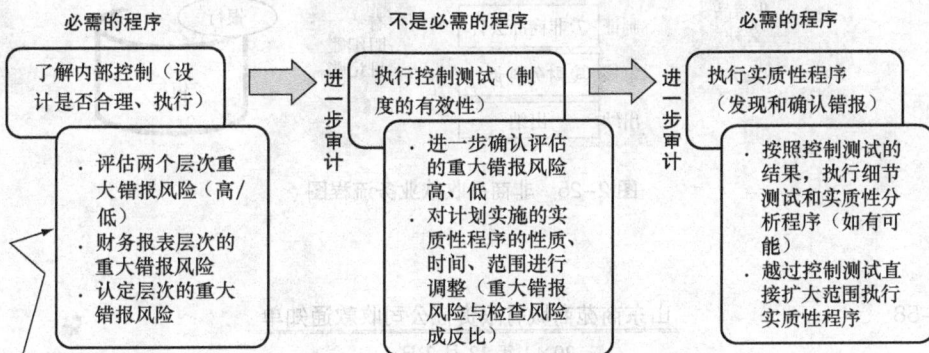

图 2-24　风险评估与进一步审计

特别提示

（1）重点关注的网站及相关栏目：中国注册会计师网站 http://www.cicpa.org.cn/相关栏目、中华人民共和国国审计署网站 http://www.audit.gov.cn/审计结果公告、案例披露专栏。

（2）牢记的关键术语：总体应对措施、控制测试、穿行测试、重新执行、实质性程序、细节测试、实质性分析程序。

（3）相关的审计准则：《中国注册会计师审计准则第 1231 号——针对评估的重大错报风险采取的应对措施》。

任务训练

1. 执行对山东商苑商城有限责任公司非商品收款业务的控制测试。

（1）任务背景资料：了解公司对相关业务的职责分工和业务流程，业务流程图见图 2-25。抽查的收款业务的相关凭证单据 4 张，见表 2-58～表 2-61。

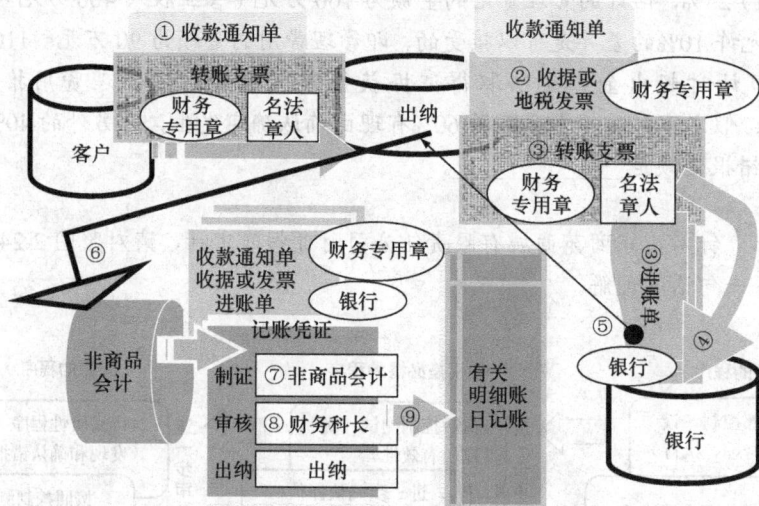

图 2-25　非商品收款业务流程图

表 2-58　　　　　　　　　　山东商苑商城有限责任公司收款通知单

20×1 年 12 月 2 日

收款事由	场地租赁费	合同号：略	
交 款 人	济南华贵饰品公司		
出票人开户行、账号：山东工商银行花园路支行　256347453			
收款金额（大写）	贰万元整	￥20 000.00	
收款方式	□现金　☑转账支票　□银行汇票　□其他		
备　注			

出纳：王军　　　　　　　　　　经手人：王华

表 2-59

山东省服务业统一发票

记 账 联

发票代码　137010760152

发票号码　00039992

客户名称及地址：济南华贵饰品公司　　　　　　　　20×1 年 12 月 2 日填制

项　目	单位	数量	单价	金　额							说明
				万	千	百	十	元	角	分	
场地租赁费				2	0	0	0	0	0	0	
金　额 人民币　（大写）　贰万元整 ★				2	0	0	0	0	0	0	

开票人：刘毅　　　　　　　　收款人：王军　　　　　　　单位签章

表 2-60

中国工商银行　进账单（收账通知）　　　3

20×1 年 12 月 2 日

出票人	全　称	济南华贵饰品公司	收款人	全　称	山东商苑商城有限责任公司										
	账　号	302100089350003		账　号	160200213970818										
	开户银行	山东工商银行花园路支行		开户银行	山东工商银行济南历下支行洪楼分理处										
金额	人民币（大写）贰万元整					亿	千	百	十	万	千	百	十	元	角	分
										¥	2	0	0	0	0	0	0

票据种类	转账支票	票据张数	1
票据号码			

工商银行济南历下支行
洪楼分理处
20×1 年 12 月 2 日
业务清讫

开户银行签章

复核　　　　　　　记账

表2-61
记账凭证

20×1年12月2日　　　　　　　　　　　　　记字第20号

摘　要	会计科目	明细科目	√	借方金额	√	贷方金额	附单据 3 张
				千百十万千百十元角分		千百十万千百十元角分	
收场地租金	银行存款	工行	√	2 0 0 0 0 0 0			
	其他业务收入				√	2 0 0 0 0 0 0	
合　计				2 0 0 0 0 0 0		2 0 0 0 0 0 0	

财务主管：王海　　　记账：李元　　　　　出纳：王军　　　审核：　　　　　制单：李元

（2）任务实施：对照业务流程的制度要求，将测试过程及结果填在表2-62中。

表2-62
测试过程及结果

业务描述	相关账户	测试方法	测试项目及结果（符合√）	备注
			发生	
			准确	
			分类	
			截止	

2. 针对库存商品结存，执行细节测试，确定测试结果。

（1）任务背景资料：客户企业N商品账簿记录见表2-63。

表2-63

最高储存量_____

最低储存量_____　　　　　　　　库存商品明细账

	本账页数	
	本户页数	

编号_____　规格_____　　　　　　　单位___件___　名称___N商品___

20×1年		凭证		摘　要	借　方			贷　方			借或贷	结　存		
月	日	种类	号数		数量	单价	百十万千百十元角分	数量	单价	百十万千百十元角分		数量	单价	百十万千百十元角分
12	1			期初结存								8 000	150.00	1 2 0 0 0 0 0 0 0
	9	转	3	销售				2 000				6 000		
	17	收	7	销售				1 000				5 000		
	25	转	5	销售				1 000				4 000		
	31	转	11	完工入库	4 450	149.80	6 6 6 5 9 9 5 7					8 450	149.93	1 2 6 6 9 0 8 5 0
	31	转	12	结转销售成本				4 000	149.93	5 9 9 6 9 1 0 7		8 450	149.93	1 2 6 6 9 0 8 5 0

（2）任务实施：针对库存商品结存的细节测试过程和结果，完成表2-64。

表 2–64   细节测试过程和结果

执行与认定相关的测试	测试结果
1. 盘点库存量，核实所有权	实存 7 450 件，归企业拥有
2. 抽查本期收发记录	入库多转成本 2 800.00 元 少计一批销售数量 1 000 件
3. 重新执行计算结存单价	存货计价采取月末一次加权平均法 加权平均单价＝
4. 计算结存金额（计算过程）	结存金额＝
结　　论	期末结存多计或少计金额＝

任务五 | 完成审计工作

学习目标

1．了解审计完成阶段的主要工作及与前期审计已完成工作的关系；

2．会编制账项调整分录汇总表；

3．会编制试算平衡表；

4．掌握审计报告种类，熟记标准审计报告模板。

案例导读

霍尔沃森合伙会计师事务所受聘成为 Machinetron 公司的审计。这是一家生产高精度数控车床的公司。他的所有者 AL Trent 认为 Machinetron 公司已做好成为公众公司的准备。于是他聘请霍尔沃森合伙会计师事务所执行即将到来的审计，对用于证券发行的报表发表意见。

由于 Machinetron 公司生产的机器既庞大又复杂，因而价格昂贵。每笔销售均由 Trent 单独治谈，且销售周期跨时几个月。因此，只要有一两台机器的不恰当记录就可能导致财务报表的重要错报。

负责 Machinetron 公司审计的业务合伙人是 Bob Lehman，他在制造业公司的审计方面拥有丰富经验，并要求他的审计人员直接向客户函证所有年末应收账款。在 Lehman 复核 Machinetron 公司审计工作底稿的当天，也就是 Trent 想使该公司为首次发行股票准备的报表生效的那天，Lehman 发现一笔年末重要销售应收账款的支持证据是传真，而不是常规函证的书写回函。显然，Machinetron 公司与客户之间存有"猫腻"，Trent 要求审计人员不要直接与该客户沟通。

当天下班前，在 Machinetron 公司办公室召开了一次会议。与会者包括 Lehman、Trent、公司证券承销商和公司律师。Lehman 指出，应当有一个更好的函证方式证实该笔应收账款。Trent 听到这一要求大发雷霆。Machinetron 公司的律师进来，稳定了 Trent 的情绪。

他提出给霍尔沃森合伙事务所写一封信，说明他的考虑：传真作为有效的函证回复，具有法律效力。Lehman 在巨大的压力下接受了律师的建议，并签发了无保留意见审计报告。

股票发行 6 个月后，经美国证券交易委员会（SEC）调查发现，那份传真是 Trent 而不是顾客发送的。随后 Machinetron 公司发表一份公开声明指出，由于销售记录不当，包括传真证实的那笔销售，导致前一年度收入高估。霍尔沃森合伙事务所收回了那份无保留意见审计报告，但为时已晚，已经给投资者造成了损害。霍尔沃森合伙事务所被迫赔偿巨额损失，Bob Lehman 也被禁止从事受证券交易委员会管辖的业务，随后他离开了公共会计界。

案例启示 ①审计的产品是"审计报告"，但签发的审计报告中对财务报表发表的意见是建立在按照审计准则要求的审计程序基础上的；②审计要时刻牢记对社会的责任，否则自身难保。

相关知识

一、审计报告前的主要工作

按照审计准则的要求，业务完成阶段的主要审计工作内容及流程如图 2-26 所示。

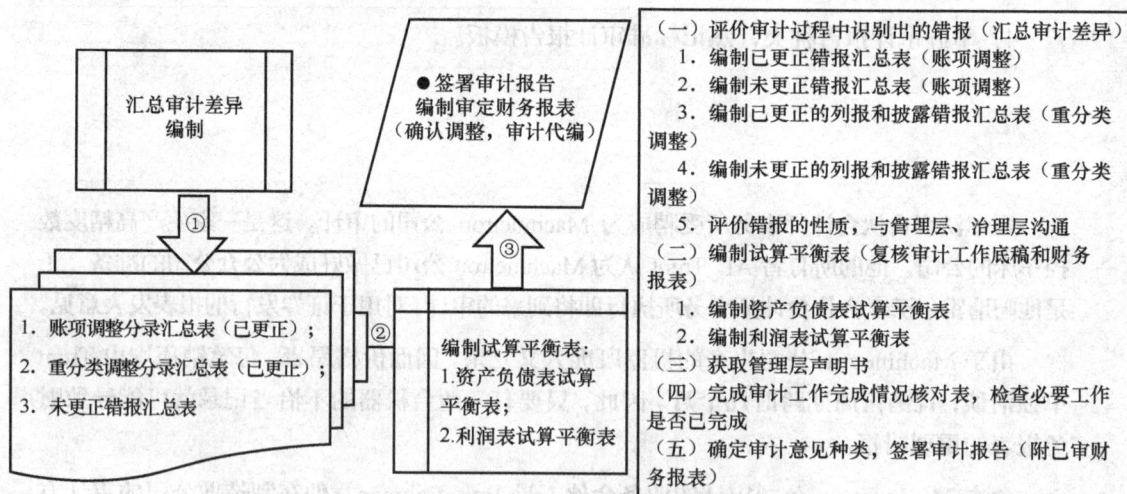

图 2-26 业务完成阶段主要审计工作内容及流程

1．编制账项调整分录汇总表

依据实质性程序，分项目审计工作底稿查出问题所做的记录，不包括属于重分类调整的项目，汇总在账项调整分录汇总表工作底稿上，并作为进一步征求被审计单位意见的依据。

身临其境 山东商苑商城有限责任公司被审计年度提前截止，12 月 31 日零售销货款未入账。由于销售系统自动结转成本，未发现成本结转的错计。已查明的具体资料如表 2-65、表 2-66、表 2-67 所示。

表 2-65　　　　　　　　　　　　　　　销售日报表

日期	1楼款台（购销）					
	百货组	个人护理组	食品组	酒水奶品组	合计	实交
31	64 428.80	30 246.50	13 426.10	66 432.10	174 533.50	174 533.50
日期	2楼款台（代销）					
	童装鞋帽	女装组	合计	实交	长款	短款
31	158 096.10	617 580.00	775 676.10	775 676.10		

表 2-66　　　　　　　　　　　　　　　内部交款单

20×1 年 12 月 31 日

收银台：1楼款台（百货组、个人护理组、食品组、酒水奶品组）

交款方式	实交金额	实销金额	长款	短款	备注
现　金	109 110.30	109 110.30			
银联卡	65 423.20	65 423.20		收　讫	
合　计	174 533.50	174 533.50			

合计（大写）：壹拾柒万肆仟伍佰叁拾叁元伍角　　　¥ 174 533.50

出纳：李元　　　　　　　　　　　　　　　　　　　商品会计：

表 2-67　　　　　　　　　　　　　　　内部交款单

20×1 年 12 月 31 日

收银台：2楼款台（童装鞋帽组、女装组）

交款方式	实交金额	实销金额	长款	短款	备注
现金	549 769.90	549 769.90			
银联卡	225 906.20	225 906.20		收　讫	
合计	775 676.10	775 676.10			

合计（大写）：柒拾柒万伍仟陆佰柒拾陆元壹角　　　¥ 775 676.10

出纳：李元　　　　　　　　　　　　　　　　　　　商品会计：

步骤一，对于上述账项提前截止的错计，审计建议调整如下。

（1）确认错计项目及错计金额，编制账项调整分录，如图 2-27 所示。

借：银行存款	950 209.60
贷：主营业务收入	812 144.96
应交税费	138 064.64
借：营业税金及附加	15 187.11
贷：应交税费——城建税	9 664.52
应交税费——教育费附加	5 522.59
借：所得税费用	199 239.46
贷：应交税费——所得税	199 239.46

1. 应补交的城建税和教育费附加是按照少计的增值税的7%和4%计算确认的；

2. 应补交的企业所得税是在不考虑其他因素的影响下，按照少计的本期利润（812 144.96～15 187.11）的25%计算的；

3. 销售成本已经结转，不需调整

图 2-27　账项调整分录（一）

（2）假定没有其他错计，按上述损益项目错计调整对未分配利润的影响，如图 2-28 所示。

```
借：主营业务收入              812 144.96
  贷：营业税金及附加              15 187.11
      所得税费用                199 239.46
      利润分配——未分配利润      597 718.39
```
本期影响损益的上述项目不需要调整结转"本年利润"，直接调整增加或减少"未分配利润"

图 2-28　账项调整分录（二）

（3）针对本期净利润的增加，建议调整利润分配，如图 2-29 所示。

根据管理层利润分配政策，按照本期净利润的增加额597 718.39补提10%的盈余公积，增加30%向投资者分配

```
借：利润分配——未分配利润      239 087.36
  贷：盈余公积                  59 771.84
      应付利润                 179 315.52
```

图 2-29　账项调整分录（三）

步骤二，编制账项调整汇总表，如表 2-68 所示。

表 2-68　　　　　　　　　　账项调整分录汇总表

被审计单位：山东商苑商城有限责任公司　　　　索引号：EA-1
项目：账项调整分录汇总　　　　　　　　财务报表截止日/期间：20×1 年 12 月 31 日
编制：卫华　　　　　　　　　　复核：孙中彬
日期：20×2 年 2 月 13 日　　　　　　日期：20×2 年 2 月 13 日

序号	内容及说明	索引号	借方项目	借方金额	贷方项目	贷方金额	影响利润表+（-）	影响资产负债表+（-）	错报性质
1	销售提前截止	略	银行存款	950 209.60				+	故意少计
					主营业务收入	812 144.96	+		故意少计
					应交税费	138 064.64		+	故意少计
2	调整营业税金及附加	略	营业税金及附加	15 187.11			+		故意少计
					应交税费	9 664.32		+	故意少计
					应交税费	5 522.59		+	故意少计
3	调整所得税	略	所得税费用	199 239.46			+		故意少计
					应交税费	199 239.46		+	故意少计
4	调整本年利润	略	主营业务收入	812 144.96					故意少计
					营业税金及附加	15 187.11			故意少计
					所得税费用	199 239.46			故意少计
					利润分配	597 718.39		+	故意少计
5	调整利润分配	略	利润分配	239 087.36			-		故意少计
					盈余公积	59 771.84		+	故意少计
					应付利润	179 315.52		+	故意少计

结论：销售截止提前，按规定调整相关项目。

是否同意上述审计调整：**全部同意**

被审计单位授权代表签字：_____**王海**_____日期：20×2年2月16日

步骤三，根据征求被审计单位意见的结果，编制已更正错报汇总表和未更正错报汇总表，不再赘述。

2．编制试算平衡表

试算平衡表，包括资产负债表试算平衡表和利润表试算平衡表，是依据被审计单位编制财务报表的账户未审计金额，加减审计已更正错报汇总表的调整金额，确定各项目经审计已调整审定的金额，并试算平衡。在此基础上，将形成审计调整后的财务报表。

在已更正错报汇总表的基础上，编制山东商苑商城有限责任公司利润表试算平衡表（假定不存在重分类调整，所有账项调整均接受调整），见表2-69。

表2-69　　　　　　　　　　　　　　利润表试算平衡表

被审计单位：山东商苑商城有限责任公司　　　　索引号：eB-2

项目：利润表　　　　　　　　　　　财务报表截止日/期间：20×1年度

编制：卫华　　　　　　　　　　　　复核：孙中彬

日期：20×2年2月16日　　　　　　　日期：20×2年2月16日

项　　目	未审数	调整金额		审定数	索引号
		借方	贷方		
一、营业收入	242 964 263.20		812 144.96	243 776 408.16	
减：营业成本	204 729 681.10			204 729 681.10	
营业税金及附加	17 033 315.67	15 187.11		17 048 502.78	
销售费用	9 415 020.40			9 415 020.40	
管理费用	1 399 895.34			1 399 895.34	
财务费用	421 735.20			421 735.20	
资产减值损失					
加：公允价值变动收益（损失以"-"号填列）	11 400.00			11 400.00	
投资收益（损失以"-"号填列）	46 898.00			46 898.00	
其中：对联营企业和合营企业的投资收益					
二、营业利润（亏损以"-"号填列）	10 022 913.49			10 819 871.34	
加：营业外收入	1 320.00			1 320.00	
减：营业外支出	271 856.90			271 856.90	
其中：非流动资产处置损失	89 790.00			89 790.00	
三、利润总额（亏损总额以"-"号填列）	9 752 376.59			10 549 334.44	
减：所得税费用	2 388 094.15	199 239.46		2 587 333.61	
四、净利润（净亏损以"-"号填列）	7 364 282.44			7 962 000.83	

编制山东商苑商城有限责任公司资产负债表试算平衡表，见表 2-70。

表 2-70　　　　　　　　　　　　资产负债表试算平衡表

项目	期末未审数	账项调整		重分类调整		期末审定数
		借方	贷方	借方	贷方	
货币资金	10 342 219.08	950 209.60				11 292 428.68
交易性金融资产	214 600.00					214 600.00
应收票据						
应收账款						
预付款项	2 108 050.00					2 108 050.00
应收利息						
应收股利						
其他应收款	12 100.00					12 100.00
存货	2 021 109.59					2 021 109.59
一年内到期的非流动资产						
其他流动资产						
流动资产合计	14 698 078.67					15 648 288.27
非流动资产：						
可供出售金融资产						
持有至到期投资						
长期应收款						
长期股权投资	1 290 700.00					1 290 700.00
投资性房地产						
固定资产	16 482 694.78					16 482 694.78
在建工程						
工程物资						
固定资产清理						
生产性生物资产						
油气资产						
无形资产						
开发支出						
商誉						
长期待摊费用						
递延所得税资产						

续表

项目	期末未审数	账项调整		重分类调整		期末审定数
		借方	贷方	借方	贷方	
其他非流动资产						
非流动资产合计	17 773 394.78					17 773 394.78
资产合计	32 471 473.45	950 209.60				33 421 683.05
短期借款	2 020 000.00					2 020 000.00
交易性金融负债						
应付票据	121 051.00					121 051.00
应付账款	11 458 173.81					11 458 173.81
预收款项						
应付职工薪酬	200 988.98					200 988.98
应交税费	2 566 344.90		352 491.21			2 918 836.11
应付利息						
应付股利			179 315.52			179 315.52
其他应付款	269 788.00					269 788.00
一年内到期的非流动负债						
其他流动负债						
流动负债合计	16 636 346.69					17 168 153.42
非流动负债:						
长期借款	3 089 500.00					3 089 500.00
应付债券						
长期应付款						
专项应付款						
预计负债						
递延所得税负债						
其他非流动负债						
非流动负债合计	3 089 500.00					3 089 500.00
负债合计	19 725 846.69					20 257 653.42
所有者权益:						

续表

项目	期末未审数	账项调整		重分类调整		期末审定数
		借方	贷方	借方	贷方	
实收资本（或股本）	10 000 000.00					10 000 000.00
资本公积						
减：库存股						
盈余公积	667 510.00		59 771.84			727 281.84
未分配利润	2 078 116.76		358 631.03			2 436 747.79
所有者权益合计	12 745 626.76					13 164 029.63
负债和所有者权益总计	32 471 473.45		950 209.60			33 421 683.05

3．获取管理层声明书（使用单位信笺书写盖章）

以下是 ABC 公司出具的管理层声明书。

管理层声明书

××会计师事务所并××注册会计师：

本声明书是针对你们审计 S 公司截至 20×1 年 12 月 31 日的年度财务报表而提供的。审计的目的是对财务报表发表意见，以确定财务报表是否在所有重大方面已按照《企业会计准则》的规定编制，并实现公允反映。

尽我们所知，并在作出了必要的查询和了解后，我们确认：

一、财务报表

1．我们已履行 20×1 年×月×日签署的审计业务约定书中提及的责任，即按照《企业会计准则》的规定编制财务报表，并使其实现公允反映；设计、执行和维护必要的内部控制，以使财务报表不存在由于舞弊或错误导致的重大错报。

2．在做出会计估计时使用的重大假设（包括与公允价值计量相关的假设）是合理的；

3．已按照《企业会计准则》的规定对关联方关系及其交易做出了恰当的会计处理和披露；

4．根据《企业会计准则》的规定，所有需要调整或披露的资产负债表日后事项都已得到调整或披露；

5．未更正错误，无论是单独还是汇总起来，对财务报表整体的影响均不重大。未更正错报汇总表附在本声明书后；

6．［插入注册会计师可能认为适当的其他任何事项］。

二、提供的信息

7．我们已向你们提供下列工作条件：

（1）允许接触我们注意到的、与财务报表编制相关的所有信息（如记录、文件和其他事项）；

（2）提供你们基于审计目的要求我们提供的其他信息；

（3）允许在获取审计证据时不受限制地接触你认为必要的本公司内部人员和其他相关人员。

8．所有交易均已记录并反映在财务报表中。

9. 我们已向你们披露了由于舞弊可能导致的财务报表重大错报风险的评估结果。

10. 我们已向你们披露了我们注意到的、可能影响本公司的与舞弊或舞弊嫌疑相关的所有信息，这些信息涉及本公司的；

（1）管理层；

（2）在内部控制中承担重要职责的员工；

（3）其他人员（在舞弊行为导致财务报表重大错报的情况下）。

11. 我们已向你们披露了从现任和前任员工、分析师、监管机构等方面获知的、影响财务报表的舞弊指控或舞弊嫌疑的所有信息。

12. 我们已向你们披露了所有已知的、在编制财务报表时应当考虑其影响的违法或违反法律法规的行为。

13. 我们已向你们披露了我们注意到的关联方的名称和特征、所有关联方关系及其交易。

14. [插入注册会计师可能认为必要的其他任何事项]。

附件1：未更正错报汇总表（不包括列报和披露错报）

附件2：列报和披露错报汇总表

S公司	ABC公司管理层
（盖章）	（签名并盖章）
中国××市	二O×二年××月××日

二、撰写审计报告

按照审计准则的规定，审计报告的意见种类如图2-30（a）所示。我国上市公司2011年年报的审计报告意见状况参如图2-30（b）所示。

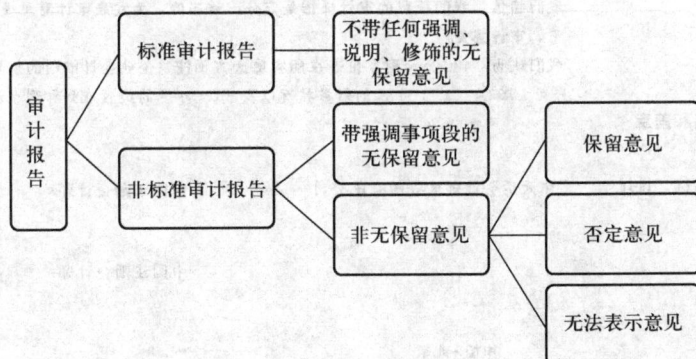

（a）审计报告的种类

序号	审计意见类型	各类意见汇总
1	（标准）无保留意见	2 247
2	带强调事项段的无保留意见	92
3	保留意见	19
4	否定意见	0
5	无法表示意见	4
	合　　计	2362

（b）2011年上市公司审计报告

图2-30

不论出具何种意见的审计报告，都表明注册会计师准备为此承担相应的风险和社会责任。基于助理审计人员无权签署审计报告，以下仅说明审计报告的要素，并结合准则要求的各种意见类型的审计报告，选取了标准无保留审计意见审计报告和保留意见非标准审计报告模板阅读理解，至于在何种情况下出具何种意见的审计报告不做详细说明。

1．标准审计报告

标准审计报告的要素及模板如图 2-31 所示。

图 2-31　标准审计报告模板

2．非标准审计报告——保留意见审计报告

以下是中天运事务所对 ABC 公司 20×1 年度财务报表出具的保留意见审计报告。

审计报告

ABC 股份有限公司全体股东：

我们审计了后附的 ABC 股份有限公司（以下简称 ABC 公司）财务报表，包括 20×1 年 12 月 31 日的资产负债表，20×1 年度的利润表、现金流量表和股东权益变动表以及财务报表附注。

一、管理层对财务报表的责任

编制和公允列报财务报表是 ABC 公司管理层的责任，这种责任包括：（1）按照企业会计准则的规定编制财务报表，并使其实现公允反映；（2）设计、执行和维护必要的内部控制，以使财务报表不存在由于舞弊或错误导致的重大错报。

二、注册会计师的责任

我们的责任是在执行审计工作的基础上对财务报表发表审计意见。我们按照中国注册会计师审计准则的规定执行了审计工作。中国注册会计师审计准则要求我们遵守职业道德守则，计划和执行审计工作以对财务报表是否不存在重大错报获取合理保证。

审计工作涉及实施审计程序，以获取有关财务报表金额和披露的审计证据。选择的审计程序取决于注册会计师的判断，包括对由于舞弊或错误导致的财务报表重大错报风险的评估。在进行风险评估时，注册会计师考虑与财务报表编制和公允列报相关的内部控制，以设计恰当的审计程序，但目的并非对内部控制的有效性发表意见。审计工作还包括评价管理层选用会计政策的恰当性和作出会计估计的合理性，以及评价财务报表的总体列报。

我们相信，我们获取的审计证据是充分、适当的，为发表保留意见提供了基础。

三、导致保留意见的事项

如财务报表附注×所述，ABC 公司于 20×1 年取得了 XYZ 公司 30%的股权，因能够对 XYZ 公司施加重大影响，故采用权益法核算该项股权投资，于 20×1 年度确认对 XYZ 公司的投资收益×元，截至 20×1 年 12 月 31 日该项股权投资的账面价值为×元。由于我们未被允许接触 XYZ 公司的财务信息、管理层和执行 XYZ 公司审计的注册会计师，我们无法就该项股权投资的账面价值以及 ABC 公司确认的 20×1 年度对 XYZ 公司的投资收益获取充分、适当的审计证据，也无法确定是否有必要对这些金额进行调整。

四、保留意见

我们认为，由于"三、导致保留意见的事项"段所述事项可能产生的影响外，ABC 公司财务报表在所有重大方面按照企业会计准则的规定编制，公允反映了 ABC 公司 20×1 年 12 月 31 日的财务状况以及 20×1 年度的经营成果和现金流量。

中天运会计师事务所有限公司   中国注册会计师：

                                     中国注册会计师：

中国·北京   二○×二年××月××日

身临其境 完成对山东商苑商城有限责任公司财务报表审计的标准审计报告。

特别提示

（1）重点关注的网站及相关栏目：中国注册会计师网站 http://www.cicpa.org.cn/相关栏目。

（2）牢记的关键术语：审计报告的类型、审计报告引言段、审计报告管理层对财务报表的责任段、审计报告注册会计师的责任段、审计报告无保留审计意见段、管理当局声明书的作用。

（3）相关的审计准则：《中国注册会计师审计准则第 1501 号——对财务报表形成审计意见和出具审计报告》、《中国注册会计师审计准则第 1502 号——在审计报告中发表非无保留意见》、《中国注册会计师审计准则第 1503 号——在审计报告中增加强调事项段和其他事项段》。

任务训练

1. 编制账项调整分录汇总表。

任务背景资料：中天运会计师事务所接受委托，对康华科技开发有限公司年度财务报表审计。以下是在分项目审计工作中发现的问题。

步骤一，请编制调整分录。

（1）现金盘亏 2 000 元，建议由出纳赔偿。建议调整：

（2）12 月 30 日已收到（进账单）但推迟到下年度入账的销货款（增值税专用发票价税合计）631 800 元，该批货物已销售出库，并结转成本。建议调整：

（3）年末盘点库存商品，毁损商品（适用税率 17%）金额 98 000 元，建议调整：

（4）固定资产折旧计算方法错误，多提折旧 5 000 元，建议调整：

（5）企业接受环保污染处罚 10 000 元，计入管理费用，建议调整：

（6）销售商品未开发票取得的销货款 90 000 元计入应付账款，建议调整：

（7）应交增值税对营业税金及附加的影响（城建税 7%，教育费附加 4%），建议调整：

（8）对利润总额的影响，建议调整：

注：对企业所得税的影响和对利润分配的影响略。

步骤二，编制账项调整分录汇总表，征求被审计单位意见，见表2-71。

表2-71   账项调整分录汇总表

被审计单位：＿＿＿＿＿＿＿＿＿＿＿   索引号： EA-1 ＿＿＿＿＿＿＿＿＿

项目：＿＿＿＿＿＿＿＿＿＿＿＿＿   财务报表截止日/期间：＿＿＿＿＿＿＿＿

编制：＿＿＿＿＿＿＿＿＿＿＿＿＿   复核：＿＿＿＿＿＿＿＿＿＿＿＿＿

日期：＿＿＿＿＿＿＿＿＿＿＿＿＿   日期：＿＿＿＿＿＿＿＿＿＿＿＿＿

序号	内容及说明	索引号	调整内容				影响利润表 + (－)	影响资产负债表 + (－)	错报性质
			借方项目	借方金额	贷方项目	贷方金额			

结论：

是否同意上述审计调整：＿＿＿＿＿＿＿＿＿＿＿＿＿

被审计单位授权代表签字：＿＿＿＿＿＿＿＿＿＿＿＿＿＿＿＿   日期：＿＿＿＿＿＿

2. 编制试算平衡表。

步骤一，根据表 2-72，整理已调整账项金额，计算审定数。表 2-72 是与资产负债表相关的项目及调整；表 2-73 是与利润表相关的项目及调整（假定所有账项调整均已接受调整意见并调整）。

表 2-72   资产负债表相关的项目及调整

总账科目	未审余额	调整（借方）金额	调整（贷方）金额	审定数
库存现金	20 000			
银行存款	13 200 000			
其他货币资金	400 000			
应收账款	256 160 800			
坏账准备	1 280 800			
其他应收款	2 510 000			
预付账款	87 160 000			
库存商品	182 360 000			
包装物	160 000			
低值易耗品	9 540 000			
长期股权投资	5 540 000			
固定资产	466 490 000			
累计折旧	12 000 000			
在建工程	10 360 000			
固定资产清理	3 260 000			
无形资产	1 110 000			
长期待摊费用	12 850 000			
资产总计	1 037 840 000			
短期借款	213 880 000			
应付账款	78 920 000			
预收账款	30 230 000			
应付职工薪酬	127 110 000			
应交税费	4 660 000			
应付利息	64 990 000			
长期借款	142 970 000			
长期应付款	184 170 000			
实收资本	140 530 000			
资本公积	350 000			
盈余公积	14 690 000			
利润分配(未分配利润)	35 340 000			
负债所有者权益总计	1 037 840 000			

表 2–73   利润表相关的项目及调整

总账科目	未审余额	调整（借方）金额	调整（贷方）金额	审定数
主营业务收入	336 000 000			
主营业务成本	262 000 000			
营业税金及附加	1 720 000			
其他业务收入	900 000			
其他业务成本	200 000			
销售费用	1 620 000			
管理费用	10 550 000			
财务费用	3 200 000			
投资收益	5 000 000			
营业外收入	1 000 000			
营业外支出	950 000			
所得税费用	20 677 800			

步骤二，编制利润表试算平衡表，见表 2-74，编制资产负债表试算平衡表，见表 2-75。

表 2–74   利润表试算平衡表

项　目	未审数	调整金额		审定数	索引号
		借方	贷方		
一、营业收入					
减：营业成本					
营业税金及附加					
销售费用					
管理费用					
财务费用					
资产减值损失					
加：公允价值变动损益					
投资收益					
二、营业利润					
加：营业外收入					
减：营业外支出					
三、利润总额					
减：所得税费用					
四、净利润					

表2-75

资产负债表试算平衡表

项目	期末未审数	账项调整 借方	账项调整 贷方	重分类调整 借方	重分类调整 贷方	期末审定数
货币资金						
交易性金融资产						
应收票据						
应收账款						
预付款项						
应收利息						
应收股利						
其他应收款						
存货						
一年内到期的非流动资产						
其他流动资产						
可供出售金融资产						
持有至到期投资						
长期应收款						
长期股权投资						
投资性房地产						
固定资产						
在建工程						
工程物资						
固定资产清理						
无形资产						
开发支出						
商誉						
长期待摊费用						
递延所得税资产						
其他非流动资产						
合　计						

项目	期末未审数	账项调整 借方	账项调整 贷方	重分类调整 借方	重分类调整 贷方	期末审定数
短期借款						
交易性金融负债						
应付票据						
应付账款						
预收款项						
应付职工薪酬						
应交税费						
应付利息						
应付股利						
其他应付款						
一年内到期的非流动负债						
其他流动负债						
长期借款						
应付债券						
长期应付款						
专项应付款						
预计负债						
递延所得税负债						
其他非流动负债						
实收资本（或股本）						
资本公积						
盈余公积						
未分配利润						
合　计						

3. 请对上述客户审计，草拟一份标准无保留意见审计报告。

用计算机录入为 Word 文档，完成打印，并建立文件保存。

任务六 | 重要性在审计全过程中的应用

学习目标

1. 明确重要性的含义，会描述两个层次的重要性；
2. 会职业判断和计算财务报表层次的重要性；
3. 了解尚未更正错报汇总数的构成；
4. 理解审计重要性与审计风险、审计证据的关系；
5. 会结合实际描述重要性在审计全过程的应用。

案例导读

回到表 2-1 中注协对上市公司 2011 年年报审计意见的汇总情况，在 2 362 份审计报告中，除 4 份发表"无法表示意见"和 19 份"保留意见"外，其他的 2 339 份审计报告均发表"无保留意见"，即审计认为"公司财务报表在所有重大方面按照《企业会计准则》的规定编制，公允反映了公司 2011 年 12 月 31 日的财务状况和 2011 年度的经营成果和现金流量"。

案例启示 ①从事务所接受委托到发表上述意见，审计工作的过程包括计划审计工作、实施风险评估和进一步审计，都是围绕财务报表是否不存在"重大错报"进行组织和实施的；管理层提交审计的财务报表和审计发表意见对外公布的财务报表在项目数字、文字披露等方面可能也做了很大调整。②如何确定"财务报表整体是否不存在由于舞弊或错误导致的重大错报"的程度，即多大的错报算是"重大错报"，围绕"重大错报"在审计全过程中需要开展哪些工作和注意哪些事项，应当遵循《中国注册会计师审计准则第 1221 号——计划和执行审计工作时的重要性》、《中国注册会计师审计准则第 1251 号——评价审计过程中识别出的错报》。

相关知识

一、对重要性的理解

重要性取决于在具体环境下（审计人员）对错报金额和性质的判断。如果一项错报单独或连同其他错报可能影响财务报表使用者依据财务报表做出的经济决策，则该项错报是重大的。

请根据图 2-32，分析一般情况下各类不同性质、不同规模的企业，财务报表的使用者是谁？他们使用报表的目的是什么？

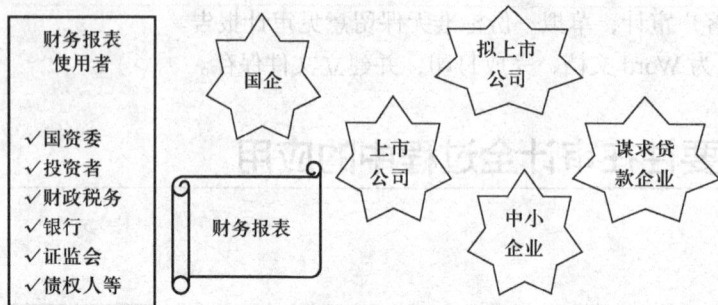

图 2-32　重要性取决于具体环境

重要性概念可从下列方面进行理解。

（1）如果合理预期错报（包括漏报）单独或汇总起来可能影响财务报表使用者依据财务报表做出的经济决策，则通常认为错报是重大的；

（2）对重要性的判断是根据具体环境做出的，并受错报的金额或性质的影响，或受两者共同作用的影响；

（3）判断某事项对财务报表使用者是否重大，是在考虑财务报表使用者整体共同的财务信息需求的基础上做出的。由于不同财务报表使用者对财务信息的需求可能差异很大，因此不考虑错报对个别财务报表使用者可能产生的影响。

结论： 如果预期错报（包括漏报）金额是 10 万元，可以理解为从财务报表的使用者立场看，依据存在不超过 10 万错报的财务报表进行经济决策，不会导致因错报产生的决策失误，该错报单独或汇总起来不是重大的错报。从审计的立场看，按照是否不存在超过 10 万元的错报去获取审计证据以提供合理保证，将审计风险降低到可接受的水平，既关系到审计目标的实现，又具体影响到审计成本、效率，影响审计风险。

重要性与审计风险成反比，即重要性水平越高，意味着允许错报的金额越大，审计结论出错的可能性相对较小；反之，重要性水平低，意味着微小的错报存在就是重大的错报，审计结论出错的可能性相对高。按照审计风险模型，在既定的审计风险要求下，对重要性的判断及其调整，必然会对整个审计过程产生影响。

二、计划审计工作时对重要性的评估

1. 从数量方面考虑重要性——两个层次的重要性

（1）职业判断财务报表层次的重要性。在制定总体审计策略时，注册会计师应当确定财务报表整体的重要性。根据被审计单位的特定情况，如果存在一个或多个特定类别的交易、账户余额或披露，其发生的错报金额虽然低于财务报表整体的重要性，但合理预期可能影响财务报表使用者依据财务报表做出的经济决策，注册会计师还应当确定适用于这些交易、账户余额或披露的一个或多个重要性水平。以下介绍职业判断财务报表整体重要性的基本做法仅供参考。

第一步，选择基准项目。在确定财务报表层次的重要性水平时，请务必考虑财务报表要素、财务指标、财务报表使用者特别关注的报表项目、公司的性质及所在行业、公司的规模、所有权性质及融资等情况。

第二步，判断百分比。选择的百分比高，意味着对基准项目允许的错报金额大。

- 对于以盈利为目的的企业，来自经常性业务的税前利润或税后净利润的 5%，或总收入的

0.5%。在适当情况下，也可采用总资产或净资产的一定比例。

- 对于非盈利组织，费用总额或总收入的 0.5%。
- 对于共同基金公司，净资产的 0.5%。
- 对非公众公司审计时，通常采用下述指引确定重要性水平：流动资产或所有者权益的 2%；税后利润的 10%；营业收入的百分比可以参考表 2-76。

表 2-76　　　　　　　　　　非公众公司营业收入重要性判断

基准金额（万元）	适用百分比
500 及以下	2%
1 000	1.50%
5 000	1%
10 000 及以上	0.50%

第三步，按照选择的未审计报表基准项目确定基准金额（从报表上查）。

注意　选择的报表基准项目出现意外变化时，以近几年平均数做基准更合适。

第四步，计算基准项目的重要性水平。

第五步，职业判断财务报表层次的重要性。

注意　依据重要性与审计风险的反比关系，选择各项目中最小的金额作为财务报表层次的重要性。

身临其境　请对山东商苑商城有限责任公司提交审计的利润表（见表 2-2）和资产负债表（见表 2-3），依据财务报表层次重要性判断的基本思路和方法，做出表 2-77、表 2-78 两个方案来，并初步分析财务报表层次重要性判断的高低不同，会对审计执行带来影响吗？

表 2-77　　　　　　　　　　财务报表层次重要性水平确定表（一）

基准项目	未审数	百分比（%）	金额	财务报表层次重要性水平

表 2-78　　　　　　　　　　财务报表层次重要性水平确定表（二）

基准项目	未审数	百分比（%）	金额	财务报表层次重要性水平

（2）各类交易、账户余额、列报认定层次的重要性。根据对财务报表层次确定的重要性，将其分解到各类交易、账户余额、列报层次，称为"可容忍错报"。分解到各类交易、账户余额、列报认定层次的重要性水平的高低，主要考虑以下因素。

① 各类交易、账户余额、列报的性质及错报的可能性；

② 各类交易、账户余额、列报的重要性水平与财务报表层次的重要性水平的关系；

③ 重要性水平与审计风险、获取审计证据的成本的关系。

由于这方面的工作职业判断水平要求更高，不再举例说明，也不要求具体操作。

2．从性质方面考虑重要性

金额不重要的错报从性质上来看可能是重要的，一旦发现性质重要的错报存在，即使金额不重要（小于从数量方面确定的重要性水平），也应该调整降低对重要性的判断。判断错报的性质是否重要应该考虑的具体情况包括，对遵守法律法规要求的影响程度，掩盖收益或其他趋势变化的程度，对用于评价被审计单位财务状况、经营成果或现金流量的有关比率的影响程度等。

请分析理解出现下列事项低于重要性的错报也可能是重大错报。

（1）掩盖未能达到市场分析人士预期的事实；

（2）与财务报表主表、关键财务指标或财务报表其他方面（如披露）相关；

（3）与特定账户的错误分类有关（例如影响营业收入和营业外收入）；

（4）涉及隐瞒不合法的交易（例如向管理层提供非法贷款）；

（5）隐瞒偿付能力或持续经营能力方面的问题或可能影响分红能力；

（6）属于有系统化倾向的错报；

（7）显示管理层的相关动机（如由于管理层一直不愿纠正财务报告过程的缺陷而造成的错报）。

三、调整计划阶段评估的重要性

随着审计工作的深入，在实施风险评估和执行进一步审计工作中，注册会计师可能会重新判断和评估被审计单位的重要性水平，对计划阶段评估的重要性做出调整。如果注册会计师在进一步审计程序中决定接受更低的重要性水平，审计风险将增加。注册会计师应当选择如图2-33所示方法，将审计风险降至可接受的低水平。请你利用审计风险模型原理解释其中的道理。

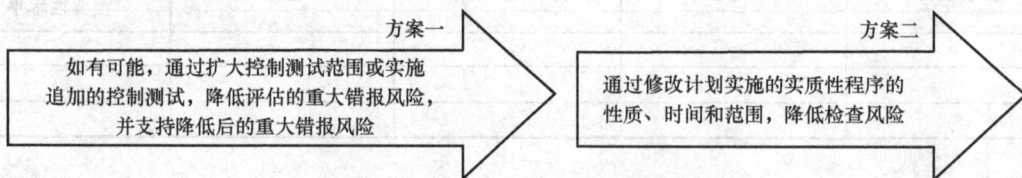

图2-33 调低重要性水平时采取的措施

四、实施进一步审计发现和推断错报

在进一步审计中你已经了解到按照实质性程序的安排，审计人员会对各类交易、账户余额执行细节测试或实质性分析程序以发现或推断错报，如图2-34所示。

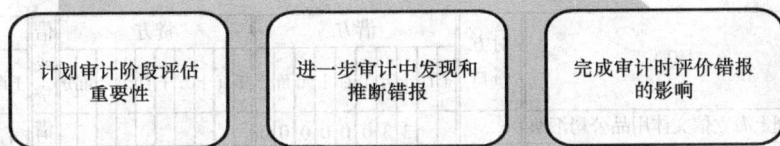

图 2-34　重要性在审计全过程中的应用

审计中发现的尚未更正的错报金额，包括已经识别的具体错报和推断误差见表 2-79。

表 2-79　　　　　　　　　　尚未更正错报的汇总数构成

序号	尚未更正错报的汇总数		含义	举例
1	已经识别的具体错报	□已经审计确认对事实的错报	这类错报产生于被审计单位收集和处理数据的错误，对事实的忽略或误解，或故意舞弊行为	如采购计价与发票不符、收入入账时间提前
		□涉及主观决策的错报	管理层和注册会计师对会计估计值的判断差异	如固定资产折旧年限偏低，应收账款计提坏账的百分比明显偏高（低）
			管理层和注册会计师对选择和运用会计政策的判断差异	如固定资产折旧不应该加速计算，应该按年限法计提；应收账款计提坏账不应该用余额百分比法，认为更合理的方法是账龄百分比法
2	推断误差	□根据样本推断错报	通过测试样本估计出的总体的错报减去在测试中发现的已经识别的具体错报	如已抽样查出收入少计，推断未查部分少计金额
		□实质性分析程序推断错报	通过实质性分析程序推断出的估计错报	如合理预期收入实现的绝对金额，估计错计金额

1. 已经审计确认对事实的错报

审计人员在银行存款日记账（略）与银行对账单（见表 2-80）的核对中，截止到年末始终未发现日记账中 2 400.00 元的收支记录。找出表 2-81、表 2-82、表 2-83 执行细节测试。

表 2-80　　　　　　　　　　银行存款对账单（摘要）

月	日	凭证号	摘　要	借方	贷方	方向	余额
11	28		承前页	692 530.00	898 072.00	贷	12 753 378.62
11	28	1342	办银行汇票	330 000.00			12 423 378.62
12	1		收现金		156 042.80		12 579 421.42
12	1		存支票		622 793.00		13 202 214.42
12	1		收现金		241 484.20		13 443 698.62
12	2	0231	转账支票	960.00			13 442 738.62
12	2		退回 1342 号银行汇票多余款		2 400.00		13 445 138.62
12	2	0237	提现	2 400.00			13 442 738.62

表 2-81

其他货币资金明细账

明细科目：银行汇票　　　　　　　　　　　　　　　　　　　　　　　　　　第　　页

20×1年		记账凭证号数	摘要	对方科目	借方										贷方										借或贷	余额									
月	日				千	百	十	万	千	百	十	元	角	分	千	百	十	万	千	百	十	元	角	分		千	百	十	万	千	百	十	元	角	分
11	28	123	办理上海立信文体用品公司汇票			3	3	0	0	0	0	0	0	0											借		3	3	0	0	0	0	0	0	0
12	2	5	结算上海立信文体用品公司款													3	3	0	0	0	0	0	0	0	平										

表 2-82

记 账 凭 证

20×1 年 12 月 2 日　　　　　　　　　　　　　　　记字第 5 号

摘　要	会计科目	明细科目	√	借方金额										√	贷方金额									
				千	百	十	万	千	百	十	元	角	分		千	百	十	万	千	百	十	元	角	分
支付购买材料款	在途材料	混合纸	√			2	8	2	4	0	0	0	0											
	应交税费	增值税（进项）	√				4	7	6	0	0	0	0											
	其他货币资金	银行汇票												√		3	3	0	0	0	0	0	0	0
合　计					3	3	0	0	0	0	0	0	0			3	3	0	0	0	0	0	0	0

附单据 1 张

财务主管：刘江　　记账：黄兰　　出纳：黄兰　　审核：　　　制单：黄兰

表 2-83

上海市增值税专用发票

全国统一发票监制章
发 票 联
国家税务总局监制

13100051170　　　　　　　　　　　　№　00203584

开票日期：20×1 年 12 月 2 日

购货单位	名　称：华兴科技有限责任公司 纳税人识别号：370112787444444 地址、电话：济南市旅游路 23 号 0531-86346789 开户行及账号：工行洪楼分理处 1602007009034120818	密码区	67893-→+9827/16<241<加密版本：010<<>3<2+876<-6105>4+> 3100051170 51*84-9319<8>9-20<7500/-3000252/9-*+91>>4+00203584

货物或应税劳务名称	规格型号	单位	数量	单价	金　额	税率	税　额
混合纸			1 000	280.0	280 000.00	17%	47 600.00
合　计					¥280 000.00		¥47 600.00

价税合计（大写）	⊗叁拾贰万柒仟陆佰元整	（小写）¥327 600.00

销货单位	名　称：上海立信文体用品有限公司 纳税人识别号：310103660783237 地址、电话：上海市闵行北路 12 号 021-86709878 开户行及账号：工行闵行区支行 1101005609003205378	备注	税号：310103660783237 发票专用章

收款人：魏成名　　复核：李尚　　开票人：王海涛　　销货单位：（章）

第三联：发票联　购货方记账凭证

国税函〔20×1〕150 号 上海华森印刷厂

请问：你认为相关账证资料反映的事实是什么？你怎样站在审计立场上确认对事实的错报？

结论：签发银行汇票 330 000.00 元采购材料，花费了 327 600.00 元，多余款 2 400.00 元银行退回但被出纳隐瞒，并私自签发现金支票提取现金贪污。为了达到贪污的目的，在取得发票核算材料成本时，故意将在途材料的成本 280 000.00 元记作 282 400.00 元。

审计对事实的错报认定是多计材料成本 2 400.00 元，贪污款应追回。

2. 涉及主观决策的错报

身临其境　清华同方 20×1 年对应收账款计提坏账准备时，变更了坏账提取率并按变更后的比率计提坏账准备，见表 2-84。审计认为这种变更没有合理理由，按照变更前的提取率重新计提坏账准备，并将差异确认为主观决策的错报金额。

请完成表 2-84，并理解因会计估计的差异产生的审计确认为主观决策的错报。

表 2-84　　　　　　　　　　　确认主观决策的错报

账龄	清华同方应收账款余额	应收账款坏账提取率（%）		应收账款计提坏账		主观决策错报金额（不允许变更）
		变更前	变更后	变更前	变更后	
1 年以内	760 000.00	0.3	0.5		3 800.00	
1～2 年	930 000.00	1	5		46 500.00	
2～3 年	290 000.00	10	15		43 500.00	
3～4 年	850 000.00	20	30		255 000.00	
4～5 年	79 000.00	20	50		39 500.00	
5 年以上	380 000.00	20	100		380 000.00	
合计	3 289 000.00				768 300.00	

3. 根据样本推断错报

身临其境　被审计单位应收账款明细账户有 28 个业务往来单位，应收账款总账余额为 3 890 000.00 元，按照审计抽样原理，审计人员抽出 10 个账户审查，总金额为 1 685 798.00 元，确认多计 167 217.00 元。

请问，尚未更正的错报金额是_____，审计确认的错报金额是_____，推断的误差是_____。

如果主营业务收入的未审数为 10 000 万元，抽查 2 000 万元账证核对，发现错计金额为 300 万元。按照抽样原理，主营业务收入项目尚未更正的错报金额应该是_____，包括已识别的具体错报_____和根据样本推断的错报_____。

4. 实质性分析程序推断错报

根据被审计单位所处行业特点，毛利率平均水平为 12%，审计允许的毛利率误差为 1.2%。经核实的营业成本为 53 897 668.98 元，营业收入的未审数为 72 496 856.00 元。被审计单位没有对营业收入核算结果的特殊说明。

请完成表 2-85，说明在这种情况下推断的错报金额的计算过程和结论。

表 2-85　　　　　　　　　　　推断错报计算过程及结论

毛利率（%）	营业成本（元）	毛利率考虑误差		营业收入（元）			推断的错报金额
		最高值(%)	最低值(%)	最高值	最低值	未审数	

五、审计完成阶段评价错报的影响

评价错报的影响，是指注册会计师要将对各交易、账户余额和列报经审计已发现的错报进行汇总，与判断确定的（计划阶段初步判断的或已经调低的）重要性水平比较，作为发表审计意见的基础。表 2-86 将可能出现的 3 种情形进行对比，说明了在审计发现的尚未更正的错报汇总数与判断的重要性，在低于、超过、接近时，是否应当考虑通过实施追加的审计程序，或要求管理层调整财务报表降低审计风险，以及如何发表意见的准则要求。

表 2-86　　　　　　　　　　　评价错报的影响

情　形	尚未更正错报汇总数	重要性水平	影　响
（1）低于	40	120	对财务报表的影响不大，可以发表无保留意见的审计报告
（2）超过（并且特定项目的尚未更正错报也超过或低于或接近考虑其性质所设定的重要性水平，上下同）	130	120	（1）影响可能是重大的，应当考虑通过扩大审计程序的范围或要求管理层调整财务报表降低审计风险；（2）在任何情况下，都应当要求管理层就已识别的错报调整财务报表；（3）如果拒绝调整，且扩大审计程序的范围的结果不能使注册会计师认为尚未更正错报的汇总数不重大，考虑出具非无保留意见审计报告（保留意见或否定意见）
（3）接近	99	120	（1）应当考虑该汇总数连同尚未发现的错报是否可能超过重要性水平；（2）考虑通过实施追加的审计程序；（3）或要求管理层调整财务报表降低审计风险。发表无保留意见或考虑出具非无保留意见的审计报告

表 2-87 所列示的情形下，采取的措施和意见符合准则要求吗？为什么？

表 2-87 不同情形下采取的措施和意见

情形	汇总错报	重要性水平	措施	拒绝调整后
小于	60	100	提请调整	无保留意见
接近	95	100	追加审计程序；提请调整	视追加程序之后发现的错报情况而定
超过	150	100	扩大实测范围；提请调整	保留或否定意见

审计重要性在审计全过程中的应用结论。

（1）审计计划阶段初步判断重要性，影响制定总体审计策略和具体审计计划；

（2）进一步审计中打算降低重要性时，必须对计划做出调整以降低审计风险；

（3）进一步审计发现或推断错报；

（4）审计完成阶段评价错报的影响，与被审计单位沟通；可能需要追加审计以降低风险并最终确定审计意见的种类。

说明一点，实际执行的重要性，可以是低于财务报表整体的重要性的一个或多个金额，其目的是旨在将未更正和未发现错报的汇总数，以及超过财务报表整体的重要性的可能性降至适当的低水平。具体操作要求依据项目负责人在具体情况下的职业判断而定，不再赘述。

特别提示

（1）重点关注的网站及相关栏目：中国注册会计师网站 http://www.cicpa.org.cn/相关栏目。

（2）牢记的关键术语：重要性、尚未更正错报汇总数、调低重要性的应对措施、财务报表层次重要性、认定层次重要性、评价错报的影响。

（3）相关的审计准则：《中国注册会计师审计准则第 1221 号——计划和执行审计工作时的重要性》《中国注册会计师审计准则第 1251 号——评价审计过程中识别出的错报》。

任务训练

1. 分析计算财务报表层次重要性水平。

（1）任务背景资料：山东商苑商城有限责任公司财务报表未审数见任务一中的表 2-2、表 2-3。

（2）任务实施：将计算过程和结果填在表 2-88 中。

表 2-88 重要性水平计算

关键财务指标	未审数	择定的比例	计算的重要性水平	选择的财务报表层次重要性水平（万元）
净利润		10%		
净资产		2%		
营业收入		1%		

2. 理解重要性在审计全过程中的应用。

（1）任务背景资料：接上述审计过程，假定在进一步审计中将审计重要性水平降至 19 万元，请说明注册会计师应当选择哪些方法将审计风险降至可接受的低水平。

（2）任务实施。

① 方法一：

② 方法二：

③ 写出审计风险模型，说明重要性与审计风险、审计证据的关系。

④ 假定在审计完成阶段财务报表层次的重要性水平被确定为 19 万元，请举例说明尚未更正错报汇总数在低于、接近或超过重要性时，对审计的影响，完成表 2-89。

表 2-89   评价错报的影响

情 形	尚未更正的错报汇总数	重要性水平	影 响
（1）低于		19 万元	
（2）超过		19 万元	
（3）接近		19 万元	

3. 掌握尚未更正的错报种类——审计确认对事实的错报。

（1）任务背景资料：抽查山东商苑商城有限责任公司的商品验收业务，单据如表 2-90～表 2-93 所示。

表 2-90   记 账 凭 证

20×1 年 12 月 26 日   记字第 323 号

摘 要	会计科目	明细科目	√	借方金额 千 百 十 万 千 百 十 元 角 分	√	贷方金额 千 百 十 万 千 百 十 元 角 分	附单据3张
商品验收，货款未付	库存商品	酒水奶品组	√	5 1 4 5 6 0 0			
	应交税费	增值税（进项）	√	4 3 7 3 7 6			
	应付账款	山东利伟酒业			√	5 5 8 2 9 7 6	
合 计				5 5 8 2 9 7 6		5 5 8 2 9 7 6	

财务主管：王海   记账：李元   出纳：   审核：   制单：李元

表 2-91

山东增值税专用发票

发票联
全国统一发票监制
国家税务总局监制

3700052198   № **00165862**

开票日期：20×1 年 12 月 26 日

购货单位	名　　称：山东商苑商城有限责任公司 纳税人识别号：370112787444223 地址、电话：济南市旅游路 88 号 0531-86345678 开户行及账号：工行历城区支行洪楼分理处 16020070090034120818	密码区	67893--+9827/<16<241< 加密版 本：01 0<<>3<2+876<-6105>4+>3700052198 51*84-9319<8>9-20<750 0/-3000252/9-*+91>>4+00165862

货物或应税劳务名称	规格型号	单位	数量	单价	金　额	税率	税　额
泰山 38° 泰山酒		盒	550	8.16	4 488.00	17%	762.96
五粮液五粮醇礼盒		盒	150	141.60	21 240.00	17%	3610.80
合计					￥25 728.00		￥4 373.76

价税合计（大写）	⊗叁万零壹佰零壹元柒角陆分	（小写）￥30 101.76

销货单位	名　　称：山东利伟酒业有限责任公司 纳税人识别号：370102560985092 地址、电话：济南市解放路 328 号 0531-86273659 开户行及账号：济南市工商银行历下区支行 16010004209007805389	备注	山东利伟酒业有限责任公司 税号：370102560985092 发票专用章

收款人：马鸣　　　复核：王明静　　　开票人：丁平　　　销货单位：（章）

第三联：发票联　购货方记账凭证

表 2-92

商品验收单（记账联）

供 应 商：1002　山东利伟酒业有限公司　　操作日期：20×1-12-26　　单据号：PI00071200258

柜　　组：0004　酒水奶品组　　　　　　　经销方式：　购销　　　经办人：赵明

订货单号：P000071224004　　**验 收**　　限付款日：20×1-12-26

行号	货号	商品名称	单位	数量	单价	金额	零售价	零售金额
1	03003	五粮液五粮醇礼盒	盒	150.00	141.60	21 240.00	184.00	27 600.00
2	03020	泰山 38°泰山酒	盒	550.00	8.16	4 488.00	10.60	5 830.00
	合计					25 728.00		33 430.00

柜组经办人：胡军　　　录入员：李晓　　　商品会计：李元

表 2-93　　　　　　　　　　　商品验收单（结算联）

供 应 商：1002　山东利伟酒业有限公司　　操作日期：20×1-12-26　　单据号 PI00071200258

柜　　组：0004　酒水奶品组　　　　　　　经销方式：　　购销　　　经办人：赵明

订货单号：P000071224004　　　　　　　　限付款日：20×1-12-26　　　　验　收

行号	货号	商品名称	单位	数量	单价	金额	零售价	零售金额
1	03003	五粮液五粮醇礼盒	盒	150.00	141.60	21 240.00	184.00	27 600.00
2	03020	泰山 38°泰山酒	盒	550.00	8.16	4 488.00	10.60	5 830.00
	合计					25 728.00		33 430.00

柜组经办人：胡军　　　　　　录入员：李晓　　　　　　商品会计：李元

（2）任务实施：审计确认对事实的错报是＿＿＿＿＿＿＿＿＿＿＿＿＿项目，错报金额为＿＿＿＿＿＿＿＿＿；＿＿＿＿＿＿＿项目，错报金额为＿＿＿＿＿＿＿＿。

4. 掌握尚未更正的错报种类——根据样本推断的误差。

（1）任务背景资料：客户单位应付账款明细账户有 42 个业务往来单位，应付账款总账余额为 5 890 000.00 元，按照审计抽样原理，审计人员抽出 10 个账户审查，总金额为 1 685 798.00 元，确认多计 7 217.00 元。

（2）任务实施：计算尚未更正的错报金额是＿＿＿＿＿＿＿，审计确认的错报金额是＿＿＿＿＿＿，推断的误差是＿＿＿＿＿＿＿＿＿＿。

5. 掌握尚未更正的错报种类——根据实质性分析推断的误差。

（1）任务背景资料：客户企业营业收入的未审数为 72 496 856.00 元，根据所处行业特点和生产能力，营业收入的年增长率为 3%，允许±0.8% 的误差范围。上年营业收入已经确认为 63 676 895.00 元。

（2）任务实施：写出如下计算过程。

营业收入的最高限金额=

营业收入的最低限金额=

审计推断的营业收入的错报金额是多（少）计营业收入=

6. 计算理解尚未更正的错报——主观决策的错报。

（1）任务背景资料：方正科技对应收账款计提坏账准备的会计估计变更，审计不认可。

（2）任务实施：重新执行，确认主观决策错报的金额，完成表 2-94。

表 2-94　　　　　　　　　　　确认主观决策的错报

账龄	方正科技应收账款余额	应收账款坏账提取率（%）	应收账款计提坏账	坏账提取率（%）(审计)	审计确认计提坏账	主观决策错报金额（不允许变更）
1 年以内	1 000 000.00	5		0.5		
1~2 年	590 000.00	10		5		
2~3 年	380 000.00	30		15		
3~4 年	70 000.00	70		30		
4~5 年	98 000.00	100		50		
5 年以上	200 000.00	100		100		
合计	2 338 000.00					

任务七 | 获取和评价审计证据

1．理解审计证据的种类和特性，形成有针对性获取审计证据的理念；
2．能比较和描述审计证据的可靠性；
3．牢记获取审计证据的 8 种程序；
4．能有针对性获取相关审计证据，并评价是否存在错报。

案例导读

[资料来源：2013 年 1 月 3 日齐鲁晚报]近日，不少单位或个人忙着收集各种发票冲账、换取福利，餐饮、住宿、交通、旅游等各种发票都成了抢手货，甚至连油票、电话费收据也不放过，不少人费尽心思四处搜罗，求助无门的只得到网上求购，"跪求发票"顿时成了网络热词。众多票贩子打着"财税公司"旗号，提供代开、转让发票业务，生意红火一时。

近日，记者发现"求发票"成了网络热词，在微博、论坛里，类似的求发票帖子多不胜数，甚至有博友公开悬赏求发票。这种情况下，以转让、代开发票为生的票贩子活跃起来。打着"××财税公司"名义代开发票的票贩子横行网络。通过网络，记者与一家所谓的"财税公司"联系上了。票贩子称，可以代开餐饮、办公发票，金额不限，代开 1 万元发票价格是 300 元。记者看到，所谓"财税公司"的网页上，代开发票的种类广泛，既有定额发票，也有机打发票。了解了这一背景后，你大概对中注协提供的年报审计数字（见表 2-95）有所理解了吧。

表 2-95　　　　　　　　　　上市公司年报审计结果　　　　　　　　　单位：亿元

报表项目	未审数	审计调增数	审计调减数	审计调整数	审定数
利润总额	5 415	173	289	462	5 299
应交税金	1 098	54	34	88	1 118
资产总额	235 884	1 298	1 073	2 371	236 109

注：信息来源于中注协 2009 年年报审计。

　　①从上表所列示的报表项目调整金额的具体数字分析，通过执行审计程序，报表各项目错计的金额不是含糊的，建议调整增加或减少的金额是确定的。审计对错计项目及金额的确定必须依据充分和适当的审计证据，并且获取审计证据的程序也必须符合审计准则的要求。②从静态的角度了解审计证据的种类、特性要求，从动态的角度掌握获取和评价审计证据的程序、方法，是审计助理人员可以参与审计工作、承担某些财务报表项目审计的基本要求。

相关知识

一、从静态的角度了解审计证据

1. 审计证据的种类

　　审计证据是注册会计师为了得出审计结论、形成审计意见而使用的所有信息，包括会计记录中含有的信息和其他信息，如图 2-35 所示。

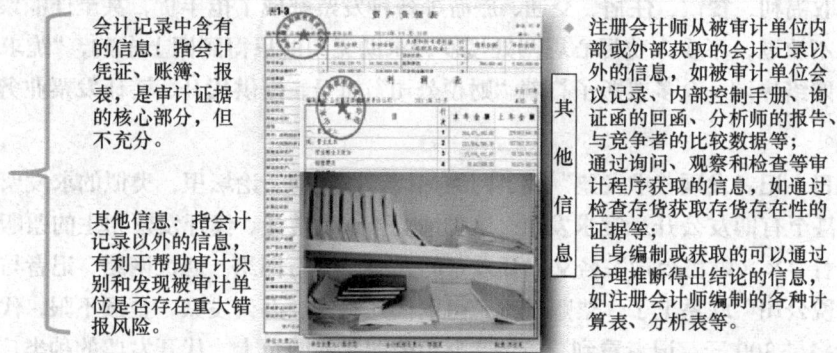

图 2-35　审计证据的种类

　　请你对照主营业务收入、应收账款的审计证据种类，如图 2-36 所示，列举一下库存现金审计证据可能有哪些资料？

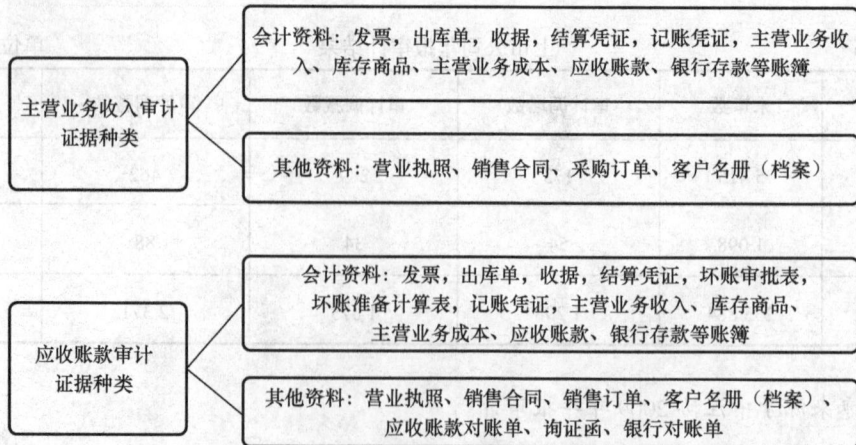

图 2-36　主营业务收入、应收账款审计证据种类

表 2-96 反映了各类审计证据的来源和呈现的外在表现形式。

表 2–96　　　　审计证据一览表

表现形式	证据种类	具体资料	来源		作用	备注
书面证据	会计资料	原始凭证	内部证据	被审计单位填制	直接证据/间接证据	证据起直接证明作用还是间接作用，取决于审计目标的要求，不能一概而论
			外部证据	被审计单位提供		
				独立第三方提供		
		记账凭证	内部证据	被审计单位编制		
		总账、日记账、明细账				
		会计报表				
	其他资料	会议记录、合同档案、内部控制手册、与竞争者的比较数据	内部证据	被审计单位编制		
		注册会计师编制的各种计算表、分析表	亲历证据	审计编制		
实物证据	其他资料	现金、存货等监盘	亲历证据	审计编制		
口头证据		相关人员对事项、问题的答复	内/外部证据	审计记录	间接证据	
环境证据		组织和员工的行为、面貌等	亲历证据	审计记录		

2. 审计证据的特性

身临其境

某小规模粮食加工企业，产品销售主要面向个体商贩。从 12 月份账簿记录图 2-37 看，本期主营业务收入 35 707.55 元。审计判断销售产品不开发票的可能性很大，收入被低估、税费被少计的错报风险高。因此，对主营业务收入的审计，重点是确认是否少计（完整性），针对虚构收入（发生）的检查可以略一点；同时，即使审计人员将所有已入账业务账证检查无误，也不能确认本期收入是否被少计。试图通过这样一个简单的案例资料，说明审计证据必须具备的两个特性，即对审计证据的数量和质量要求，如图 2-38 所示。

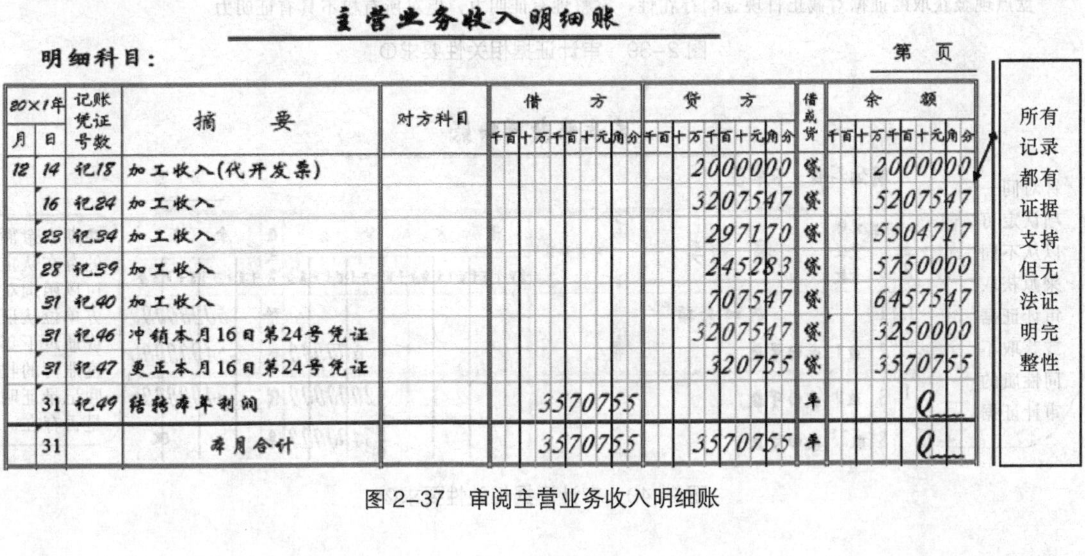
主营业务收入明细账

明细科目：　　　　第　页

20×1年 月	日	记账凭证号数	摘要	对方科目	借方	贷方	借或贷	余额
12	14	记18	加工收入(代开发票)			2000000	贷	2000000
	16	记24	加工收入			3207547	贷	5207547
	23	记34	加工收入			297170	贷	5504717
	28	记39	加工收入			245283	贷	5750000
	31	记40	加工收入			707547	贷	6457547
	31	记46	冲销本月16日第24号凭证			3207547	贷	3250000
	31	记47	更正本月16日第24号凭证			320755	贷	3570755
	31	记49	结转本年利润		3570755		平	0
	31		本月合计		3570755	3570755	平	0

图 2–37　审阅主营业务收入明细账

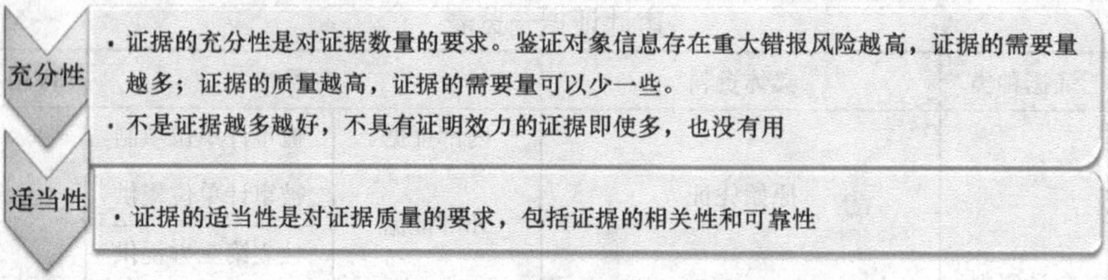

充分性	· 证据的充分性是对证据数量的要求。鉴证对象信息存在重大错报风险越高，证据的需要量越多；证据的质量越高，证据的需要量可以少一些。 · 不是证据越多越好，不具有证明效力的证据即使多，也没有用
适当性	· 证据的适当性是对证据质量的要求，包括证据的相关性和可靠性

图 2-38 对审计证据的特性——数量和质量的要求

（1）审计证据的相关性，是指审计证据对具体审计目标有证明力（有用），以支持已记录的事项或余额是正确的，或发现已记录的事项或余额是错报的。按照审计证据准则的要求，在确定审计证据的相关性时，注册会计师应当考虑：①特定的审计程序可能只为某些认定提供相关的审计证据，而与其他认定无关，如图 2-39 所示；②针对同一项认定可以从不同来源获取审计证据或获取不同性质的审计证据，如图 2-40 所示；③只与特定认定相关的审计证据并不能替代与其他认定相关的审计证据，如图 2-41 所示。

盘点现金获取的证据对截止日现金的存在性、完整性有证明力，但对所有权不具有证明力。

图 2-39 审计证据相关性要求①

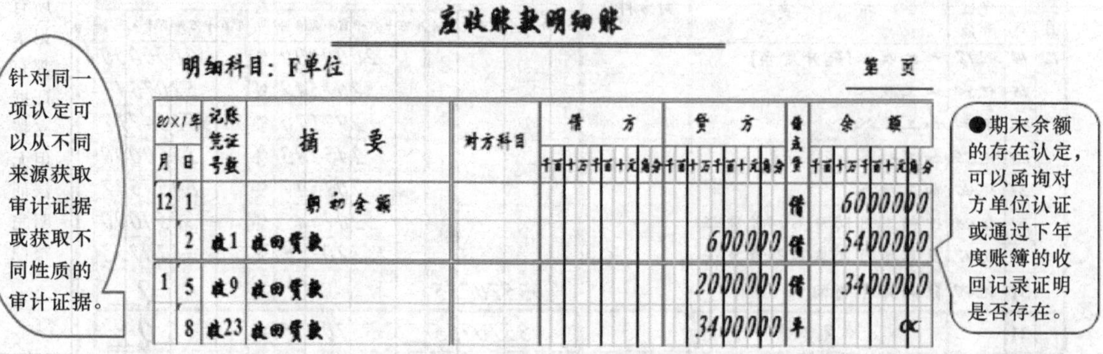

图 2-40 审计证据相关性要求②

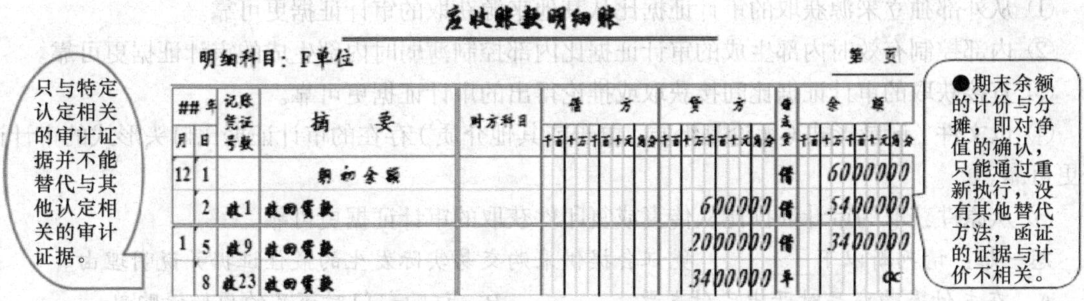
应收账款明细账
明细科目：F单位
第 页
只与特定认定相关的审计证据并不能替代与其他认定相关的审计证据。
●期末余额的计价与分摊，即对净值的确认，只能通过重新执行，没有其他替代方法，函证的证据与计价不相关。
朝初余额
收回贷款
6000000
600000
5400000
2000000
3400000
3400000

图 2-41 审计证据相关性要求③

身临其境 请针对山东商苑商城有限责任公司的账簿记录（表 2-97），说明对审计证据相关性要求的理解和应用。

表 2-97

本账页数	
本户页数	

最高储存量____

最低储存量____

库存商品明细账

编号 02017 规格____ 单位 袋 名称 洽洽凉茶瓜子

20×1 年		凭证		摘要	借方											贷方											借或贷	结存										
月	日	种类	号数		数量	单价	百	十	万	千	百	十	元	角	分	数量	单价	百	十	万	千	百	十	元	角	分		数量	单价	百	十	万	千	百	十	元	角	分
12	1			期初结存																								200	3.50					7	0	0	0	0
12	13		23	验收	1 200	3.50				4	2	0	0	0	0													1 400	3.50				4	9	0	0	0	0
12	20		33	销售												45	3.50					1	5	7	5	0		1 355	3.50				4	7	4	0	0	0
				结转下年																																		

针对交易的认定获取的相关审计证据包括：________________。

针对余额的认定获取的相关审计证据包括：________________。

讨论：如图 2-42 所示，为什么“同样的资料”间进行的核对，却实现不同的审计目标？

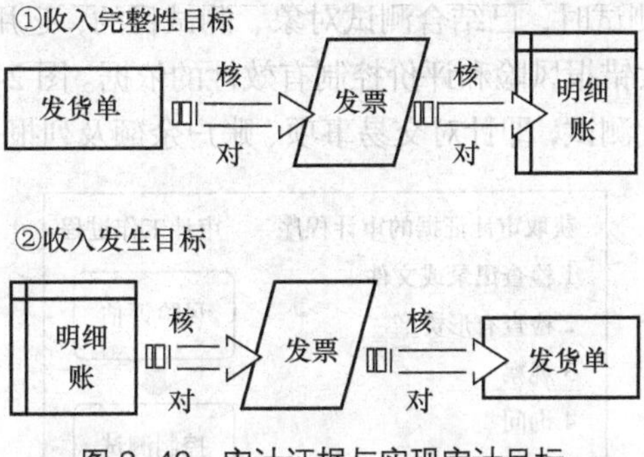
①收入完整性目标
发货单
核对
发票
核对
明细账
②收入发生目标
明细账
核对
发票
核对
发货单

图 2-42 审计证据与实现审计目标

（2）审计证据的可靠性即可信程度，取决于证据的来源（内部、外部）和性质（实物、询问、书面记录等）及具体环境（单位的控制情况），审计人员应该按照审计准则的要求，尽量获取更可靠的证据以合理支持审计结论。

① 从外部独立来源获取的审计证据比从其他来源获取的审计证据更可靠。

② 内部控制有效时内部生成的审计证据比内部控制薄弱时内部生成的审计证据更可靠。

③ 直接获取的审计证据比间接获取或推论得出的审计证据更可靠。

④ 以文件、记录形式（无论是纸质、电子或其他介质）存在的审计证据比口头形式的审计证据更可靠。

⑤ 从原件获取的审计证据比从传真或复印件获取的审计证据更可靠。

想一想：请判断以下_____凭证会提供采购交易实际发生的最佳证据并说明理由。

A. 在支付采购商品时开出已付支票   B. 订购部门对商品的原始请购单

C. 记录商品验收的验收单   D. 供应商对采购商品开出的发票

> **注意**
>
> 在评价审计证据的充分性和适当性时有如下特殊考虑。
>
> （1）对文件记录真伪的考虑。
>
> ① 审计工作通常不涉及鉴定文件记录的真伪，注册会计师也不是鉴定文件记录真伪的专家，但应当考虑用作审计证据的信息的可靠性，并考虑与这些信息生成与维护相关的控制的有效性。
>
> ② 如果在审计过程中识别出的情况使其认为文件记录可能是伪造的，或文件记录中的某些条款已发生变动，注册会计师应当做出进一步调查，包括直接向第三方询证，或考虑利用专家的工作以评价文件记录的真伪。
>
> （2）使用被审计单位生成信息的考虑。如果在实施审计程序时使用被审计单位生成的信息，注册会计师应当就这些信息的准确性和完整性获取审计证据。
>
> （3）证据相互矛盾的考虑。如果从不同来源获取的审计证据或获取的不同性质的审计证据不一致，表明某项审计证据不可靠，注册会计师应当追加必要的审计程序。
>
> （4）获取审计证据时对成本的考虑。注册会计师可以考虑获取审计证据的成本与所获取信息的有用性之间的关系，但不应以获取审计证据的困难和成本为由减少不可替代的审计程序。

二、从动态的角度获取和评价审计证据

在实施风险评估和控制测试时，已结合测试对象、测试目的，运用了询问、观察和检查、分析程序获取证据，作为评估重大错报风险和评价控制有效性的依据。图 2-43 所示获取审计证据的相关审计程序，主要应用于实质性测试，即针对交易事项、账户余额及列报是否存在错报而采取的行动。

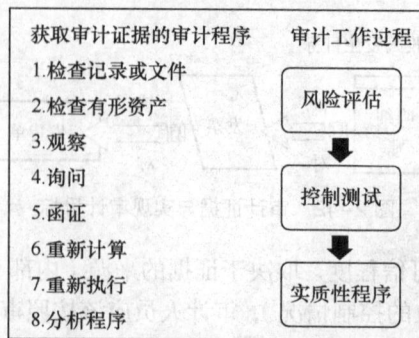

图 2-43 获取审计证据的审计程序

1. 检查记录或文件

（1）检查会计记录（如图 2-44 所示）的顺序和具体检查方法。具体检查方法有顺查法和逆查法。

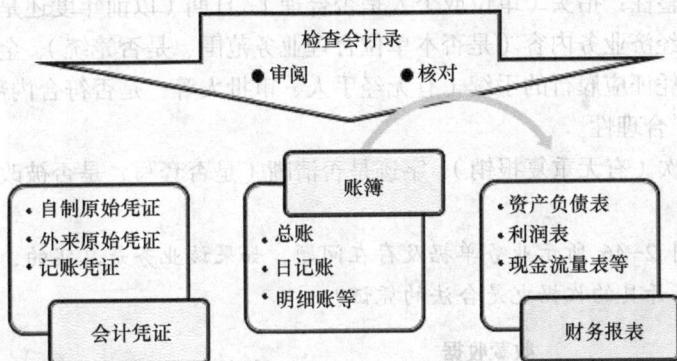

图 2-44　检查会计记录

　　顺查是按照会计信息确认、计量、报告的顺序，检查相关资料的正确性；逆查是从会计报表及其他相关信息中判断的审计重点，回过头来有针对性地进一步核实账簿记录、业务确认、业务发生的实际情况，检查相关资料是否存在错报。

　　请问，同样都是检查会计资料，这种检查顺序上的差异的实质是什么？

　　针对各种会计资料的具体检查方法包括审阅并进一步核对。

　　① 审阅原始凭证应注意的问题。

　　图 2-45 列示了企业日常业务经常填制或取得的原始凭证，但不是全部。请你先根据原始凭证的名称，区分业务类别，确认一下该原始凭证的式样及对审核、填制、联次、手续等的要求，在此基础上，以审计的眼光，面对形形色色可能存在舞弊的原始凭证，发现可能存在问题的地方。

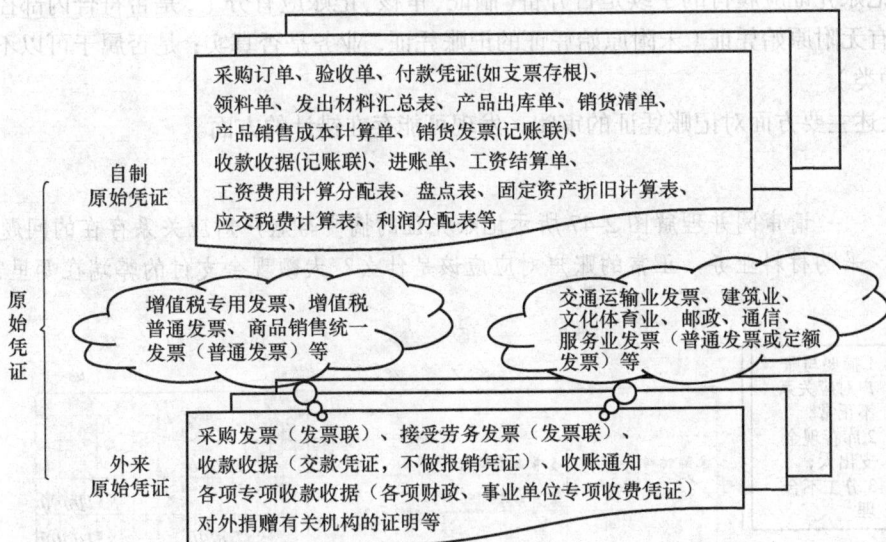

图 2-45　原始凭证的种类

- 看外观形式：按照各类业务合法凭证种类的式样、应加盖的印章要求，及凭证、印章的技术要求是否可能伪造，辨别业务的真实性、合法性。

- 看内容的完整性：抬头（单位或个人是否合理）、日期（以前年度还是下年度，入账时间是否提前、推迟）、经济业务内容（是否本单位合理业务范围、是否笼统）、金额（与经济业务相适应、是否蹊跷）、凭证应履行的手续（有无经手人、审批人等，是否符合内部控制），辨别业务的真实性、合法性、合理性。

- 看凭证的联次（有无重复报销）、字迹是否清晰（是否套写、是否被改动）等，辨别业务的真实性。

请审阅并理解图 2-46 所示业务单据及存在问题，如果该业务是真实的，合法凭证应该是什么单据？什么情况下开具的收据也是合法的凭证？

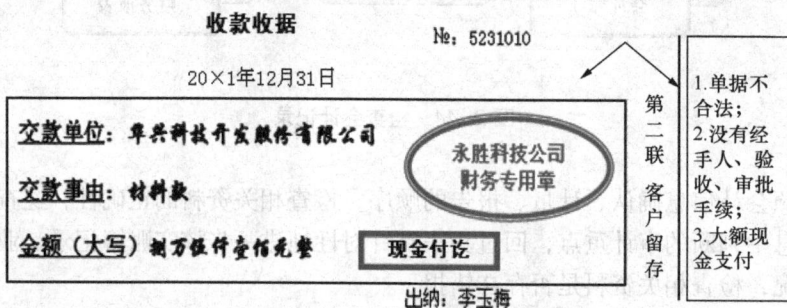

图 2-46　审阅原始凭证

② 审阅记账凭证应注意的问题。

- 看摘要与账户对应关系是否一致，账户对应关系是否合理（摘要说明业务，账户对应关系是对业务的确认），是否符合会计准则的要求。

- 看借贷金额是否一致（借贷金额必须相等）。

- 看记账凭证应履行的手续是否齐备（制证、审核、记账应有分工，是否符合内部控制要求）。

- 看有无附原始凭证（未附原始凭证的记账凭证，业务是否真实；是否属于可以不附原始凭证的业务种类）。

通过上述主要方面对记账凭证的审阅，发现可能存在错计的方面。

请审阅并理解图 2-47 所示记账凭证的摘要与账户对应关系存在的问题，如果是采购材料业务，正常的账户对应应该是什么？大额现金支付的弊端在哪里？

图 2-47　审阅记账凭证

请审阅表 2-98 所示记账凭证，指出主要存在的问题，你对此有何怀疑？

表 2-98

记账凭证

20×1 年 12 月 31 日

记字第 118 号

摘 要	会计科目	明细科目	√	借方金额										√	贷方金额										附单据
				千	百	十	万	千	百	十	元	角	分		千	百	十	万	千	百	十	元	角	分	
销贷，款暂欠	应收账款		√		1	0	0	0	0	0	0	0	0												张
	主营业务收入													√		1	0	0	0	0	0	0	0	0	
合 计					1	0	0	0	0	0	0	0	0			1	0	0	0	0	0	0	0	0	

财务主管：刘江　　　　记账：黄兰　　出纳：黄兰　　　　审核：　　　　　制单：黄兰

③ 审阅账簿应注意的问题。

* 看记账日期是否按照业务发生的时间顺序排列，特别是日记账。
* 看有无凭证号，无凭证号的记录是否真实还是漏记了。
* 看摘要内容是否属于该账户核算内容，以便进一步确认是否多计或其他账户少计，是否重复调账。
* 看经济业务的发生与借贷金额的关系是否一致，不合理的借贷可能发生错计或故意隐瞒舞弊。
* 看余额的方向是否合理正常。损益类账户年末余额为零，如果没有全部结转留有余额，可能故意调整利润；资产类账户余额通常在借方，负债、所有者权益类账户余额通常在贷方，分别表明截止日应有的权利和义务，如果余额方向不正常，可能存在错计或舞弊。

身临其境　　请审阅并理解图 2-48 所示账簿记录可能存在的错计，思考分别对主营业务收入和其他业务收入的影响。

主营业务收入明细账

明细科目：M产品

第 页

A材料销售属于"其他业务收入"

##年		记账凭证号数	摘 要	对方科目	借方										贷方										借或贷	余额										
月	日				千	百	十	万	千	百	十	元	角	分	千	百	十	万	千	百	十	元	角	分		千	百	十	万	千	百	十	元	角	分
12	2	收3	销M产品3 000件														4	8	0	0	0	0	0	0	贷				4	8	0	0	0	0	0	0
	9	收3	销M产品1 000件														1	5	0	0	0	0	0	0	贷				6	3	0	0	0	0	0	0
	17	收7	销A材料3 500kg														5	6	0	0	0	0	0	0	贷			1	1	9	0	0	0	0	0	0
	31	转151/2	结转本年利润			1	1	9	0	0	0	0	0	0											平										0	0
	31		本月合计			1	1	9	0	0	0	0	0	0			1	1	9	0	0	0	0	0	平										0	0

图 2-48　审阅主营业务收入明细账

请审阅并理解图 2-49 所示账簿记录，你分析可能存在的问题是什么？

库存现金日记账 13

> 1.为什么不采取转账支付？
> 2.为什么出现贷方余额？

20×1年 月	日	凭证号数	摘要	对应科目	借方	贷方	借或贷	余额
12	1		期初余额				借	470000
	2	收2	收零星报费金款		20000		借	490000
	9	付7	付王得星报费			100000	借	390000
	15	付12	提现金备用		200000		借	590000
	20	付16	付零支得星报费			300000	借	290000
	22	付19	付报销职工药费			90000	借	200000
	28	付95	付设备折旧费			1220000	贷	1020000
	31		本月合计		220000	1710000	贷	1020000

图 2-49　审阅库存现金日记账

请审阅并理解图 2-50 所示账簿记录，你分析可能存在的问题是什么？

其他应付款明细账

明细科目：内部往来　　　　　　　　　　　　　第　页

> 这些业务是"其他应付款"的发生和偿还吗？

##年 月	日	记账凭证号数	摘要	对方科目	借方	贷方	借或贷	余额
1	1		期初余额				贷	9850000
3	10	58	出售材料			580000	贷	10430000
4	25	87	购代币券		5000000		贷	5430000
7	13	115	处理报废车库			3000000	贷	8430000
9	28	139	报销餐费		120000		贷	8310000
12	30	155	支加班费		8300000		贷	10000
12	31		错转下年					

图 2-50　审阅其他应付款明细账

④ 检查有关记录的真实性、核算的正确性。

按照财务信息生成过程中资料之间的相互关系进行核对，检查有关记录的真实性、核算的正确性。

- 原始凭证与原始凭证之间的核对：根据业务不同，如结算付款凭证与报销发票核对，进账单与销货发票、销货发票与出库凭证核对，领料单与领料汇总表核对等。
- 原始凭证与记账凭证之间证证核对：记账凭证的摘要是否与原始凭证的业务一致，账户是否合理，金额是否相等，所附凭证张数是否一致。
- 记账凭证与记账凭证汇总表之间证证核对：科目、借贷金额是否一致。
- 总账及记账凭证汇总表、明细账、日记账与记账凭证及所附原始凭证之间账证核对：科目、内容、金额是否一致。
- 总账与明细账、日记账之间账账核对：发生额、余额是否一致。
- 会计报表项目内容与编报要求的账簿金额表核对：是否一致。
- 其他资料之间的核对：账实核对、账单核对、合同与单据核对等。

身临其境　　请将记账凭证图 2-51 与原始凭证内部交款单表 2-99 核对，并将表 2-99 与 1 楼款台销售日报表（见表 2-100）进行原始凭证之间的核对，能否找出是什么原因导致错计的项目及金额？

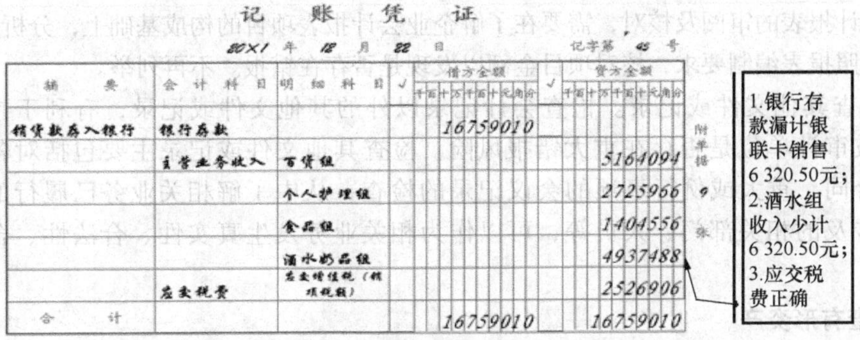

记 账 凭 证

20×1 年 12 月 22 日　　记字第 45 号

摘要	会计科目	明细科目	✓	借方金额	✓	贷方金额
销货款存入银行	银行存款			16759010		
	主营业务收入	百货组				5164094
		个人护理组				2725966
		食品组				1404556
		酒水奶品组				4937488
	应交税费	应交增值税（销项税额）				2526906
合计				16759010		16759010

附单据 9 张

财务主管 王海　记账 李静　出纳 李丽　审核　制单李静

图 2-51　审阅记账凭证

表 2-99　　内部交款单

20×1 年 12 月 22 日

收银台：1 楼款台（百货组、个人护理组、食品组、酒水奶品组）

交款方式	实交金额	实销金额	长款	短款	备注
现金	167 590.10				
银联卡	6 320.50				
合计	173 910.60	173 910.60			收银行通知
合计（大写）：拾柒万叁仟玖佰壹拾元陆角					¥ 173 910.60

现金收讫

出纳：李丽　　商品会计：李静

附现金缴款单 1 张略。

表 2-100　　1 楼款台销售日报表

日期	1 楼款台（购销）							
	百货组	个人护理组	食品组	酒水奶品组	合计	实交	长款	短款
22	60 419.90	31 893.80	16 433.30	65 163.60	173 910.60	173 910.60		

附 7 张柜组销贷汇总表略。

请将图 2-49 所示账簿记录与图 2-52 记账凭证、原始凭证核对，你对这项设备报废业务有何怀疑？

经进一步调查，了解到该设备出售款为 30 000 元，存在隐瞒私存问题。至此你认为错计的项目有哪些？金额分别是多少？

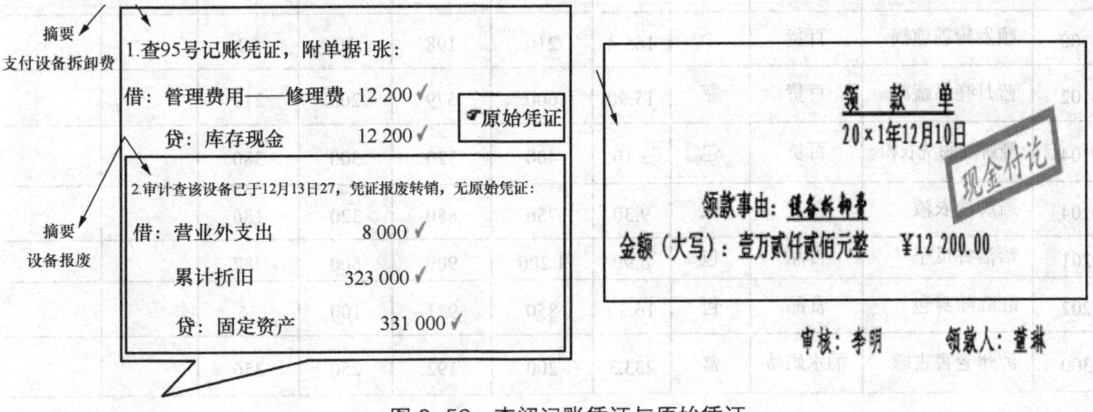

图 2-52　查阅记账凭证与原始凭证

针对会计报表的审阅及核对，需要在了解企业会计报表项目的构成基础上，分析是否有漏计项目；并按照报表编制要求，核对项目金额以发现是否存在错报。不再列举。

（2）检查其他文件或记录。检查会计记录以外的其他文件或记录，有利于帮助审计识别和发现被审计单位是否存在重大错报风险。检查其他文件或记录主要包括对各类经济事项签订的合同、重大或例行事项的会议记录的检查，从中了解相关业务已履行的手续、决策过程及涉及的相关部门、人员等，可以作为相关业务发生真实性、合法性、合理性的间接证据。

2. 检查有形资产

监盘存货和现金，也适用于有价证券、应收票据、固定资产等获取实物证据，为存在性认定提供可靠审计证据，但对完整性、权利、计价的认定可能需要其他程序。

针对不同有形资产，审计监盘的组织工作、监盘方式和记录会有所不同，具体操作程序会在相关资产项目审计时专门学习。这里主要说明由于监盘的时间安排可能发生在报表截止日之前或之后，即由于客观原因不能实施截止日监盘时审计的工作流程。

（1）监盘安排在报表截止日之前进行的工作流程。

① 按照监盘计划实施监盘，确认盘点日存量做好记录（实物证据）；

② 确认盘点日至截止日收入、发出或支出记录（书面证据）；

③ 编制监盘表，计算截止日应存数=盘点日存量+收入数-发出（支出）数；

④ 确认是否存在差异，计算差异=截止日应存数-账面截止数（少计为正数，多计为负数）；

⑤ 差异建议调整。

> 身临其境　　请根据表 2-101 的记录，计算并确认截止日存量的存在性（完整性）。

表 2-101　　　　存货监盘记录（截止日 12 月 31 日，盘点日 12 月 28 日）

货号	商品名称	商品类别	单位	单价	期末库存量	盘点日存量	盘点日至截止日		截止日应存量	差异量
							收入量	发出量		
0100	顺发厨霸煎锅	百货	个	165.4	210	198	20	32		
0102	蓝月亮果蔬净	百货	瓶	15.90	600	579	200	219		
0104	雕牌加酶洗衣粉	百货	包	3.10	400	320	300	380		
0104	雕牌洗衣液	百货	瓶	9.30	756	880	320	186		
0201	洽洽香瓜子	食品	包	6.90	1 200	909	500	787		
0202	旺旺随身包	食品	包	16.30	850	921	100	36		
0300	泸州老窖古酿	酒水奶品	盒	233.3	200	192	250	256		

续表

| 货号 | 商品名称 | 商品类别 | 单位 | 单价 | 期末库存量 | 盘点日存量 | 盘点日至截止日 | | 截止日应存量 | 差异量 |
							收入量	发出量		
0300	趵突泉54° 特酿礼	酒水奶品	盒	215.0	200	156	300	344		
0304	伊利爽心酸奶	酒水奶品	盒	8.60	1 200	1 103	1 500	1 592		
0400	海飞丝洁净洗发露	个人护理	瓶	30.70	500	423	200	277		
0401	可伶可俐净白洗面露	个人护理	瓶	11.50	240	275	50	16		
0403	黑人茶倍健牙膏	个人护理	只	8.50	316	277	100	139		
0500	"晔"牌女装	女装	件	588.0	15	13	10	12		
0503	"宛丽"牌围巾	女装	条	238.2	14	10	20	25		

（2）监盘安排在报表截止日之后进行的工作流程。

① 按照监盘计划实施监盘，确认盘点日存量做好记录（实物证据）；

② 确认截止日至盘点日发出或支出、收入记录（书面证据）；

③ 编制监盘表，计算截止日应存数=盘点日存量+发出（支出）数-收入数；

④ 确认是否存在差异，计算差异=截止日应存数-账面截止数（少计为正数，多计为负数）；

⑤ 差异建议调整。

身临其境　　请根据表 2-102 的记录，计算并确认截止日存量的存在性（完整性）。

如果审计在截止日组织监盘，记录监盘结果，可以直接对比截止日账面数，确认存在性和完整性（关于所有权需要获取证据）。

表 2-102　　存货监盘记录（截止日 12 月 31 日，盘点日下午度 1 月 5 日）

| 货号 | 商品名称 | 商品类别 | 单位 | 单价 | 期末库存量 | 盘点日存量 | 盘点日至截止日 | | 截止日应存量 | 差异量 |
							收入量	发出量		
0100	顺发厨霸煎锅	百货	个	165.40	210	202	0	9		
0102	蓝月亮果蔬净	百货	瓶	15.90	600	363	46	189		
0104	雕牌加酶洗衣粉	百货	包	3.10	400	123	79	198		
0104	雕牌洗衣液	百货	瓶	9.30	756	580	62	104		
0201	洽洽香瓜子	食品	包	6.90	1 200	576	208	412		
0202	旺旺随身包	食品	包	16.30	850	707	50	100		

续表

货号	商品名称	商品类别	单位	单价	期末库存量	盘点日存量	盘点日至截止日		截止日应存量	差异量
							收入量	发出量		
0300	泸州老窖古酿	酒水奶品	盒	233.30	200	198	0	0		
0300	趵突泉 54° 特酿礼	酒水奶品	盒	215.00	200	105	65	30		
0304	伊利爽心酸奶	酒水奶品	盒	8.60	1 200	209	186	800		
0400	海飞丝洁净洗发露	个人护理	瓶	30.70	500	243	57	200		
0401	可伶可俐净白洗面露	个人护理	瓶	11.50	240	206	25	10		
0403	黑人茶倍健牙膏	个人护理	只	8.50	316	208	80	28		
0500	"眸"牌女装	女装	件	588.0	15	12	0	3		
0503	"宛丽"牌围巾	女装	条	238.2	14	10	5	0		

（3）观察。查看相关人员正在从事的活动或执行的程序，用于对发生、完整性、计价、截止认定获取相关的审计证据，但应注意对现场或行动、活动的观察是否有意安排的，判断其真实性。

（4）询问。询问是指以书面或口头方式，向被审计单位内外部知情人员获取信息，并对答复进行评价的过程。询问对许多认定都具有证明力，但不够可靠。获取口头证据需要审计人员的技巧，特别针对舞弊的调查，一定要提前设计好问题，并能够随机应变，察言观色，获取有价值的信息。

（5）函证。函证是指通过直接来自第三方的对有关信息和现存状况的声明，获取和评价审计证据的过程。函证对存在、权利和义务认定具有证明力。《中国注册会计师审计准则第 1312号——函证》规定对银行存款、借款、应收账款余额实施函证是必需的程序，没有函证的项目应当说明理由。对于应付账款直接采取替代审计程序还是采取函证，可以根据具体项目的风险领域实际分析确定。

当实施函证程序时，注册会计师应当对询证函保持控制，见表 2-103。函证实施程序包括：①确定需要确认或填列的信息；②选择适当的被询证者；③设计询证函，包括正确填列被询证者的姓名和地址，以及被询证者直接向注册会计师回函的地址等信息；④发出询证函并予以跟进，必要时再次向被询证者寄发询证函。

表 2-103 函证控制表

序号	科目名称	单位名称	期末余额	通信地址	邮政编码	传真号码	联系电话	联系人	电子信箱

身临其境 山东商苑商城有限责任公司 2012 年 12 月 31 日基本存款户的银行存款余额见表 2-104，以下仅对此说明中天运会计师事务所发出询证函，并请被审计单位盖章后，由客户陪同直接到开户行办理函证并取得回函的过程。

> **注意** 这是一封积极式询证函，不论银行记录的结果是否与函证结果一致，都要求给予回函。还有一种消极式询证，即被函证单位记录的结果与此一致时，可以不回复，但需要谨慎选择使用。

表 2-104 银行存款日记账

月	日	凭证号数	摘　要	借　方	贷　方	方向	余　额
12	30		承前页	32 438 938.03	31 051 247.71	借	14 761 068.98
12	30	记-0416	支付印刷费		2 340.00	借	14 758 728.94
12	30	记-0420	支付报刊费		12 000.00	借	14 746 728.94
12	30	记-0422	支付供应商款		15 000.00	借	147 31 728.94
12	30	记-0423	办理银行承兑汇票存储保证金		99 251.10	借	14 632 477.84
12	31		本月合计	32 438 938.03	31 179 838.81	借	14 632 477.84

会计师事务所设计的银行询证函如下。

银行询证函

编号：01

山东省济南市工商银行历城支行洪楼分理处：

本公司聘请的中天运会计师事务所正在对本公司 2012 年度财务报表进行审计，按照中国注册会计师审计准则的要求，应当询证本公司与贵行相关的信息。下列信息出自本公司记录，如与贵行记录相符，请在本函下端"信息证明无误"处签章证明；如有不符，请在"信息不符"处列明不符项目及具体内容；如存在与本公司有关的未列入本函的其他重要信息，也请在"信息不符"处列出其详细资料。回函请直接寄至中天运会计师事务所。

回函地址：北京市西城区车公庄大街九号五栋大楼 B1 座七、八层　邮编：100044

电话：010 – 88395676　　传真：010 – 88395200　　　　　　联系人：李萌

截至　2012 年 12 月 31 日，本公司与贵行相关的信息列示如下。

1．银行存款

账户名称	银行账号	币种	利率	余额	起止日期	是否被质押、用于担保或存在其他使用限制	备注
基本存款户	16020070090341 20818	人民币		14 632 477.84	活期	无	

除上述列示的银行存款外，本公司并无在贵行的其他存款。

注："起止日期"一栏仅适用于定期存款，如为活期或保证金存款，可只填写"活期"或"保证金"字样。

其他重大事项

无

注：此项应填列注册会计师认为重大且应予函证的其他事项，如信托存款等；如无则应填写不适用。

第 2-13 项函证项目内容，如同时存在的银行借款等一并函证。此处省略。

（被审计单位盖章）

2013 年 1 月 10 日

_____以下仅供被询证银行使用_____。

结论：

1. 信息证明无误。	2. 信息不符，请列明不符项目及具体内容（对于在本函前述第 1 项至第 13 项中漏列的其他重要信息，请列出详细资料）
银行章 （银行盖章） 2013 年 1 月 10 日 经办人：吴云	（银行盖章） 年　月　日 经办人：

注意

① 针对函证结果的后续调查，将在具体项目审计时完整地应用，在此不再说明。

② 在未回函的情况下，注册会计师应当实施替代程序以获取相关、可靠的审计证据。

③ 如果注册会计师认为取得积极式询证函回函是获取充分、适当的审计证据的必要程序，则替代程序不能提供注册会计师所需要的审计证据。在这种情况下，如果未获取回函，注册会计师应当确定其对审计工作和审计意见的影响。

④ 除下列情形外，注册会计师不得将消极式函证作为唯一实质性程序。

• 注册会计师将重大错报风险评估为低水平，并已就与认定相关的控制的运行有效性获取充分、适当的审计证据；

• 需要实施消极式函证程序的总体由大量的小额、同质的账户余额、交易或事项构成；

• 预期不符事项的发生率很低；

• 没有迹象表明接收询证函的人员或机构不认真对待函证。

（6）重新计算。针对各种资料本身的数字关系，执行重新计算以直接发现有关资料的错报及对财务报表的影响。

① 重新计算原始凭证中有计算关系的项目；

② 重新计算记账凭证中借贷合计的金额；

③ 重新计算账簿记录的借贷发生额，重新计算余额；对于数量金额式账簿记录，重新计算借、贷、余的金额；

④ 重新计算财务报表中的有关项目金额；

⑤ 重新计算其他资料中有数字计算关系的项目金额，如预算、计划、合同等。

身临其境 请指出表 2-105、表 2-106 中可以重新计算的项目，并执行重新计算，看结果如何。

表 2-105　　　　　　　　　　　　　银行存款日记账　　　　　　　　　　　　　　　2

20×1 年		凭证号数	结算方式		摘　要	借方	√	贷方	√		余额
月	日		类	号码		亿千百十万千百十元角分		亿千百十万千百十元角分			亿千百十万千百十元角分
12	16				承前页	980000		2800000		借	1677770
	20	记32	利息		收四季度存款利息	8837				借	1686607
	20	记33	外支款		存现	360000	√			借	2046607
	25	记36	银行		收回加工费	1520000	√			借	3566607
	26	记37	银行		收回加工费	870000	√			借	4436607
	31	记41	外支款		存现	750000				借	5186607
	31				本月合计	4488837		2800000		借	5186607
					结转下年						

表 2-106　　　　　　　　　　　　　　利润表

纳税人识别号：370112733690588
报表所属期：20×1 年 11 月
编制单位：山东爱家科技开发有限公司

会企 02 表
单位：元

项　目	行　次	本年累计金额	本月金额
一、营业收入	1	388 886.80	39 029.13
减：营业成本	2	332 186.21	33 766.17
营业税金及附加	3	2 566.63	128.80
销售费用	11		
其中：商品维修费	12		
广告费和业务宣传费	13		
管理费用	14	39 804.00	1 866.20
财务费用	18	−206.15	5.70
其中：利息费用（收入以"−"号填列）	19		
加：投资收益（损失以"−"号填列）	20		
二、营业利润（亏损以"−"号填列）	21	14 536.11	3 262.26
加：营业外收入	22		
其中：政府补助	23		
减：营业外支出	24		
其中：坏账损失	25		
三、利润总额（亏损以"−"号填列）	30	14 536.11	3 262.26
减：所得税费用	31	4 004.18	
四、净利润（净亏损以"−"号填列）	32	10 531.93	3 262.26

（7）重新执行。注册会计师将被审计单位已执行过的工作按规定的程序重新做一遍，根据审计执行的结果确定内控的有效性，也可以直接作为有关项目是否存在错报的证据。

> **身临其境** 请重新执行固定资产折旧计算，完成表 2-107。该表反映了公司计提的年度折旧，该公司各项固定资产在本年度未发生增减变动，各项固定资产净残值率为 5%，预计使用年限符合规定。通过重新执行，你认为公司固定资产折旧错计的性质是什么？

表 2-107　　　　　　　　　　重新执行固定资产折旧计算表

名称	原值	使用年限	年折旧额	应提折旧额	差　额	备　注
仓库	2 00 2 000	20	100 100			1. 56 年前单独计价的土地不应计提折旧；
办公楼	60 600	30	2 020			
职工宿舍	121 200	30	4 040			2. 汽车按工作量法计提折旧，预计行驶总里程 200 万公里，本年实际行驶 20 万公里。
土地	500 000		5 000			
推土机	24 000	20	1 500			
汽车	300 000	5	60 000			
合计	3 007 800		172 660			

（8）分析程序。注册会计师通过研究不同财务数据之间以及财务数据与非财务数据之间的内在关系，对财务信息做出评价，还包括调查识别出的、与其他相关信息不一致或与预期数据严重偏离的波动和关系，用以分析风险领域甚至直接确认错报金额。重点掌握同一指标在不同期间增减额、增减率的比较方法。

> **身临其境** 请根据表 2-108 计算并体会分析程序在计划审计工作阶段的应用，同样在审计完成时，可以计算并分析审计结果。

表 2-108　　　　　　　　　　利　润　表

20×1 年 12 月

项　目	本期金额（未审数）(1)	上期金额（已审数）(2)	增减额(3)=(1)-(2)	增减率（%）(4)=(3)/(2)
一、营业收入	104 340.00	58 956.00		
减：营业成本	91 845.00	53 599.00		
营业税金及附加	360.00	350.00		
销售费用	2 800.00	1 610.00		
管理费用	2 380.00	3 260.00		
财务费用	180.00	150.00		
资产减值损失				
加：公允价值变动收益（损失以"-"号填列）				
投资收益（损失以"-"号填列）	980.00			

续表

项　目	本期金额 （未审数）(1)	上期金额 （已审数）(2)	增减额 （3）=（1）-（2）	增减率（%） （4）=（3）/（2）
其中：对联营企业和合营企业的投资收益				
二、营业利润（亏损以"-"号填列）	7 755.00	-13.00		
加：营业外收入	100.00	150.00		
减：营业外支出	260.00	300.00		
其中：非流动资产处置损失				
三、利润总额（亏损总额以"-"号填列）	7 595.00	-163.00		
减：所得税费用	800.00			
四、净利润（净亏损以"-"号填列）	6 795.00			

　　请初步理解表 2-109 中审计根据需要计算的同一指标不同时期的增减额、增减率，对变动比较大的，分析是否可能存在错报。其中，还包括对不同财务指标比率关系的比较分析，具体分析应用在项目审计时做进一步学习。

表 2-109　　　　　　　　　　相关财务指标之间的对比分析

项　目	未审数	上年已审数	增减额	增减率（%）
营业收入	104 340.00	58 956.00	45 384.00	77%
营业成本	91 845.00	53 599.00	38 246.00	71%
营业税金及附加	360.00	350.00	10.00	3%
毛利率	12%	9%		3%
营业税金及附加/营业收入	0.35%	0.59%		0.25%
利润总额	7 595.00	163.00	7 758.00	4 760%
所得税费用	800.00	0	800.00	
所得税费用/利润总额	10.53%			

特别提示

　　（1）重点关注的网站及相关栏目：中国注册会计师网站 http://www.cicpa.org.cn/相关栏目、中华人民共和国审计署网站 http://www.audit.gov.cn/审计结果公告、案例披露专栏。

　　（2）牢记的关键术语：审计证据、审计证据的特性、审计证据相关性的要求、审计证据可靠性的标准、获取审计证据的程序、检查记录或文件的技术、检查有形资产的技术、询问、函证、重新计算的技术、重新执行的技术、分析程序的技术。

　　（3）相关的审计准则：《中国注册会计师审计准则第 1301 号——审计证据》《中国注册会计师审计准则第 1311 号——对存货、诉讼和索赔、分部信息等特定项目获取审计证据的具体考虑》、

《中国注册会计师审计准则第 1312 号——函证》、《中国注册会计师审计准则第 1313 号——分析程序》。

任务训练

1. 掌握获取审计证据的审计程序，确认原材料发出和结存的金额。

（1）任务背景资料：获取客户企业原材料明细账、发出材料的凭证等书面证据如表 2-110～表 2-116 共 7 张进行检查；参与监盘确认期末材料的实存量 13 150kg；了解企业选择的存货计价方法是月末一次加权平均法；利用加权平均法重新执行确认发出材料的计价和期末结存材料的成本；整理审计证据实现审计目标。

表 2-110

本账页数	
本户页数	

最高储存量____
最低储存量____

原材料明细账

编号_____ 规格_____

单位__kg__ 名称__B__

20×1年		凭证		摘要	借方			贷方			借或贷	结存		
月	日	种类	号数		数量	单价	百十万千百十元角分	数量	单价	百十万千百十元角分		数量	单价	百十万千百十元角分
12	1			期初结存								15 000	13.80	2 0 7 0 0 0 0 0
	3		9	验收	10 500	14.00	1 4 7 0 0 0 0 0					25 500		
	16		34	验收	20 000	14.25	2 8 5 0 0 0 0 0					45 500		
	31		79	领用				30 350		4 1 8 8 3 0 0 0	0	15 150	14.53	2 2 0 1 7 0 0 0
	31			结转下年										

表 2-111

记账凭证

20×1 年 12 月 31 日

记字第 79 号

摘要	会计科目	明细科目	√	借方金额		√	贷方金额	
				千百十万千百十元角分			千百十万千百十元角分	
领用材料	生产成本	甲产品		2 4 8 4 0 0 0 0		√		
	生产成本	乙产品		1 3 8 0 0 0 0 0		√		
	制造费用			1 3 8 0 0 0 0		√		
	管理费用			1 8 6 3 0 0 0		√		
	原材料	B 材料				√	4 1 8 8 3 0 0 0	
合　计				4 1 8 8 3 0 0 0			4 1 8 8 3 0 0 0	

附单据 5 张

财务主管：刘江　　记账：黄兰　　出纳：　　审核：　　制单：黄兰

表 2-112　　　　　　　　　　　原材料发出汇总表

20×1 年 12 月 31 日

材料种类 / 用途	B 材料		备 注
	数量（kg）	金额（元）	
甲产品生产用	18 000	248 400.00	
乙产品生产用	10 000	138 000.00	
生产车间用	1 000	13 800.00	
办公室用	1 350	18 630.00	
合　计	30 350	418 830.00	

会计主管：刘江　　　　　　　　　　制表：黄兰

表 2-113　　　　　　　　　　　　领 料 单

领料部门：甲产品　　　　　　　20×1 年 12 月 3 日　　　　　　　No：5290833

品 名	单 位	数 量	单 价	金 额
B 材料	kg	20 000	货物付讫	
用 途	生产用			

审核：陈俊　　　　　　　　　　保管：丁一　　　领料：陈昊

表 2-114　　　　　　　　　　　　领 料 单

领料部门：乙产品　　　　　　　20×1 年 12 月 15 日　　　　　　No：5290834

品 名	单 位	数 量	单 价	金 额
B 材料	kg	10 000	货物付讫	
用 途	生产用			

审核：陈俊　　　　　　　　　　保管：丁一　　　领料：陈昊

表 2-115　　　　　　　　　　　　领 料 单

领料部门：车间　　　　　　　　20×1 年 12 月 23 日　　　　　　No：5290835

品 名	单 位	数 量	单 价	金 额
B 材料	kg	1 000	货物付讫	
用 途	车间用			

审核：陈俊　　　　　　　　　　保管：丁一　　　领料：陈昊

表 2-116 领 料 单

领料部门：办公室　　　　　　　　　　　　　20×1 年 12 月 23 日　　　　　　　　　　　　No：5290836

品　　名	单　　位	数　　量	单　　价	金　　额
B 材料	kg	1 350		
				货物付讫
用　途	办公用			

审核：陈俊　　　　　　　　　　　保管：丁一　　　　领料：吴军

（2）任务实施。

① 审阅每一张原始凭证，审阅记账凭证，审阅账簿记录，检查是否存在问题。

② 将原始凭证汇总表与领料单核对，检查原始凭证汇总表是否符合实际。

③ 将记账凭证与原始凭证汇总表进行核对，检查账户分类、计价是否存在问题。

④ 将账簿记录与记账凭证、原始凭证核对，检查是否错计。

⑤ 实施对 B 材料监盘，实际结存 13 150kg。核对本期收入记录正确，没有其他发出。

⑥ 重新执行，计算加权平均单价。

⑦ 审计确认的 B 材料结存金额。

⑧ 重新执行，确认发出材料的成本，完成表 2-117。

表 2-117 原材料发出汇总表

20×1 年 12 月 31 日

材料种类 用　　途	B 材料		原金额	少计金额	备　　注
	数　　量	金　　额			
甲产品生产用					
乙产品生产用					
生产车间用					
办公室用					
合　　计					

2. 审计监盘，完成表 2-118。

任务背景资料：审计人员 20×2 年 1 月 10 日对山东华兴科技开发公司 20×1 年度存货审计，实施了监盘，并进行账实核对。

表 2-118 存货监盘表

20×2 年 1 月 10 日

序号	存货 名称	存放 地点	计量 单位	截止日账面 记录数量	盘点日 实存量	盘点日至截止日		截止日 应存数	差异量
						发出数	收入数		
	混合纸	原料库	吨	2 798.058	2 598.032	500	300		
	原煤	原料库	吨	244.658	232.658	120	140		
	本片	成品库	吨	349.985	349.985		100		

3. 办理银行函证。

（1）任务背景资料：中兴华会计师事务所审计人员对山东爱家科技有限公司 20×1 年度财务报表审计，按照审计准则要求，对截止日银行存款实施询证。被审计单位银行存款的记录如表 2-119 所示。

表 2-119 银行存款日记账——信用社 3

20×1年		凭证号数	结算方式		摘 要	借方 亿千百十万千百十元角分	√	贷方 亿千百十万千百十元角分	√	余额 亿千百十万千百十元角分
月	日		类	号码						
11	1				期初金额				借	4077
	2	记2			存税款	250000			借	254077
	2	记3			预缴本月增值税			58252	借	195825
	5	记7			缴纳上月税款			60792	借	135033
	18	记13			预缴本月增值税			26796	借	108237
	30				本月合计	250000		145840	借	108237
12	4	记2			存税款	60000			借	168237
	4	3			缴纳上月税款			12880	借	155357
	5	4			缴纳上月税款			32039	借	123318
	14	16			预存税款	120000			借	243318
	14	17			预交本月税款			61748	借	181570
	24	35			预存税款	150000			借	331570
	31				本月合计	330000		106667	借	331570
					结转下年					

（2）任务实施。

① 填写询证函。

银行询证函

编号：02

_____：

　　本公司聘请的 _____ 正在对本公司 _____ 进行审计，按照中国注册会计师审计准则的要求，应当询证本公司与贵行相关的信息。下列信息出自本公司记录，如与贵行记录相符，请在本函下端"信息证明无误"处签章证明；如有不符，请在"信息不符"处列明不符项目及具体内容；如存在与本公司有关的未列入本函的其他重要信息，也请在"信息不符"处列出其详细资料。回函请直接寄至 _____。

回函地址：北京市西城区阜外大街 1 号四川大厦东座 15 层　　邮编：100037

电话：01068364878　　　传真：01068348135　　　联系人：李伟

截至 _____，本公司与贵行相关的信息列示如下。

银行存款

账户名称	银行账号	币种	利率	余额	起止日期	是否被质押、用于担保或存在其他使用限制	备 注

除上述列示的银行存款外，本公司并无在贵行的其他存款。

注："起止日期"一栏仅适用于定期存款，如为活期或保证金存款，可只填写"活期"或"保证金"字样。

（公司盖章）

20×2 年 1 月 08 日

② 取回（或收到登记）回函。

1. 信息证明无误。（银行盖章）		2. 信息不符，请列明不符项目及具体内容（对于在本函前述第1项至第13项中漏列的其他重要信息，请列出详细资料）。
济南市历城区农村信用合作联社 华山信用社 业务公	20×2 年 1 月 8 日 经办人：尹婉婉	（银行盖章）年 月 日 经办人：

③ 根据回函结果，给出你对企业该账户银行存款的存在性的结论。

4. 利用分析程序，比较发现可疑的差异项目。

任务背景资料：山东商苑商城有限责任公司 20×1 年度未经审计的利润表，见表 2-2。在审计计划阶段，对利润表项目进行比较分析，请完成表 2-120。

表 2-120

利润表

20×1 年 12 月

项 目	本期金额（未审数）（1）	上期金额（已审数）（2）	增减额（3）=（1）-（2）	增减率（%）（4）=（3）/（2）
一、营业收入	264 471 092.66	229 052 044.36		
减：营业成本	223 504 799.39	187 952 353.09		
营业税金及附加	17 078 332.97	18 324 163.55		
销售费用	10 443 686.80	10 075 360.36		
管理费用	3 304 949.27	2 001 312.00		
财务费用	309 995.90	417 712.36		
资产减值损失				
加：公允价值变动收益（损失以"-"号填列）	30 000.00	298 000.00		
投资收益（损失以"-"号填列）	46 898.00	1 200 000.00		
其中：对联营企业和合营企业的投资收益				
二、营业利润（亏损以"-"号填列）	9 906 226.33	11 779 143.00		
加：营业外收入	1 645.70	109 000.00		

续表

项　目	本期金额 （未审数）（1）	上期金额 （已审数）（2）	增减额 （3）=（1）-（2）	增减率（%） （4）=（3）/（2）
减：营业外支出	306 582.90	528 900.00		
其中：非流动资产处置损失	89 790.00			
三、利润总额（亏损总额以"-"号填列）	9 511 499.13	11 359 243.00		
减：所得税费用	2 400 322.28	2 839 810.75		
四、净利润（净亏损以"-"号填列）	7 111 176.85	8 519 432.25		

任务八 | 编制和整理审计工作底稿

学习目标

1．理解审计工作底稿的编制目的、性质；

2．从永久性档案和当期档案中，感受审计工作底稿与审计全过程工作的关系；

3．能按照审计工作底稿的编制要求，编制工作底稿；

4．了解审计工作底稿的整理要求。

案例导读

　　[资料来源：中国注册会计师协会会计师事务所执业质量检查通告（第五号）] 2011年，各地方注协共抽调 814 名检查人员，检查了 1 671 家事务所，抽查了 13 237 份业务底稿，其中，财务报表审计业务底稿 8 085 份。检查结果表明，部分中小事务所的系统风险防范能力和执业质量还存在不少问题，主要表现为：部分事务所的质量控制制度过于恪守原则，缺乏系统性和可操作性，特别是在事务所质量控制环境、合伙人（股东）机制和人力资源等方面问题比较突出；一些注册会计师未能严格执行执业准则，审计计划流于形式，未对识别出的重大错报风险设计和实施有针对性的审计程序；一些注册会计师对函证、监盘等重要的常规性审计程序实施不到位；个别事务所在对重要审计领域未获取充分、适当的审计证据的情况下，出具标准审计报告。本着"严格检查，严格惩戒"的原则，2011年，各地方注协（除深圳市注协尚未完成处理工作外）对存在严重问题的 87 家事务所和 235 名注册会计师实施了行业惩戒。其中，给予 15 家事务所和 18 名注册会计师公开谴责；给予 47 家事务所和 58 名注册会计师通报批评；给予 25 家事务所和 159 名注册会计师训诫。

①评价事务所和注册会计师工作质量是否符合审计准则要求,甚至有无过失、违法行为的主要依据是审计工作底稿;②工作底稿的内容反映了审计程序的要求,是审计结论的依据。

相关知识

一、从静态的角度了解审计工作底稿

1.审计工作底稿编制目标

审计工作底稿是指注册会计师对制定的审计计划、实施的审计程序、获取的相关审计证据,以及得出的审计结论做出的记录。按照审计准则的要求,审计工作底稿使用中文编写,表现形式多样。对于取得的资料,可以以文件的复印件、取得的实物原件、现场照片等形式存在;每项工作底稿,都可以直接或进一步以电脑记录。每个审计项目结束,反映该项目审计全过程的审计工作底稿,分为一个或多个文件夹或采用其他存储介质,以实物(文件打印)或电子形式存储,便构成该项具体业务的审计档案。通过图 2-53,可以清楚地了解审计工作底稿的编制目标。

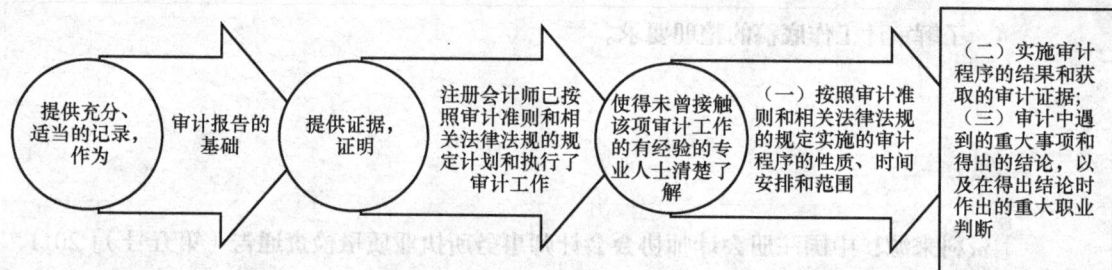

提供充分、适当的记录,作为 → 审计报告的基础 → 提供证据,证明 → 注册会计师已按照审计准则和相关法律法规的规定计划和执行了审计工作 → 使得未曾接触该项审计工作的有经验的专业人士清楚了解 → (一)按照审计准则和相关法律法规的规定实施的审计程序的性质、时间安排和范围 →（二）实施审计程序的结果和获取的审计证据;（三）审计中遇到的重大事项和得出的结论,以及在得出结论时作出的重大职业判断

图 2-53　审计工作底稿的编制目标

2.审计工作底稿的种类

根据审计准则要求的项目审计完成时形成的审计档案的文件构成,你可以清楚地了解审计工作底稿的种类。请阅读表 2-121 永久性档案清单(从上到下、从左到右的顺序)。该表是针对某个被审计单位自首次承接业务开始,要求收集的与审计相关的资料并在连续审计的过程中不断补充、更新,作为审计职业判断和结论的重要依据。你可以从这些资料的内容感受到,永久性工作底稿并不直接针对本期财务报表中管理层认定是否存在错报提供证据,主要是有关被审计单位环境方面的证明材料。

请阅读表 2-122 业务工作底稿目录(从上到下、从左到右的顺序)。不同阶段审计所做的工作不同,取得和记录的文件资料不一样。这些文件资料反映了对承接的项目审计工作的组织管理要求和审计取证、审计结论的形成过程,构成当期档案。

表 2-121　　　　　　　　　　　　　　　　永久性档案清单

	档案名称	索引号		档案名称	索引号
	永久性档案增补记录	首页	主要业务与技术资料	公司经营范围与主营业务	D1
审计项目管理	被审计单位地址、主要联系人、职位、电话	A1		主要产品生产工艺流程	D2
	参与项目的其他注册会计师或专家的姓名和地址	A2		主要产品的主要原材料和能源及成本构成	D3
	审计业务约定书原件	A3		主要产品的行业地位及销售情况	D4
	各期审计档案清单	A4		主要竞争对手情况	D5
公司历史沿革及法律资料	政府批文	B1		主要客户和供应商情况	D6
	营业执照	B2		特殊行业许可证书	D7
	税务登记证	B3		资质证书	D8
	公司章程及章程修正案	B4		专利证书	D9
	公司代码	B5		非专利技术	D10
	历史发展资料	B6		重要特许权利	D11
组织机构	组织结构图	C1		质量管理体系认证证书	D12
	各投资方简介	C2		环境管理系统认证证书	D13
	管理层和财务人员（名单、职责）	C3		生产安全认证证书	D14
	董事会成员清单	C4	关联方资料	关联方名称清单	E1
	分支机构资料	C5		关联方资料	E2
	所投资企业资料	C6		重大关联方交易资料	E3
	股东大会议事规则	C7	财务管理制度	资金管理办法	F1
	董事会议事规则	C8		存货管理办法	F2
	监事会议事规则	C9		固定资产管理办法	F3
	经理会议事规则	C10		在建工程管理办法	F4
	与投资者关系管理制度	C11		合同管理办法	F5
	重大经营决策的程序、规则及权限	C12		费用报销管理办法	F6
	重大投资决策的程序、规则及权限	C13		会计稽核管理办法	F7
	对外担保的程序、规则及权限	C14		会计电算化管理办法	F8
	关联方交易决策的程序及权限	C15		会计档案管理办法	F9
	独立董事制度	C16		授权控制制度	F10
	内部审计制度	C17		募集资金管理制度	F11
	考核、激励管理办法	C18		员工福利及奖励制度	F12

续表

档案名称	索引号		档案名称	索引号
长期借款合同	G1	重要实物资产	房地产开发建设工程许可证	H7
无形资产转让协议	G2		房地产开发用商品房销售许可证	H8
资产出让或出售协议	G3		重大拆迁补偿协议	H9
资产置换协议	G4	政府机关、监管部门相关资料	政府审计报告	I1
对外投资或股权转让协议	G5		证监会整改通知	I2
债务重组协议	G6		海关监管报告	I3
融资租赁协议	G7		IPO及发行新股未予通过的复函	I4
重要销售合同	G8		所得税减免批准证明	I5
重要采购合同	G9		税收资料	I6
重大设施、设备经营租赁协议	G10	中介机构报告	验资报告	J1
托管协议	G11		年度审计报告	J2
委托理财协议	G12		管理建议书	J3
大额资金使用协议	G13		内部控制审计报告	J4
担保协议	G14		资产评估报告	J5
重要土地目录	H1		首次公开发行审计报告	J6
国有土地使用证	H2		盈利预测审核报告	J7
土地出让合同或转让协议	H3	会议纪要	历次股东（大）会决议	K1
发票或收据	H4		历届次董事会决议	K2
房地产开发用地规划许可证	H5		历届次监事会决议	K3
房地产开发工程规划许可证	H6		主要经理会纪要	K4

（第一列分类：重要经济合同或协议——G1至G14；重要实物资产——H1至H6）

请问：上述各类工作底稿的来源可能是怎样的，可能的表现形式如何？可以标记在每种工作底稿后边，以帮助你在从事这方面工作时形成一种初步印象。

表 2-122　　　　　　　　　　　业务工作底稿目录（当期档案）

第一部分　初步业务活动工作底稿	二、对法律法规的考虑
一、初步业务活动程序表	三、接受委托后与前任注册会计师的沟通
二、业务承接评价表	四、关联方及关联方交易
三、业务保持评价表	五、持续经营
四、审计业务约定书	六、首次接受委托时对期初余额的审计
第二部分　风险评估工作底稿	七、会计估计
一、了解被审计单位及其环境（不包括内部控制）	八、期后事项
二、了解被审计单位内部控制	九、对应数据
（一）在被审计单位整体层面了解和评价内部控制	十、含有已审计财务报表的文件中的其他信息
（二）在被审计单位业务流程层面了解和评价内部控制	十一、对集团财务报表审计的特殊考虑
1. 采购与付款循环	十二、诉讼和赔偿
2. 工薪与人事循环	十三、利用注册会计师的专家的工作
3. 生产与仓储循环	十四、利用管理层的专家的工作
4. 销售与收款循环	十五、分部信息
5. 筹资与投资循环	十六、利用内部审计人员的工作
6. 货币资金循环	第五部分　业务完成阶段工作底稿
三、项目组讨论纪要——风险评估	一、业务完成阶段审计工作程序表
四、风险评估结果汇总表	二、错报累积和评价表
五、总体审计策略	三、试算平衡表
第三部分　进一步审计程序工作底稿	四、总结会会议纪要
一、控制测试工作底稿——采购与付款循环（等）	五、与治理层的沟通函
二、实质性程序工作底稿	六、项目经理复核声明书
（一）资产类（按报表项目共 23 个项目，根据实际项目确定）	七、项目合伙人复核声明书
（二）负债类（按报表项目共 16 个项目，根据实际项目确定）	八、质量控制复核人复核声明书
（三）所有者权益类（按报表项目共 4 个项目，根据实际项目确定）	九、管理层说明书
（四）损益类（按报表项目共 12 个项目，根据实际项目确定）	十、审计总结
第四部分　其他项目工作底稿	十一、审计工作完成情况核对表
一、舞弊风险评估与应对	十二、审计报告范例

二、从动态的角度编制和整理审计工作底稿

按照财务报表分项目审计目标的要求，针对某个具体项目可选择实质性程序安排的工作内容

不同，形成的审计工作底稿的种类不一样。通过表 2-123，可以帮助你了解实质性程序审计工作底稿的种类及与审计目标、审计程序的关系。

表 2-123　　　　　　　　实质性程序审计工作底稿

认　定	审计目标	选择审计程序	审计证据形式、类型	审计工作底稿
与交易相关：发生、完整、准确性、分类、截止	交易是否发生、完整、计价准确，分类是否正确，入账时间是否正确；余额是否存在、完整，是否拥有权利和义务，计价是否正确	针对发生	书面证据	检查表
		针对完整	实物证据	截止测试表
		针对分类	口头证据	计价测试表
与余额相关：存在、权利与义务、完整、计价与分摊		针对截止	环境证据	盘点表、询证
		针对准确性	检查（书面/实物）	核对表
报表列报和披露	报表列报和披露是否恰当	针对余额	观察/函证/分析程序	分析表
		细节测试/实质性分析程序	询问	明细表
			重新计算/重新执行	审定表

以固定资产审计为例，执行实质性程序编制的相关审计工作底稿见表 2-124～表 2-128，具体到每一张工作底稿的编制，将在具体项目审计时学习，这里仅通过提供不同底稿的格式，为学习审计工作底稿的要素和编制做准备。

表 2-124　　　　　　　　固定资产审定表

被审计单位：A公司　　　　　　　编制：XXX　　　日期：20××年×月××日　　　索引号：Z01
期间/截止日：20××年××月××日　　复核：YYY　　　日期：20××年×月×日
项目名称：固定资产审定表

项目名称	期末未审数	账项调整		重分类调整		期末审定数	上期末审定数
		借方	贷方	借方	贷方		
一、原价合计							
其中：房屋、建筑物							
机器设备							
运输工具							
办公设备							
二、累计折旧合计							
其中：房屋、建筑物							
机器设备							
运输工具							
办公设备							
三、固定资产减值准备合计							
其中：房屋、建筑物							

续表

项目名称	期末未审数	账项调整		重分类调整		期末审定数	上期末审定数
		借方	贷方	借方	贷方		
机器设备							
运输工具							
办公设备							
四、固定资产账面价值合计							
其中：房屋、建筑物							
机器设备							
运输工具							
办公设备							

审计结论：

表 2-125 　　　　　　　　固定资产、累计折旧及减值准备明细表

被审计单位：A 公司	编制：XXX	日期：20××年×月××日	索引号：Z02
期间/截止日：20××年××月××日	复核：YYY	日期：20××年×月×日	
项目名称：固定资产、累计折旧及减值准备明细表			

项目名称	期初余额	本期增加	本期减少	期末余额	备　注
一、原价合计					
其中：房屋、建筑物					
机器设备					
运输工具					
办公设备					
二、累计折旧合计					
其中：房屋、建筑物					
机器设备					
运输工具					
办公设备					
三、固定资产减值准备合计					
其中：房屋、建筑物					
机器设备					

续表

项目名称	期初余额	本期增加	本期减少	期末余额	备　注
运输工具					
办公设备					
四、固定资产账面价值合计					
其中：房屋、建筑物					
机器设备					
运输工具					
办公设备					

编制说明：备注栏可填列固定资产的使用年限、剩余使用年限、残值率和年折旧率等情况。

审计说明：

表 2-126　　　　　　　　　　固定资产盘点检查情况表

被审计单位：A 公司　　　　　　　　编制：XXX　　　　日期：20××年×月××日　　　索引号：Z03
期间/截止日：20××年××月××日　　复核：YYY　　　　日期：20××年×月××日
项目名称：固定资产盘点检查情况表

序号	名称	规格型号	计量单位	单价	账面结存		被审计单位盘点			实际检查			备注
					数量	金额	数量	金额	盈亏(+、-)	数量	金额	盈亏(+、-)	

检查时间：　　　　　　检查地点：　　　　　　检查人：　　　　　盘点检查比例：

审计说明：

表 2-127　　　　　　　　　固定资产增加检查表

被审计单位：A公司　　　　　　　　　　编制：XXX　　　日期：20××年×月××日　　　索引号：Z04

期间/截止日：20××年××月××日　　　复核：YYY　　　日期：20××年×月××日

项目名称：固定资产增加检查表

固定资产名称	取得日期	取得方式	固定资产类别	增加情况		入账时间	凭证号	核对内容（用"√"、"×"表示）							
				数量	原价			1	2	3	4	5	6	7	8

核对内容说明：1. 与发票是否一致；2. 与付款单据是否一致；3. 与购买/建造合同是否一致；4. 与验收报告或评估报告等是否一致；5. 审批手续是否齐全；6. 与在建工程转出数是否一致；7. 会计处理是否正确（入账日期和入账金额）；8……

审计说明：

表 2-128　　　　　　　　　折旧计算检查表

被审计单位：A公司　　　　　　　　　　编制：XXX　　　日期：20××年×月××日　　　索引号：Z07

期间/截止日：20××年××月××日　　　复核：YYY　　　日期：20××年×月××日

项目名称：折旧计算检查表

固定资产名称	取得时间	使用年限	固定资产原值	残值率	累计折旧	累计折旧期初余额	减值准备期初余额	本期应提折旧	本期已提折旧	差异

审计说明：

图 2-54 进一步反映了编制审计工作底稿的工作步骤及底稿之间的相互关系。

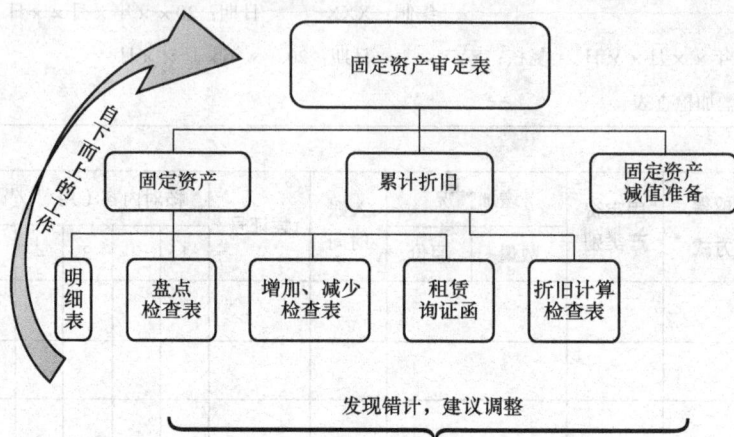

图 2-54　固定资产实质性程序工作底稿

1. 编制审计工作底稿

参照固定资产审计工作底稿的格式，按照审计工作底稿编制指南，实质性程序工作底稿的要素包括以下内容。

（1）被审计单位名称，即会计报表的编报单位。若会计报表编报单位为某一集团的下属公司，则应同时写明下属公司的名称。

（2）审计项目名称，即某一会计报表项目名称或某一审计程序及实施对象的名称。如具体审计项目是某一分类会计科目，则应同时写明该分类会计科目。

（3）审计项目时点或期间，指某一资产负债类项目的报告时点或某一损益类项目的报告期间。

（4）审计过程记录，即注册会计师的审计轨迹与专业判断的记录。注册会计师应将其实施审计而达到审计目标的过程记录在审计工作底稿中。

（5）审计结论，即注册会计师通过实施必要的审计程序后，对某一审计事项所做的专业判断。就控制测试而言，审计结论是指注册会计师对被审计单位内部控制制度执行情况的满意程度以及是否可以信赖；就实质性测试而言，审计结论是指注册会计师对某一审计事项的余额或发生额的确认情况。

（6）审计标识及其说明。如果使用审计标识，应前后一致，且做出标识说明，如下所示。

∧：纵加核对　　　＜：横加核对　　　　B：与上年结转数核对一致

T：与原始凭证核对一致　　G：与总分类账核对一致　　　S：与明细账核对一致

T/B：与试算平衡表核对一致　　C：已发询证函　　　C\：已收回询证函

（7）索引号及编号。注册会计师为整理利用审计工作底稿，将具有同一性质或反映同一具体审计事项的审计工作底稿分别归类，形成相互联系、相互控制所作的特定编号即为索引号，参见表 2-121；页次是在同一索引号下不同的审计工作底稿的顺序编号。

（8）编制者姓名及编制日期。注册会计师必须在其编制的审计工作底稿上签名和签署日期。

（9）复核者姓名及复核日期。注册会计师必须在其复核过的审计工作底稿上签名和签署日期。

（10）其他应说明事项，即注册会计师根据其专业判断，认为应在审计工作底稿中予以记录的其他相关事项。

如图 2-55 所示，以固定资产审计为例，助理审计人员在完成相关审计任务时，应该牢记下面的工作步骤，按照具体项目审计工作底稿的要素内容，完成审计工作底稿的编制工作，并交复核人复核。

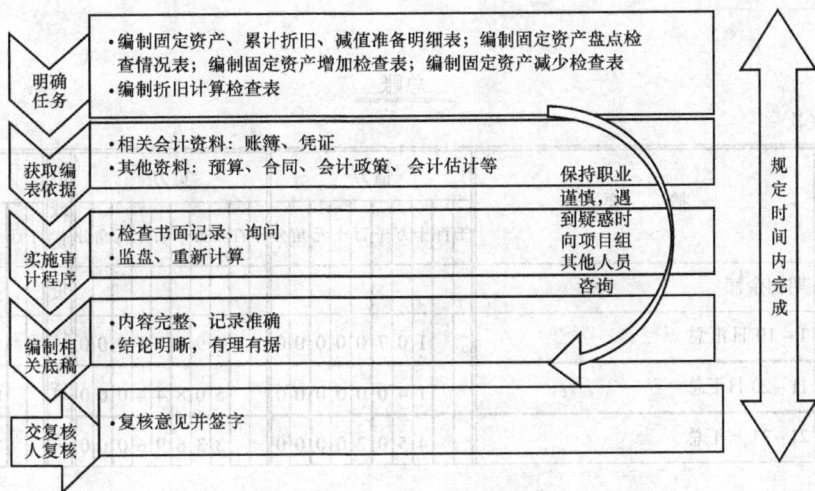

图 2-55 编制固定资产审计工作底稿流程

请注意

编制审计工作底稿时如何确定账项调整和重分类调整，对于助理审计人员是工作的难点，如果不能做好这项记录，就不能算作完整地完成了某项目审查和工作底稿的编制任务。

• 账项调整：是指财务报表审计中，注册会计师通过实质性程序发现被审计单位会计处理不符合会计准则、企业会计制度的要求，形成对具体项目的多计或少计时，需提出审计账项调整的建议，如图 2-56 所示。通过编制审计调整分录，逐笔记录已发现的错报，并在审计完成时进行汇总。

• 账项调整分录：包括调整项目名称、调整增减方向、调整增减金额三要素。调整分录中用借、贷表示审计建议调整错计项目调整增减的方向；用会计科目名称表示建议调整的错计项目；调整分录中的金额，是审计发现的错计金额，就是建议改正的金额。

• 重分类调整：是指账务处理没有错误，总账、明细账的发生额或余额符合实际，只是在报表列示上不符合报表编报要求。审计编制重分类调整分录，建议调表但不需要调账。

• 重分类调整分录：与账项调整分录的形式相同。区别在于按报表编报要求，确定应增减项目名称、方向、金额即可。

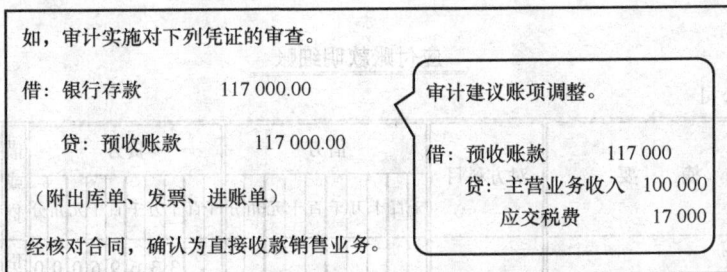

图 2-56 账项调整

客户单位应付账款总账、明细账资料见表 2-129 到表 2-135，发生额、余额未发现错计，不需要进行账项调整。

表 2-129

总账

会计科目：应付账款   第 3 页

20×1年 月	日	记账凭证号数	摘要	借方	贷方	借或贷	余额
12	1		期初余额			贷	5 360 000.00
	10	34	1～10 日汇总	1 070 000.00	927 500.00	贷	5 217 500.00
	20	35	11～20 日汇总	1 400 000.00	508 440.00	贷	4 325 940.00
	31	36	21～31 日汇总	4 502 000.00	336 960.00	贷	160 900.00

表 2-130

应付账款明细账

明细科目：上海五金公司   第   页

20×1年 月	日	记账凭证号数	摘要	对方科目	借方	贷方	借或贷	余额
12	1		期初余额				贷	100 000.00
	18	55	购货			508 440.00	贷	608 440.00

表 2-131

应付账款明细账

明细科目：广州科技公司   第   页

20×1年 月	日	记账凭证号数	摘要	对方科目	借方	贷方	借或贷	余额
12	1		期初余额				贷	4 360 000.00
	2	5	结算货款		1 070 000.00		贷	3 290 000.00

表 2-132

应付账款明细账

明细科目：北京重汽公司   第   页

20×1年 月	日	记账凭证号数	摘要	对方科目	借方	贷方	借或贷	余额
12	22	70	购货			336 960.00	贷	336 960.00

表 2-133 　　　　　　　　　应付账款明细账

明细科目：沈阳机械厂 　　　　　　　　　　　　　　　　　　　　　　　　　第　页

20×1年 月	日	记账凭证号数	摘　要	对方科目	借方 千百十万千百十元角分	贷方 千百十万千百十元角分	借或贷	余额 千百十万千百十元角分
12	8	26	购货			9 2 7 5 0 0 0 0	贷	9 2 7 5 0 0 0 0

表 2-134 　　　　　　　　　应付账款明细账

明细科目：南京五金公司 　　　　　　　　　　　　　　　　　　　　　　　第　页

20×1年 月	日	记账凭证号数	摘　要	对方科目	借方 千百十万千百十元角分	贷方 千百十万千百十元角分	借或贷	余额 千百十万千百十元角分
12	12	40	预付货款		1 4 0 0 0 0 0 0		借	1 4 0 0 0 0 0 0

表 2-135 　　　　　　　　　应付账款明细账

明细科目：长沙造纸厂 　　　　　　　　　　　　　　　　　　　　　　　　　第　页

20×1年 月	日	记账凭证号数	摘　要	对方科目	借方 千百十万千百十元角分	贷方 千百十万千百十元角分	借或贷	余额 千百十万千百十元角分
12	30	238	预付货款		4 5 0 2 0 0 0 0		借	4 5 0 2 0 0 0 0

任务完成：

（1）请分析应付账款明细账户余额，与表 2-136 资产负债表相关项目金额核对。报表应付账款 776 950.00 元符合实际吗？

表 2-136 　　　　　　　　　资产负债表（部分）

单位名称：北京长城机械厂 　　　　　　20×1 年 12 月 31 日 　　　　　　　　　单位：元

资　　产	年初数	期末数	负债及所有者权益	年初数	期末数
流动资产：			流动负债：		
货币资金	121 769.36	2 121 432.38	短期借款	600 000.00	300 000.00
短期投资	150 000.00	150 000.00	应付票据	52 499.00	
应收票据		591 000.00	应付账款	769 827.00	776 950.00
应收账款	342 000.00	1 165 792.50	预收账款		
预付账款			其他应付款	20 900.00	80 900.00

（2）不需要调整账簿记录，写出重分类调整分录。

你作为山东商苑商城有限责任公司审计项目助理审计人员，按照项目负责人要求，完成管理费用检查表的编制任务。

第一步，获取管理费用需抽查的凭证见表 2-137 到表 2-140（仅附 1 笔业务，其他略）。

第二步，实施检查。

表 2-137

记账凭证

2011 年 12 月 14 日　　　　　　　　　　　　　　　　转字第 54 号

根据所附原始凭证，业务的实质是预付款购买加油卡。根据加油站开具的收据，不能确认为本期的费用

摘　要	会计科目	明细科目	√	借方金额										√	贷方金额										附单据3张
				千	百	十	万	千	百	十	元	角	分		千	百	十	万	千	百	十	元	角	分	
报销加油费	管理费用	办公费	√			2	0	0	0	0	0	0	0												
	银行存款													√			2	0	0	0	0	0	0	0	
合　计						2	0	0	0	0	0	0	0				2	0	0	0	0	0	0	0	

财务主管：王海　　　记账：周丽　　　出纳：李丽　　　审核：　　　制单：周莉

表 2-138

转账支票存根

转账支票　　No：02123

2011 年 12 月 14 日

收款单位：中石油济南分公司

金　额：¥ 20 000.00

用　途：加油卡

会计主管：王海　　出纳：李丽

表 2-139

山东商苑商城有限责任公司付款通知单

2011 年 12 月 14 日

付款事由	加油卡充值		合同号：	
收款人	中国石油山东济南销售公司			
开户行、账号：				
支付金额（大写）	贰万元整	¥ 20 000.00	部门负责人：齐大力	
支付方式	□现金　☑转账支票　　□银行汇票　　□电汇		公司负责人：王胜利	
备　注			账务负责人：王海	

出纳：李丽　　　　　　　　　经手人：赵康

表 2-140　　　　　　　　　　收款收据　　　　　　　№ **00121578**

交款人：山东商苑商城有限公司　　　　　　　　　　　　　　2011 年 12 月 14 日

项　目	单　位	数　量	单　价	金　额									备　注
				百	万	千	百	十	元	角	分	
加油卡充值					2	0	0	0	0	0	0	
金额（大写）贰万元整				¥	2	0	0	0	0	0	0	

第二联：记账联

开票人：刘毅　　　　　　　　收款人：吴军　　　　　　　　单位签章：

第三步，编制工作底稿，见表 2-141。

表 2-141　　　　　　　　　　管理费用检查情况表

被审计单位：山东商苑商城有限公司　　　　　编制：卫华　　　日期：2012-1-18

期间/截止日：2011 年度　　　　　　　　　　审核：　　　　　日期：

项目名称：管理费用检查情况表　　　　　　　　　　　　　　索引号：SE3

记账日期	凭证编号	业务内容	借方科目	贷方科目	金额	附　件	核对内容（用"√"、"×"表示）					备注
							1	2	3	4	5	
12月14日	54	报销加油费	管理费用	银行存款	20 000.00	费用报销单、收据、支票存根	√	×	×	√		

核对内容说明：1. 原始凭证是否齐全；2. 记账凭证与原始凭证是否相符；3. 账务处理是否正确；4. 是否记录于恰当的会计期间；5. ……

审计说明：经核实购卡预付加油费，取得收据。建议调整：

　　　　　借：预付账款　　　20 000.00
　　　　　　贷：管理费用　　　20 000.00

> **注意**　各要素内容的填写，保证做到：内容完整、手续齐全、说明清楚、结论准确。

第四步，交指定的复核人复核、签字。

2. 整理审计工作底稿

按照审计档案管理要求，由项目组负责对审计工作底稿进行整理，建立档案目录，检查审计工作底稿的完整性。按照不同形式对底稿进行分类、打印、装订成册并办理移交存档；以电子形式存储的工作底稿，整理文件夹办理移交存档。事务所指定专人负责归档后的审计工作底稿的保管、借阅、销毁等工作。

（1）归档前项目组应注意的事项。项目审计结束，自审计报告之日起 60 天内，项目组负责整理审计工作底稿并归档。在归档期间注册会计师可以对审计工作底稿做出下列事务性变动。

① 删除或废弃被取代的审计工作底稿；

② 对审计工作底稿进行分类、整理和交叉索引；

③ 对审计档案归整工作的完成核对表签字认可；

④ 记录在审计报告日前获取的、与审计项目组相关成员进行讨论并取得一致意见的审计证据。

（2）归档后修改或增加审计工作底稿时的记录要求。在完成最终审计档案的归整工作后，如果发现有必要修改现有审计工作底稿或增加新的审计工作底稿，无论修改或增加的性质如何，注册会计师均应当记录下列事项。

① 修改或增加审计工作底稿的时间和人员，以及复核的时间和人员；

② 修改或增加审计工作底稿的具体理由；

③ 修改或增加审计工作底稿对审计结论产生的影响。

> **请注意**　审计工作底稿的保存期限，自审计报告之日起至少 10 年。任何人不得在规定的保存期届满前删除或废弃审计工作底稿。

> **身临其境**　项目组对山东商苑商城有限责任公司财务报表审计报告后 60 天内，你负责整理审计工作底稿并归档。列出业务工作底稿目录（选择必要工作程序，财务报表项目根据报表设计即可）。

特别提示

（1）重点关注的网站及相关栏目：中国注册会计师网站 http://www.cicpa.org.cn/相关栏目。

（2）牢记的关键术语：审计工作底稿、永久性档案的具体项目种类、当期档案的具体项目种类、账项调整、重分类调整、实质性程序工作底稿的要素、审计工作底稿的编制整理要求。

（3）相关的审计准则：《中国注册会计师审计准则第 1131 号——审计工作底稿》、《中国注册会计师审计准则第 1121 号——对财务报表审计实施的质量控制》、中国注册会计师协会编《财务报表审计工作底稿编制指南》（上下册）、中国注册会计师协会组织编《小型企业财务报表审计工作底稿编制指南》（适用于执行企业会计制度的小型企业）。

任务训练

1. 编制主营业务收入明细表。

（1）任务背景资料：获取山东商苑商城有限责任公司 20×1 年度主营业务收入明细账、总账及上年已审计相关账簿记录，如表 2-142 所示。

表 2-142　　　　　　　　　主营业务收入账簿记录

月　份	主营业务收入明细项目			
	百货组	个人护理组	食品组	酒水奶品组
1	20 486.40	2 762.70	11 789.90	5 671.10
2	67 718.20	25 294.00	16 778.90	68 084.50
3	71 576.80	26 671.40	11 589.20	66 953.60
4	63 175.80	27 401.90	13 849.40	66 047.20
5	64 284.40	27 545.40	13 760.10	66 110.60
6	57 807.80	23 803.10	13 015.70	73 553.10
7	67 059.90	28 518.50	24 223.80	70 824.00
8	61 819.90	22 627.10	12 425.70	65 823.80
9	64 365.90	27 223.50	11 434.70	69 538.70
10	66 387.70	28 980.30	13 037.30	65 662.20
11	42 025.40	23 920.20	19 853.10	65 595.70
12	64 513.20	21 059.60	16 479.70	58 681.90
合　计	711 221.40	285 807.70	178 237.50	742 546.40
总　账	1 917 813.00			
上　年	656 315.40	254 899.70	49 227.50	712 221.40

（2）任务实施：编制主营业务收入明细表，完成表 2-143。

表 2-143　　　　　　　　　主营业务收入明细表

被审计单位：　　　　　　编制：　　　　　　日期：　　　　索引号：SA2
时间/时点：　　　　　　复核：　　　　　　日期：
项目名称：主营业务收入明细表

月　份	主营业务收入明细项目				
	合　计				
1					
2					
3					
4					
5					
6					
7					
8					
9					
10					
11					

续表

月　份	主营业务收入明细项目				
	合　计				
12					
合计					
上期数					
变动额					
变动比例					

审计说明：

2. 编制主营业务收入检查情况表。

（1）任务背景资料：抽查山东商苑商城有限责任公司 20×1 年 12 月 22 日销售记录，见表 2-144 至表 2-146。

表 2-144　　　　　　　　　　　　　记账凭证

20×1 年 12 月 22 日　　　　　　　　记字第 45 号

摘　要	会 计 科 目	明 细 科 目	√	借方金额	√	贷方金额	
				千百十万千百十元角分		千百十万千百十元角分	
销货款存入银行	银行存款			1 6 7 5 9 0 1 0			1. 银行存款漏计银联卡销售 6 320.50 元；2. 酒水组收入少计 6 320.50 元；3. 应交税费正确
	主营业务收入	百货组				5 1 6 4 0 9 4	
		个人护理组				2 7 2 5 9 6 6	
		食品组				1 4 0 4 5 5 6	
		酒水奶品组				4 9 3 7 4 8 8	
	应交税费	应交增值税（销项税额）				2 5 2 6 9 0 6	
合　计				1 6 7 5 9 0 1 0		1 6 7 5 9 0 1 0	

财务主管：王海　　　记账：李静　　　出纳：李丽　　　审核：　　　制单：李静

附单据 9 张

表 2-145　　　　　　　　　　　　1 楼款台销售日报表

日期	1 楼款台（购销）							
	百货组	个人护理组	食品组	酒水奶品组	合计	实交	长款	短款
22	60 419.90	31 893.80	16 433.30	65 163.60	173 910.60	173 910.60		

表 2-146　　　　　　　　　　　内部交款单

20×1 年 12 月 22 日

收银台：1 楼款台（百货组、个人护理组、食品组、酒水奶品组）

交款方式	实交金额	实销金额	长　款	短　款	备　注
现金	167 590.10				
银联卡	6 320.50				
合计	173 910.60				
合计（大写）：拾柒万叁仟玖佰壹拾元陆角			￥173 910.60		

现金收讫

出纳：李丽　　　　　　　　　商品会计：李静

附现金缴款单、银联卡收账通知、柜组销货汇总表（略）。

（2）任务实施：编制主营业务收入检查情况表，完成表 2-147。

表 2-147　　　　　　　　　主营业务收入检查情况表

被审计单位：　　　　　　　　编制：　　　　日期：　　　　　　　　索引号：SA9

时期/时点：　　　　　　　　复核：　　　　日期：

项目名称：主营业务收入检查情况表

记账日期	凭证编号	业务内容	借方科目	贷方科目	金额	附件	核对内容（用"√"、"×"表示）					备注
							1	2	3	4	5	

核对内容说明：

1. 原始凭证是否齐全；2. 记账凭证与原始凭证是否相符；3. 账务处理是否正确；4. 是否记录于恰当的会计期间；5. ……

审计说明：

项目三
综合案例资料——对小型
企业进行审计

山东爱家科技开发有限公司是一家在山东省工商行政管理局注册的企业。随着市场竞争的日趋激烈，企业自身的生产条件越来越难以适应市场要求，董事会讨论决定更新现有生产设备，以满足客户需求并谋求企业进一步发展。新设备需要的资金量大，除企业现有资金外，还需要从银行贷款，该企业已与中信银行济南支行达成贷款意向。按照中信银行贷款管理要求，签订贷款合同发放贷款前，必须取得会计师事务所对客户财务报表审计的报告，作为贷款评估的依据。

请注意，我们暂不关心企业目前的财务状况和经营成果及其预期如何，也不考虑企业最终能否贷到款、贷多少款，以及以什么条件贷款——这些是银行信用评估机构的工作。我们现在站在审计的立场上，根据以下资料，来身临其境感受审计工作过程，了解和掌握与审计相关的重要概念，并进一步以审计的身份亲自完成其中的一些工作任务，从中尝试如何做审计和训练审计职业能力。

任务一 | 了解被审计单位及历史财务信息

一、被审计单位基本情况

1．企业性质、经营范围、组织机构情况

企业全称：山东爱家科技开发有限公司。

法定代表人：张泽。

企业类型：私营有限责任公司。

注册资本：50 万元。

投资者名称及出资金额、比例，见表 3-1。

表 3-1　　　　　　　　　　　　投资者名称及出资金额、比例

投资者名称	注册资本		实收资本	
	金额（万元）	出资比例（%）	金额（万元）	占注册资本（%）
张泽	20	40	20	40
济南市泰康粮油加工厂	15	30	15	30
刘毅和	15	30	15	30
合计	50	100	50	100

该企业为小规模纳税人。

税务登记号：370112733690588。

基本存款户：中国农业银行济南东风支行，账号为 34615133101040002897。

税务专户：济南市历城区农村信用合作联社华山信用社，账号为 90102140030100131434。

地址：济南市将军路 170 号。

电话：053181238875。

营业范围：该公司自 2005 年 5 月 28 日批准设立以来，主营业务是接受面粉厂委托，对磨辊进行加工、修理。图 3-1 和图 3-2 所示分别为各种规格的磨辊和主要加工设备拉丝机及生产环境。

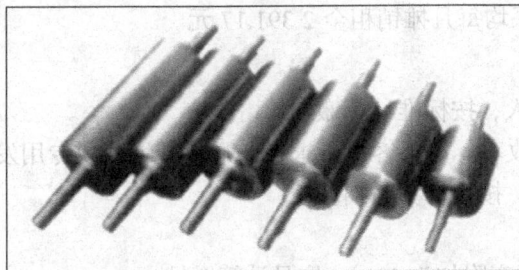

图 3-1　磨辊

图 3-2　拉丝机

单位负责人（总经理）：王美。

会计：李冰，主要负责原始凭证、记账凭证的审核，负责科目汇总表的编制，负责总账、各种明细账的登记，负责期末转账业务记账凭证的编制，负责资产负债表、利润表的编制，负责纳

税申报表的编制、申报及领导交办的其他工作。

出纳：徐晋，主要负责办理各项收付款业务并编制记账凭证，负责收据、发票、支票等单据的保管并办理相关业务，负责编制工资表，负责办理银行结算业务，负责银行存款、库存现金日记账的登记，负责与银行对账及领导交办的其他工作。

公司共有员工 11 人，除会计、出纳、车间主任杨阳、业务员赵敏外，其他人员为车间生产工人，并分工兼任保管或其他工作。

2010 年度、2011 年度，公司被山东省工商局授予"重合同守信用企业"称号。

2. 企业重要交易类型及业务流程

（1）根据客户对加工、修理磨辊的技术、时间要求，在确定加工费及付款方式的基础上，授权业务员与客户签订加工修理合同；客户将需加工修理的磨辊送至车间，由车间主任签收后，安排工人在规定时间内按技术要求完成加工任务。加工过程耗用的主要材料为金钢砂及机油、配件等，加工完毕技术检测合格后，用专门的包装纸予以包装，待客户提货时由车间主任在备查簿上登记已发出的磨辊并通知出纳收款。

（2）车间及办公用房都是租赁的，没有专门的仓库。加工过程耗用的主要材料金钢砂一次购入可使用 2~3 个月，直接存放在车间，由车间主任在购入材料的发票上签字以示验收，没有入库单，加工过程中随用随拿，不需办任何领用手续。加工过程耗用的机油、配件，体积小，好存放，指定专人兼职验收、保管、发出并办理出入库手续。专用包装纸，一次购买可供使用半年以上，有验收、保管手续。所有材料未规定明确的盘点制度。公司自成立以来，未组织过各项资产的盘点工作。

（3）对售出的磨辊，由车间主任通知出纳根据客户要求开具普通发票或请税务局代开增值税专用发票并办理收款，现金收款的，在发票上加盖"现金收讫"章。

（4）公司发生的费用支出，一律由经手人填制费用报销单，经批准后，由出纳办理付款。

3. 企业会计准则、主要会计政策的选择使用

（1）执行《小企业会计准则》的规定。

（2）外购存货按照实际成本计价，领用和期末存货按照先进先出法计价。

（3）企业规模较小且都是常年老客户，基本不发生坏账，对应收账款不计提坏账准备。

（4）固定资产折旧采用年限平均法，折旧年限的估计符合政策规定，月折旧率约为 0.857%。

（5）20×1 年 8 月 1 日预付一年的房屋租金，平均每月摊销租金 2 391.17 元。

4. 相关税费的计算与缴纳

（1）根据职工个人意愿申请社会保险人数为 2 人，按标准计算缴纳。

（2）增值税：工业小规模纳税人，适用 3%征收率。如果客户要求税务局代开增值税专用发票，则按规定在开票前预交税款。开具普通发票的，按月计算缴纳。

（3）城建税：适用 7%税率，按月计算缴纳。

（4）教育费附加：适用 4%费率（其中，地方教育附加为 1%），按月计算缴纳。

（5）企业所得税采用核定征收，享受优惠税率，计算方法如下。

$$应纳税所得额 = 收入总额 \times 7\%$$

$$应纳所得税额 = 应纳税所得额 \times 18\%$$

企业所得税按季预缴，每季度终了后次月 15 日内缴纳，年终按规定办理汇算清缴。

（6）个人所得税按规定计算代扣代缴。

5．工资和利润分配政策

（1）工资按企业规定标准执行，缴纳五险，不缴纳住房公积金。

（2）年终按全年净利润的 10% 提取法定盈余公积。

（3）向投资者分配利润方案每年由董事会决定。

6．企业账簿体系设置及会计核算程序

（1）账簿种类：总账，库存现金、银行存款日记账，各种明细账（三栏式、多栏式、数量金额式）。各账簿截至 12 月末发生的业务记录及结果详见后附的账簿类资料。

（2）会计核算程序：每日发生的经济业务，根据审核无误的记账凭证及所附原始凭证登记日记账和各种明细账；每月末将本月发生的经济业务汇总编制科目汇总表登记总账。

7．企业主要会计业务种类及其账务处理

（1）加工磨辊完成开具发票收款。

借：库存现金（银行存款、应收账款）

　　贷：主营业务收入

　　　　应交税费——应交增值税（销售额 × 3%）

（2）申请代开增值税专用发票前以税务专户预交增值税。

借：应交税费——应交增值税

　　贷：银行存款——税务专户

注：① 本月代开发票业务预交增值税后，"应交税费——应交增值税"的账户月末余额，反映本月未交的增值税，下月初按规定缴纳；

　　② 计算本月应交城建税、教育费附加时，以"应交税费——应交增值税"账户本月贷方发生额为依据。

（3）采购主要材料"金刚砂"。

借：主营业务成本

　　贷：银行存款（预付账款）

注：① 企业没有专门仓库存储该材料，在材料到达时直接存放在车间，随用随拿，方便使用，简化核算。但一次计入加工磨辊成本会造成材料验收期主营业务成本过高，不合理，应至少在年末应进行一次材料清查，办理"假退料"手续。

　　② 加工磨辊周期短，直接将各项耗费计入"主营业务成本"，未划分成本和费用界限，虽然对利润总额没有影响，但不符合会计准则要求。

（4）报销各项支出。

借：主营业务成本（管理费用）

　　贷：库存现金（银行存款）

注：大量使用现金结算，单位与单位之间大额结算，也主要使用现金，不符合现金管理制度的规定。

被审计企业历史财务信息如下。

山东爱家科技开发有限公司会计资料目录如表 3-2 所示，具体资料附后。

表 3-2 山东爱家科技开发有限公司会计资料目录

序 号	资料名称	序 号	资料名称
第一部分	财务报表类	第四部分	账簿类
1	12月31日资产负债表	1	总账
2	12月份利润表	2	日记账
第二部分	纳税申报表类	3	明细账
1	12月份增值税纳税申报表	第五部分	凭证类
2	12月份附加税（费）纳税申报表	1	12月份科目汇总表
第三部分	与银行对账类	2	12月份记账凭证
1	12月份银行对账单	3	12月份原始凭证
2	12份银行存款余额调节表		

二、财务报表

（1）资产负债表，如表3-3所示。

表 3-3 资产负债表

纳税人识别号：370112733690588
报表所属期：20×1年12月31日
编制单位：山东爱家科技开发有限公司

会小企01表
单位：元

资产	行次	期末余额	年初余额	负债和所有者权益（或股东权益）	行次	期末余额	年初余额
流动资产：				流动负债：			
货币资金	1	70 709.29	13 432.29	短期借款	31		
短期投资	2			应付票据	32		
应收票据	3			应付账款	33		
应收账款	4	182 636.00	206 086.00	预收账款	34		
预付账款	5	17 039.54	32 430.71	应付职工薪酬	35	31 853.40	4 028.90
应收股利	6			应交税费	36	1 965.04	376.91
应收利息	7			应付利息	37		
其他应收款	8	40 096.79	32 096.79	应付利润	38		103 000.00
存货	9	48 886.86	46 377.97	其他应付款	39	24 613.27	17 367.89
其中：原材料	10	48 886.86	46 377.97	其他流动负债	40		
在产品	11			流动负债合计	41	58 431.71	124 773.70
库存商品	12			非流动负债：			
周转材料	13			长期借款	42		
其他流动资产	14			长期应付款	43		
流动资产合计	15	359 368.48	375 941.65	递延收益	44		

续表

资　产	行次	期末余额	年初余额	负债和所有者权益（或股东权益）	行次	期末余额	年初余额
非流动资产：				其他非流动负债	45		
长期债券投资	16			非流动负债合计	46		
长期股权投资	17			负债合计	47	58 431.71	124 773.70
固定资产原价	18	534 216.00	534 216.00				
减：累计折旧	19	334 085.60	279 167.36				
固定资产账面价值	20	200 130.40	255 048.64				
在建工程	21						
工程物资	22						
固定资产清理	23						
生产性生物资产	24			所有者权益（或股东权益）：			
无形资产	25			实收资本（或股本）	48	500 000.00	500 000.00
开发支出	26			资本公积	49		
长期待摊费用	27			盈余公积	50	2 435.10	2 435.10
其他非流动资产	28			未分配利润	51	−1 367.93	3 781.49
非流动资产合计	29	20 0 130.40	255 048.64	所有者权益（或股东权益）合计	52	501 067.17	506 216.59
资产总计	67	559 498.88	630 990.29	负债和所有者权益（或股东权益）总计	53	559 498.88	630 990.29

单位负责人：张泽　　财务负责人：王美　　审核：王美　　制表：李冰

（2）利润表，如表3-4所示。

表3-4　　　　　　　　　　利润表

纳税人识别号：370112733690588

报表所属期：2011年12月　　　　　　　　　　　　　　　　会小企02表

编制单位：山东爱家科技开发有限公司　　　　　　　　　　单位：元

项　目	行次	本年累计金额	上年金额
一、营业收入	1	425 634.36	
减：营业成本	2	378 320.70	
营业税金及附加	3	2 687.90	
其中：消费税	4		
营业税	5		
城市维护建设税	6	1 710.48	

续表

项　　目	行次	本年累计金额	上年金额
资源税	7		
土地增值税	8		
城镇土地使用税、房产税、车船税、印花税	9		
教育费附加、矿产资源补偿费、排污费	10	977.42	
销售费用	11		
其中：商品维修费	12		
广告费和业务宣传费	13		
管理费用	14	45 426.40	
其中：开办费	15		
业务招待费	16	4 304.00	
研究费用	17		
财务费用	18	-294.52	
其中：利息费用（收入以"-"号填列）	19	-409.52	
加：投资收益（损失以"-"号填列）	20		
二、营业利润（亏损以"-"号填列）	21	-506.12	
加：营业外收入	22		
其中：政府补助	23		
减：营业外支出	24		
其中：坏账损失	25		
无法收回的长期债券投资损失	26		
无法收回的长期股权投资损失	27		
自然灾害等不可抗力因素造成的损失	28		
税收滞纳金	29		
三、利润总额（亏损以"-"号填列）	30	-506.12	
减：所得税费用	31	5 362.99	
四、净利润（净亏损以"-"号填列）	32	-5 869.11	

单位负责人：张泮　　　财务负责人：王姜　　　审核：王姜　　　制表：李冰

三、纳税申报表

（1）增值税纳税申报表，如表3-5所示。

表3-5　　　　　　增值税纳税申报表（适用小规模纳税人）

纳税人识别号：　3 7 0 1 1 2 7 3 3 6 9 0 5 8 8

纳税人名称（公章）：山东爱家科技开发有限公司　　金额单位：元（列至角分）

税款所属期：20×　年 12 月 01 日至 20×1 年 12 月 31 日　　填表日期：20×2 年 1 月 3 日

	项　　目	栏　次	本月数	本年累计
一、计税依据	（一）应征增值税货物及劳务，不含税销售额	1	36 747.56	略
	其中：税务机关代开的增值税专用发票，不含税销售额	2	20 582.52	
	税控器具开具的普通发票，不含税销售额	3	16 165.04	
	（二）销售使用过的应税固定资产，不含税销售额	4		
	其中：税控器具开具的普通发票，不含税销售额	5		
	（三）免税货物及劳务销售额	6		
	其中：税控器具开具的普通发票销售额	7		
	（四）出口免税货物销售额	8		
	其中：税控器具开具的普通发票销售额	9		
二、税款计算	本期应纳税额	10	1 102.44	
	本期应纳税额减征额	11		
	应纳税额合计	12=10-11	1 102.44	
	本期预缴税额	13	617.48	—
	本期应补（退）税额	14=12-13	484.96	—

纳税人或代理人声明：此纳税申报表是根据国家税收法律的规定填报的，我确定它是真实的、可靠的、完整的	如纳税人填报，由纳税人填写以下各栏：	
	办税人员（签章）：李冰	财务负责人（签章）：王美
	法定代表人（签章）：张萍	联系电话：81238875
	如委托代理人填报，由代理人填写以下各栏：	
	代理人名称：	经办人（签章）：
		联系电话：
	代理人（公章）：	

受理人：　　　　　受理日期：　　年　月　日　　　受理税务机关（签章）：

注：本表为A3竖式一式三份，一份纳税人留存，一份主管税务机关留存，一份征收部门留存。

（2）附加税（费）纳税申报表，如表3-6所示。

表3-6　　　　　　　　　　　　附加税（费）纳税申报表

纳税人识别号 3 7 0 1 1 2 7 3 3 6 9 0 5 8 8

纳税人名称：（公章）山东爱家科技开发有限公司

税款所属期：自20×1年12月01日至20×1年12月31日

填表日期：20×2年01月3日　　　　　　金额单位：元（列至角分）

计税依据（计征依据）		计税金额（计征金额）	税率（征收率）	本期应纳税额	本期已缴税额	本期应补（退）税额
		1	2	3＝1×2	4	5＝3－4
城市维护建设税	增值税	1 102.44	7%	77.17		77.17
	合计	1 102.44	—	77.17		77.17
教育费附加	增值税	1 102.44	3%	33.07		33.07
	合计	1 102.44	—	33.07	挈	33.07
地方教育附加	增值税	1 102.44	1%	11.03		11.03
	合计	1 102.44	—	11.03		11.03

纳税人或代理人声明：此纳税申报表是根据国家税收法律的规定填报的，我确信它是真实的、可靠的、完整的。	如纳税人填报，由纳税人填写以下各栏					
	经办人（签章）	李冰	会计主管（签章）	王美	法定代表人（签章）	张泽
	如委托代理人填报，由代理人填写以下各栏					
	代理人名称				代理人（公章）	
	经办人（签章）					
	联系电话					

以下由税务机关填写

受理人		受理日期		受理税务机关（签章）	

填表说明：

本表适用于城市维护建设税、教育费附加、地方教育附加纳税人填报。

四、与银行对账

（1）银行对账单，如表3-7和表3-8所示。

表3-7　　　　　　　　　　中国农业银行山东省分行对账单

户名：山东爱家科技开发有限公司

账号：34615133101040002897　　　币种：　　科目号：　　单位：

日　　期	摘　　要	凭证号	借方发生额	贷方发生额	借/贷	余　　额	序　号	附　注
	期初余额				贷	30 377.70		
20×1.11.30				11 000.00		41 377.70		
20×1.12.06			4 000.00			37 377.70		

续表

日 期	摘 要	凭证号	借方发生额	贷方发生额	借/贷	余 额	序 号	附 注
20×1.12.10			20 000.00			17 377.70		
20×1.12.15			4 000.00			13 377.70		
20×1.12.16				3 400.00		16 777.70		
20×1.12.20				88.37		16 866.07		
20×1.12.20				3 600.00		20 466.07		
20×1.12.24			2 000.00			18 466.07		
20×1.12.25				15 200.00		33 666.07		
20×1.12.26				8 700.00		42 366.07		

表 3-8　　　　　　　济南市历城区农村信用合作联社华山信用社对账单

户名：山东爱家科技开发有限公司

账号：90102140030100131434　　　　币种：　　　　科目号：　　　　单位：

日 期	摘 要	凭证号	借方发生额	贷方发生额	借/贷	余 额	序 号	附 注
20×1.12.01	期初余额				贷	1 082.37		
20×1.12.04	存入			600.00	贷	1 682.37		
20×1.12.04	划款交税		128.80		贷	1 553.57		
20×1.12.05	划款交税		320.39			1 233.18		
20×1.12.14	存入			1 200.00	贷	2 433.18		
20×1.12.14	划款交税		617.48		贷	1 815.70		
20×1.12.24	存入			1 500.00	贷	3 315.70		
20×1.12.31	期末余额				贷	3 315.70		

（2）银行存款余额调节表，如表 3-9 所示。

表 3-9　　　　　　　　　　银行存款余额调节表

20×1 年 12 月 31 日　　　　　　　账户 34615133101040002897

项 目	金 额	项 目	金 额
企业日记账余额	51 866.07	银行对账单余额	42 366.07
加：银行已收，企业未收		加：企业已收，银行未收	7 500.00
减：银行已付，企业未付	2 000.00	减：企业已付，银行未付	
调节后余额	49 866.07	调节后余额	49 866.07

制表：徐晋

五、账簿类——总账

（1）库存现金总账，如表 3-10 所示。

表 3-10　　　　　　　　　　　　　　总账

会计科目：库存现金　　　　　　　　　　　　　　　　　　　第 1 页

20×1年 月	日	记账凭证号数	摘要	借方	贷方	借或贷	余额
11	1		期初余额			借	1 336 90
	30	汇11	1—30日汇总	36 500 00	36 164 68	借	1 672 22
	30		本月合计	36 500 00	36 164 68	借	1 672 22
12	31	汇12	1—31日汇总	63 500 00	49 644 70	借	15 527 52
	31		本月合计	63 500 00	49 644 70	借	15 527 52
			结转下年				

（2）银行存款总账，如表 3-11 所示。

表 3-11　　　　　　　　　　　　　　总账

会计科目：银行存款　　　　　　　　　　　　　　　　　　　第 2 页

20×1年 月	日	记账凭证号数	摘要	借方	贷方	借或贷	余额
11	1		期初余额			借	55 524 17
	30	汇11	1—30日汇总	13 500 00	32 964 10	借	36 060 07
	30		本月合计	13 500 00	32 964 10	借	36 060 07
12	31	汇12	1—31日汇总	48 188 37	29 066 67	借	55 181 77
	31		本月合计	48 188 37	29 066 67	借	55 181 77
			结转下年				

（3）应收账款总账，如表 3-12 所示。

表 3-12　　　　　　　　　　　　　　总账

会计科目：应收账款　　　　　　　　　　　　　　　　　　　第 3 页

20×1年 月	日	记账凭证号数	摘要	借方	贷方	借或贷	余额
11	1		期初余额			借	181 386 00
	30	汇11	1—30日汇总	29 200 00		借	210 586 00
	30		本月合计	29 200 00		借	210 586 00
12	31	汇12	1—31日汇总	24 350 00	52 300 00	借	182 636 00
	31		本月合计	24 350 00	52 300 00	借	182 636 00
			结转下年				

（4）其他应收款总账，如表 3-13 所示。

表 3-13　　　　　　　　　　　　　　　　　　总账

会计科目：其他应收款　　　　　　　　　　　　　　　　　　　　　　第 4 页

20×1年		记账凭证号数	摘要	借方										贷方										借或贷	余额									
月	日			千	百	十	万	千	百	十	元	角	分	千	百	十	万	千	百	十	元	角	分		千	百	十	万	千	百	十	元	角	分
11	1		期初余额																					借			4	0	0	9	6	7	9
12	31		结转下年																														

（5）预付账款总账，如表 3-14 所示。

表 3-14　　　　　　　　　　　　　　　　　　总账

会计科目：预付账款　　　　　　　　　　　　　　　　　　　　　　第 5 页

20×1年		记账凭证号数	摘要	借方										贷方										借或贷	余额									
月	日			千	百	十	万	千	百	十	元	角	分	千	百	十	万	千	百	十	元	角	分		千	百	十	万	千	百	十	元	角	分
11	1		期初余额																					借				3	4	8	2	1	8	8
	30	汇11	1—30 日汇总																2	3	9	1	1	7	借				3	2	4	3	0	7	1
	30		本月合计																2	3	9	1	1	7	借				3	2	4	3	0	7	1
12	31	汇12	1—31 日汇总															1	5	3	9	1	1	7	借				1	7	0	3	9	5	4
	31		本月合计															1	5	3	9	1	1	7	借				1	7	0	3	9	5	4
			结转下年																															

（6）原材料总账，如表 3-15 所示。

表 3-15　　　　　　　　　　　　　　　　　　总账

会计科目：原材料　　　　　　　　　　　　　　　　　　　　　　第 6 页

20×1年		记账凭证号数	摘要	借方										贷方										借或贷	余额									
月	日			千	百	十	万	千	百	十	元	角	分	千	百	十	万	千	百	十	元	角	分		千	百	十	万	千	百	十	元	角	分
11	1		期初余额																					借				4	8	8	8	6	8	6
	30	汇11	1—30 日汇总				1	1	0	8	7	6	8				1	1	0	8	7	6	8	借				4	8	8	8	6	8	6
	30		本月合计				1	1	0	8	7	6	8				1	1	0	8	7	6	8	借				4	8	8	8	6	8	6
12	31	汇12	1—31 日汇总					6	5	8	0	0	0					6	5	8	0	0	0	借				4	8	8	8	6	8	6
	31		本月合计					6	5	8	0	0	0					6	5	8	0	0	0	借				4	8	8	8	6	8	6
			结转下年																															

（7）固定资产总账，如表3-16所示。

表3-16 　　　　　　　　　　　　总账

会计科目：固定资产　　　　　　　　　　　　　　　　　　第 7 页

20×1年		记账凭证号数	摘要	借方 (千百十万千百十元角分)	贷方 (千百十万千百十元角分)	借或贷	余额 (千百十万千百十元角分)
月	日						
1	1		上年结转			借	5 3 4 2 1 6 0 0
12	31		结转下年				

（8）累计折旧总账，如表3-17所示。

表3-17 　　　　　　　　　　　　总账

会计科目：累计折旧　　　　　　　　　　　　　　　　　　第 8 页

20×1年		记账凭证号数	摘要	借方 (千百十万千百十元角分)	贷方 (千百十万千百十元角分)	借或贷	余额 (千百十万千百十元角分)
月	日						
11	1		期初余额			贷	3 2 4 9 3 2 5 6
	30	汇11	1—30日汇总		4 5 7 6 5 2	贷	3 2 9 5 0 9 0 8
	30		本月合计		4 5 7 6 5 2	贷	3 2 9 5 0 9 0 8
12	31	汇12	1—31日汇总		4 5 7 6 5 2	贷	3 3 4 0 8 5 6 0
	31		本月合计		4 5 7 6 5 2	贷	3 3 4 0 8 5 6 0
			结转下年				

（9）应付职工薪酬总账，如表3-18所示。

表3-18 　　　　　　　　　　　　总账

会计科目：应付职工薪酬　　　　　　　　　　　　　　　　第 9 页

20×1年		记账凭证号数	摘要	借方 (千百十万千百十元角分)	贷方 (千百十万千百十元角分)	借或贷	余额 (千百十万千百十元角分)
月	日						
11	1		期初余额			贷	3 1 9 0 8 9 0
11	30	汇11	1—30日汇总	1 5 7 1 0 8 0	1 5 7 1 0 8 0	贷	3 1 9 0 8 9 0
	30		本月合计	1 5 7 1 0 8 0	1 5 7 1 0 8 0	贷	3 1 9 0 8 9 0
12	31	汇12	1—31日汇总	1 5 7 6 6 3 0	1 5 7 1 0 8 0	贷	3 1 8 5 3 4 0
	31		本月合计	1 5 7 6 6 3 0	1 5 7 1 0 8 0	贷	3 1 8 5 3 4 0
			结转下年				

（10）应交税费总账，如表 3-19 所示。

表 3-19 总账

会计科目：应交税费 第 10 页

20×1年 月	日	记账凭证号数	摘要	借方	贷方	借或贷	余额
11	1		期初余额			贷	60792
	30	汇11	1—30日汇总	145840	129967	贷	44919
	30		本月合计	145840	129967	贷	44919
12	31	汇12	1—31日汇总	106667	258252	贷	196504
	31		本月合计	106667	258252	贷	196504
			结转下年				

（11）其他应付款总账，如表 3-20 所示。

表 3-20 总账

会计科目：其他应付款 第 11 页

20×1年 月	日	记账凭证号数	摘要	借方	贷方	借或贷	余额
11	1		期初余额			贷	2461327
	30	汇11	1—30日汇总	43368	43368	贷	2461327
	30		本月合计	43368	43368	贷	2461327
12	31	汇12	1—31日汇总	43368	43368	贷	2461327
	31		本月合计	43368	43368	贷	2461327
			结转下年				

（12）实收资本总账，如表 3-21 所示。

表 3-21 总账

会计科目：实收资本 第 12 页

20×1年 月	日	记账凭证号数	摘要	借方	贷方	借或贷	余额
1	1		上年结转			贷	50000000
12	31		结转下年				

（13）盈余公积总账，如表 3-22 所示。

表 3-22 　　　　　　　　　　　　　　　总账

会计科目：盈余公积　　　　　　　　　　　　　　　　　　　第 13 页

20×1年		记账凭证号数	摘要	借方										贷方										借或贷	余额								
月	日			千	百	十	万	千	百	十	元	角	分	千	百	十	万	千	百	十	元	角	分		千	百	十	万	千	百	十	元	角	分
11	1		期初余额																					贷			2	4	3	5	1	0		
12	31		结转下年																															

（14）本年利润总账，如表 3-23 所示。

表 3-23 　　　　　　　　　　　　　　　总账

会计科目：本年利润　　　　　　　　　　　　　　　　　　　第 14 页

20×1年		记账凭证号数	摘要	借方										贷方										借或贷	余额								
月	日			千	百	十	万	千	百	十	元	角	分	千	百	十	万	千	百	十	元	角	分		千	百	十	万	千	百	十	元	角	分
11	1		期初余额																					贷				7	9	8	9	3	6
	30	汇11	1—30日汇总			3	5	7	6	6	8	7				3	9	0	2	9	1	3	贷			1	1	2	5	1	6	2
	30		本月合计			3	5	7	6	6	8	7				3	9	0	2	9	1	3	贷			1	1	2	5	1	6	2
12	31	汇12	1—31日汇总			5	3	2	3	6	9	7				4	1	9	8	5	3	5	平						Q			
	31		本月合计			5	3	2	3	6	9	7				4	1	9	8	5	3	5	平						Q			

（15）利润分配总账，如表 3-24 所示。

表 3-24 　　　　　　　　　　　　　　　总账

会计科目：利润分配　　　　　　　　　　　　　　　　　　　第 15 页

20×1年		记账凭证号数	摘要	借方										贷方										借或贷	余额								
月	日			千	百	十	万	千	百	十	元	角	分	千	百	十	万	千	百	十	元	角	分		千	百	十	万	千	百	十	元	角	分
1	1		期初余额																					贷				3	7	8	1	4	9
12	31	汇12	1—31日汇总				5	1	4	9	4	2											借				1	3	6	7	9	3
	31		本月合计				5	1	4	9	4	2											借				1	3	6	7	9	3
			结转下年																														

（16）主营业务收入总账，如表 3-25 所示。

表 3-25　　　　　　　　　　　　　　总账

会计科目：主营业务收入　　　　　　　　　　　　　　　　　　　第 16 页

20×1年 月	日	记账凭证号数	摘要	借方	贷方	借或贷	余额
11	30	汇11	1—30日汇总	3902913	3902913	平	Ø
	30		本月合计	3902913	3902913	平	Ø
12	31	汇12	1—31日汇总	3674756	3674756	平	Ø
	31		本月合计	3674756	3674756	平	Ø

（17）主营业务成本总账，如表 3-26 所示。

表 3-26　　　　　　　　　　　　　　总账

会计科目：主营业务成本　　　　　　　　　　　　　　　　　　　第 17 页

20×1年 月	日	记账凭证号数	摘要	借方	贷方	借或贷	余额
11	30	汇11	1—30日汇总	3376617	3376617	平	Ø
	30		本月合计	3376617	3376617	平	Ø
12	31	汇12	1—31日汇总	4613449	4613449	平	Ø
	31		本月合计	4613449	4613449	平	Ø

（18）营业税金及附加总账，如表 3-27 所示。

表 3-27　　　　　　　　　　　　　　总账

会计科目：营业税金及附加　　　　　　　　　　　　　　　　　　　第 18 页

20×1年 月	日	记账凭证号数	摘要	借方	贷方	借或贷	余额
11	30	汇11	1—30日汇总	12880	12880	平	Ø
	30		本月合计	12880	12880	平	Ø
12	31	汇12	1—31日汇总	12127	12127	平	Ø
	31		本月合计	12127	12127	平	Ø

（19）管理费用总账，如表 3-28 所示。

表 3-28 　　　　　　　　　　　　　　　**总账**

会计科目：管理费用 　　　　　　　　　　　　　　　　　　　　　　　　　　　　第　19　页

20×1年		记账凭证号数	摘要	借方										贷方										借或贷	余额									
月	日			千	百	十	万	千	百	十	元	角	分	千	百	十	万	千	百	十	元	角	分		千	百	十	万	千	百	十	元	角	分
11	30	汇 11	1—30 日汇总				1	8	6	6	2	0					1	8	6	6	2	0		平								0		
	30		本月合计				1	8	6	6	2	0					1	8	6	6	2	0		平								0		
12	31	汇 12	1—31 日汇总				5	6	2	2	4	0					5	6	2	2	4	0		平								0		
	31		本月合计				5	6	2	2	4	0					5	6	2	2	4	0		平								0		

（20）财务费用总账，如表 3-29 所示。

表 3-29 　　　　　　　　　　　　　　　**总账**

会计科目：财务费用 　　　　　　　　　　　　　　　　　　　　　　　　　　　　第　20　页

20×1年		记账凭证号数	摘要	借方										贷方										借或贷	余额									
月	日			千	百	十	万	千	百	十	元	角	分	千	百	十	万	千	百	十	元	角	分		千	百	十	万	千	百	十	元	角	分
11	30	汇 11	1—30 日汇总						5	7	0									5	7	0		平								0		
	30		本月合计						5	7	0									5	7	0		平								0		
12	31	汇 12	1—31 日汇总						8	8	3	7								8	8	3	7	平								0		
	31		本月合计						8	8	3	7								8	8	3	7	平								0		

（21）所得税费用总账，如表 3-30 所示。

表 3-30 　　　　　　　　　　　　　　　**总账**

会计科目：所得税费用 　　　　　　　　　　　　　　　　　　　　　　　　　　　第　21　页

20×1年		记账凭证号数	摘要	借方										贷方										借或贷	余额									
月	日			千	百	十	万	千	百	十	元	角	分	千	百	十	万	千	百	十	元	角	分		千	百	十	万	千	百	十	元	角	分
12	31	汇 12	1—31 日汇总				1	3	5	8	8	1					1	3	5	8	8	1		平								0		
	31		本月合计				1	3	5	8	8	1					1	3	5	8	8	1		平								0		

六、账簿类——日记账

（1）库存现金日记账，如表3-31~表3-33所示。

表3-31　　　　　　　　　　　　库存现金日记账　　　　　　　　　　　　1

20×1年 月	日	凭证号数	摘要	对应科目	借方 百十万千百十元角分	√	贷方 百十万千百十元角分	√	余额 百十万千百十元角分
11	22		承前页		2550000		2516468	借	167222
	30	记23	销售收入		1100000			借	1267222
	30	记24	存现				1100000	借	167222
	30		本月合计		3650000		3616468	借	167222
12	1	记1	汽车加油				24500	借	142722
	4	2	预存税款				60000	借	82722
	5	5	报销住宿费				30000	借	52722
	6	6	提现		400000			借	452722
	7	7	买取暖炉				319600	借	133122
	10	9	提现		2000000			借	2133122
	10	10	发工资				1410000	借	723122
	12	11	买配件				530400	借	192722
	13	14	收回加工费		2100000			借	2292722
	13	15	报销招待费				30400	借	2262322
	13		过次页		4500000		2404900	借	2262322

表3-32　　　　　　　　　　　　库存现金日记账　　　　　　　　　　　　2

20×1年 月	日	凭证号数	摘要	对应科目	借方 百十万千百十元角分	√	贷方 百十万千百十元角分	√	余额 百十万千百十元角分
12	13		承前页		4500000		2404900	借	2262322
	14	记16	预存税款				120000	借	2142322
	15	记19	提现		400000			借	2542322
	15	记20	交纳五险一金				161080	借	2381242
	15	记21	报销邮费				840	借	2380402
	15	记22	购配件				127600	借	2252802
	16	记24	收加工费		340000			借	2592802
	16	记25	存现				340000	借	2252802
	16	记26	报销杂志软件				20000	借	2232802
	17	记27	报销汽油费				24800	借	2208002
	17	记28	报销探亲路费				5550	借	2202452
	18	记29	报销会务费				18000	借	2184452
	19	记30	报销电话费				42000	借	2142452
	20	记31	收加工费		100000			借	2242452
	20		过次页		5340000		3264770	借	2242452

表 3-33 　　　　　　　　　　库存现金日记账　　　　　　　　　　3

20×1年 月	日	凭证号数	摘 要	对应科目	借方 百十万千百十元角分	√	贷方 百十万千百十元角分	√	余额 百十万千百十元角分
12	20		录前页		5340000		3264770	借	2242452
	20	33	存现				360000	借	1882452
	24	35	预存税款				150000	借	1732452
	27	38	报销差旅费				52100	借	1680352
	28	39	提供劳务收款		260000			借	1940352
	31	40	提供劳务收款		750000			借	2690352
	31	41	存现				750000	借	1940352
	31	42	交电费				387600	借	1552752
	31		本月合计		6350000		4964470	借	1552752
			结转下年						

（2）银行存款日记账（农行），如表 3-34 及表 3-35 所示。

表 3-34 　　　　　　　　　　银行存款日记账—农行　　　　　　　　　　1

20×1年 月	日	凭证号数	结算方式 类	号码	摘 要	借方 亿千百十万千百十元角分	√	贷方 亿千百十万千百十元角分	√	余额 亿千百十万千百十元角分
11	1				期初余额				借	5548340
	2	记1	转支	1997	提现			250000	借	5298340
	7	记8	电汇		购买原材料修理用配件			600000	借	4698340
	7	记9			支付汇款手续费			570	借	4697770
	10	记11	转支	1998	提现			1500000	借	3197770
	14	记15	转支	1999	提现			300000	借	2897770
	20	记20	转支	2000	提现			500000	借	2397770
	30	记24			存现	1100000			借	3497770
	30				本月合计	1100000		3150570	借	3497770
12	6	记6			提现			400000	借	3097770
	7	8			收款	640000			借	3737770
	10	9			提现			2000000	借	1737770
	15	19			提现			400000	借	1337770
	15				过次页	640000		2800000	借	1337770

表 3-35　　　　　　　　　　　　银行存款日记账　　　　　　　　　　　　　2

20×1年 月	日	凭证号数	结算方式 类	号码	摘要	借方 亿千百十万千百十元角分	√	贷方 亿千百十万千百十元角分	√	余额 亿千百十万千百十元角分
12	15				承前页	640000		2800000	借	1337770
	16	记25			存现	340000			借	1677770
	20	32			收到利息	8837			借	1686607
	20	33			存现	360000			借	2046607
	25	36			收回欠款	1520000			借	3566607
	26	37			收回欠款	870000			借	4436607
	31	41			存现	750000			借	5186607
	31				本月合计	4488837		2800000	借	5186607
					结转下年					

（3）银行存款日记账（信用社），如表 3-36 所示。

表 3-36　　　　　　　　　　　　银行存款日记账—信用社　　　　　　　　　　　3

20×1年 月	日	凭证号数	结算方式 类	号码	摘要	借方 亿千百十万千百十元角分	√	贷方 亿千百十万千百十元角分	√	余额 亿千百十万千百十元角分
11	1				期初余额				借	4077
	2	记2			存税款	250000			借	254077
	2	记3			预缴本月增值税			58252	借	195825
	5	记7			缴纳上月税款			60792	借	135033
	12	记13			预缴本月增值税			26796	借	108237
	30				本月合计	250000		145840	借	108237
12	4	记2			存税款	60000			借	168237
	4	3			缴纳上月税款			12880	借	155357
	5	4			缴纳上月税款			32039	借	123318
	14	16			预存税款	120000			借	243318
	14	17			预交本月税款			61748	借	181570
	24	35			预存税款	150000			借	331570
	31				本月合计	330000		106667	借	331570
					结转下年					

七、账簿类——明细账

（1）应收账款明细账，如表 3-37 ~ 表 3-47 所示。

表 3-37 应收账款明细账

明细科目：济南贝通公司 第 页

20×1年		记账凭证号数	摘 要	对方科目	借方										贷方										借或贷	余额									
月	日				千	百	十	万	千	百	十	元	角	分	千	百	十	万	千	百	十	元	角	分		千	百	十	万	千	百	十	元	角	分
11	2	记4	提供劳务未收加工费					9	2	0	0	0	0												借				9	2	0	0	0	0	
12	20	31	收回															1	0	0	0	0	0		借				8	2	0	0	0	0	
			结转下年																																

表 3-38 应收账款明细账

明细科目：济宁尚合公司 第 页

20×1年		记账凭证号数	摘 要	对方科目	借方										贷方										借或贷	余额									
月	日				千	百	十	万	千	百	十	元	角	分	千	百	十	万	千	百	十	元	角	分		千	百	十	万	千	百	十	元	角	分
11	2	记4	提供劳务未收加工费				2	0	0	0	0	0	0												借			2	0	0	0	0	0	0	
12	31		结转下年																																

表 3-39 应收账款明细账

明细科目：日照滨阳公司 第 页

20×1年		记账凭证号数	摘 要	对方科目	借方										贷方										借或贷	余额									
月	日				千	百	十	万	千	百	十	元	角	分	千	百	十	万	千	百	十	元	角	分		千	百	十	万	千	百	十	元	角	分
11	1		期初余额																						借				3	9	7	8	6	0	0
12	13	14	收回欠款															2	1	0	0	0	0	0	借				1	8	7	8	6	0	0
			结转下年																																

表 3-40 应收账款明细账

明细科目：潍坊易好公司　　　　　　　　　　　　　　　　　　　　　第　页

20×1年		记账凭证号数	摘　要	对方科目	借方									贷方									借或贷	余额								
月	日				千	百	十	万	千	百	十	元	角	分	千	百	十	万	千	百	十	元	角	分		千	百	十	万	千	百	十	元	角	分
11	1		期初余额																						借		5	6	0	0	0	0	0
12	26	37	收回欠款															8	7	0	0	0	0	借		4	7	3	0	0	0	0
			结转下年																														

表 3-41 应收账款明细账

明细科目：滨州通达公司　　　　　　　　　　　　　　　　　　　　　第　页

20×1年		记账凭证号数	摘　要	对方科目	借方	贷方	借或贷	余额
月	日				千百十万千百十元角分	千百十万千百十元角分		千百十万千百十元角分
11	1		期初余额				借	3 5 0 0 0 0 0
12	31		结转下年					

表 3-42 应收账款明细账

明细科目：淄博畅享公司　　　　　　　　　　　　　　　　　　　　　第　页

20×1年		记账凭证号数	摘　要	对方科目	借方	贷方	借或贷	余额
月	日				千百十万千百十元角分	千百十万千百十元角分		千百十万千百十元角分
11	1		期初余额				借	2 9 0 0 0 0 0
12	31		结转下年					

表 3-43

应收账款明细账

明细科目：河北发展公司　　　　　　　　　　　　　　　　　　　　　　　　　　　　　　　　第　页

20×1年		记账凭证号数	摘要	对方科目	借方										贷方										借或贷	余额									
月	日				千	百	十	万	千	百	十	元	角	分	千	百	十	万	千	百	十	元	角	分		千	百	十	万	千	百	十	元	角	分
11	1		期初余额																						借				1	5	2	0	0	0	0
12	25	36	收回欠款														1	5	2	0	0	0	0	0	平						Ø				

表 3-44

应收账款明细账

明细科目：徐州华能公司　　　　　　　　　　　　　　　　　　　　　　　　　　　　　　　　第　页

20×1年		记账凭证号数	摘要	对方科目	借方										贷方										借或贷	余额									
月	日				千	百	十	万	千	百	十	元	角	分	千	百	十	万	千	百	十	元	角	分		千	百	十	万	千	百	十	元	角	分
11	1		期初余额																						借					6	4	0	0	0	0
12	7	记8	收回欠款															6	4	0	0	0	0	平						Ø				

表 3-45

应收账款明细账

明细科目：河南黑马粮油公司　　　　　　　　　　　　　　　　　　　　　　　　　　　　　　第　页

20×1年		记账凭证号数	摘要	对方科目	借方										贷方										借或贷	余额									
月	日				千	百	十	万	千	百	十	元	角	分	千	百	十	万	千	百	十	元	角	分		千	百	十	万	千	百	十	元	角	分
12	14	18	提供劳务未收款						8	7	0	0	0	0											借					8	7	0	0	0	0
			结转下年																																

表 3-46

应收账款明细账

明细科目：长春香香面粉公司   第   页

20×1年		记账凭证号数	摘要	对方科目	借方									贷方									借或贷	余额								
月	日				千	百	十	万	千	百	十	元	角	分	千	百	十	万	千	百	十	元	角	分		千	百	十	万	千	百	十	元	角	分
12	14	18	提供劳务未收款				1	2	5	0	0	0	0												借			1	2	5	0	0	0	0
			结转下年																																

表 3-47

应收账款明细账

明细科目：莱阳玉美面粉公司   第   页

20×1年		记账凭证号数	摘要	对方科目	借方									贷方									借或贷	余额								
月	日				千	百	十	万	千	百	十	元	角	分	千	百	十	万	千	百	十	元	角	分		千	百	十	万	千	百	十	元	角	分
12	23	34	提供劳务未收款					3	1	5	0	0	0												借				3	1	5	0	0	0
			结转下年																																

（2）其他应收款明细账，如表 3-48 及表 3-49 所示。

表 3-48

其他应收款明细账

明细科目：刘毅和   第   页

20×1年		记账凭证号数	摘要	对方科目	借方									贷方									借或贷	余额								
月	日				千	百	十	万	千	百	十	元	角	分	千	百	十	万	千	百	十	元	角	分		千	百	十	万	千	百	十	元	角	分
11	1		期初余额																						借			2	0	0	9	6	0	0
12	31		结转下年																																

表 3-49

其他应收款明细账

明细科目：张泽　　　　　　　　　　　　　　　　　　　　　　　　　　　第　　页

月	日	记账凭证号数	摘要	对方科目	借方 千	百	十	万	千	百	十	元	角	分	贷方 千	百	十	万	千	百	十	元	角	分	借或贷	余额 千	百	十	万	千	百	十	元	角	分
11	1		期初余额																							借				2	0	0	0	0	7	9
12	31		结转下年																																	

（3）预付账款明细账，如表 3-50 及表 3-51 所示。

表 3-50

预付账款明细账

明细科目：河北涞源公司　　　　　　　　　　　　　　　　　　　　　　　第　　页

月	日	记账凭证号数	摘要	对方科目	借方 千	百	十	万	千	百	十	元	角	分	贷方 千	百	十	万	千	百	十	元	角	分	借或贷	余额 千	百	十	万	千	百	十	元	角	分
11	1		期初余额																							借				1	3	3	0	1	3	7
12	13	13	收到产品															1	3	0	0	0	0	0	借						3	0	1	3	7
			结转下年																																	

表 3-51

预付账款明细账

明细科目：房租　　　　　　　　　　　　　　　　　　　　　　　　　　　第　　页

月	日	记账凭证号数	摘要	对方科目	借方 千	百	十	万	千	百	十	元	角	分	贷方 千	百	十	万	千	百	十	元	角	分	借或贷	余额 千	百	十	万	千	百	十	元	角	分
11	1		期初余额																							借				2	1	5	2	0	5	1
	30	记26	推销房租																	2	3	9	1	1	7	借				1	9	1	2	9	3	4
12	31	43	推销房租																	2	3	9	1	1	7	借				1	6	7	3	8	1	7
			结转下年																																	

（4）固定资产明细账，如表3-52～表3-55所示。

表3-52

固定资产明细账

明细科目：拉丝机　　　　　　　　　　　　　　　　　　　　　　　　　　　　　第　　页

20×1年		记账凭证号数	摘要	对方科目	借方									贷方									借或贷	余额								
月	日				千	百	十	万	千	百	十	元	角	分	千	百	十	万	千	百	十	元	角	分		千	百	十	万	千	百	十	元	角	分
1	1		上年结转（3台）																						借		2	5	2	9	4	6	0	0
12	31		结转下年																															

表3-53

固定资产明细账

明细科目：雪铁龙　　　　　　　　　　　　　　　　　　　　　　　　　　　　　第　　页

20×1年		记账凭证号数	摘要	对方科目	借方									贷方									借或贷	余额								
月	日				千	百	十	万	千	百	十	元	角	分	千	百	十	万	千	百	十	元	角	分		千	百	十	万	千	百	十	元	角	分
1	1		上年结转（1辆）																						借		1	5	3	6	0	0	0	0
12	31		结转下年																															

表3-54

固定资产明细账

明细科目：130货车　　　　　　　　　　　　　　　　　　　　　　　　　　　　第　　页

20×1年		记账凭证号数	摘要	对方科目	借方									贷方									借或贷	余额								
月	日				千	百	十	万	千	百	十	元	角	分	千	百	十	万	千	百	十	元	角	分		千	百	十	万	千	百	十	元	角	分
1	1		上年结转（1辆）																						借			3	8	0	0	0	0	0
12	31		结转下年																															

表 3-55

固定资产明细账

明细科目：行车　　　　　　　　　　　　　　　　　　　　　　　　　　第　页

20×1年 月	日	记账凭证号数	摘要	对方科目	借方 千百十万千百十元角分	贷方 千百十万千百十元角分	借或贷	余额 千百十万千百十元角分
1	1		上年结转（1台）				借	8 9 6 7 0 0 0 0
12	31		结转下年					

（5）其他应付款明细账，如表 3-56～表 3-58 所示。

表 3-56

其他应付款明细账

明细科目：代扣保险　　　　　　　　　　　　　　　　　　　　　　　第　页

20×1年 月	日	记账凭证号数	摘要	对方科目	借方 千百十万千百十元角分	贷方 千百十万千百十元角分	借或贷	余额 千百十万千百十元角分
11	10	12	代扣保险			4 3 3 6 8	贷	4 3 3 6 8
	16	17	缴纳保险		4 3 3 6 8		平	0
12	10	记10	代扣保险			4 3 3 6 8	贷	4 3 3 6 8
	15	20	缴纳保险		4 3 3 6 8		平	0

表 3-57

其他应付款明细账

明细科目：王明工伤医疗费保险赔款　　　　　　　　　　　　　　　　第　页

20×1年 月	日	记账凭证号数	摘要	对方科目	借方 千百十万千百十元角分	贷方 千百十万千百十元角分	借或贷	余额 千百十万千百十元角分
11	1		期初余额				贷	1 6 4 1 3 0 0
12	31		结转下年					

表 3-58

其他应付款明细账

明细科目：张泽代垫款　　　　　　　　　　　　　　　　　　　　　　　　　　　第　页

20×1年 月	日	记账凭证号数	摘要	对方科目	借方 千百十万千百十元角分	贷方 千百十万千百十元角分	借或贷	余额 千百十万千百十元角分
11	1		期初余额				贷	8 2 0 0 2 7
12	31		结转下年					

（6）应交税费明细账，如表 3-59～表 3-63 所示。

表 3-59

应交税费明细账

明细科目：应交增值税　　　　　　　　　　　　　　　　　　　　　　　　　　　第　页

20×1年 月	日	记账凭证号数	摘要	对方科目	借方 千百十万千百十元角分	贷方 千百十万千百十元角分	借或贷	余额 千百十万千百十元角分
11	1		期初余额				贷	5 4 7 6 7
	2	记3	预缴本月增值税		5 8 2 5 2		借	3 4 8 5
	2	记4	提供加工劳务取得收入			5 8 2 5 2	贷	5 4 7 6 7
	5	记7	缴纳上月增值税		5 4 7 6 7		平	0
	12	记13	预缴本月增值税		2 6 7 9 6		借	2 6 7 9 6
	12	记14	提供加工劳务取得收入			2 6 7 9 6	平	0
	30	记23	提供加工劳务取得收入			3 2 0 3 9	贷	3 2 0 3 9
	30		本月合计		1 3 9 8 1 5	1 1 7 0 8 7	贷	3 2 0 3 9
12	5	记4	缴纳上月增值税		3 2 0 3 9		平	0
	14	17	预交本月税款		6 1 7 4 8		借	6 1 7 4 8
	14	18	提供劳务			6 1 7 4 8	平	0
	16	24	提供劳务			9 9 0 3	贷	9 9 0 3
	23	34	提供劳务			9 1 7 5	贷	1 9 0 7 8
	23		过次页		9 3 7 8 7	8 0 8 2 6	贷	1 9 0 7 8

表 3-60

应交税费明细账

明细科目：应交增值税　　　　　　　　　　　　　　　　　　　　　　　　　　　　　第　　页

月	日	记账凭证号数	摘要	对方科目	借方	贷方	借或贷	余额
12	28		承前页		93787	80826	贷	19078
	28	39	提供劳务			7573	贷	26651
	31	40	提供劳务			21845	贷	48496
	31		本月合计		93787	110244	贷	48496
			结转下年					

表 3-61

应交税费明细账

明细科目：应交城市维护建设税　　　　　　　　　　　　　　　　　　　　　　　　第　　页

月	日	记账凭证号数	摘要	对方科目	借方	贷方	借或贷	余额
11	1		期初余额				贷	3834
	5	记7	交税		3834		平	0
	30	记27	本期应交城建税			8196	贷	8196
12	4	3	交税		8196		平	0
	31	45	本期应交城建税			7717	贷	7717
			结转下年					

表 3-62

应交税费明细账

明细科目：教育费附加　　　　　　　　　　　　　　　　　　　　　　　　　　　　　第　　页

月	日	记账凭证号数	摘要	对方科目	借方	贷方	借或贷	余额
11	1		期初余额				贷	2191
	5	记7	交费		2191		平	0
	30	记27	本期应交教育费附加			4684	贷	4684
12	4	3	交费		4684		平	0
	31	45	本期应交教育费附加			4410	贷	4410
			结转下年					

表 3-63

应交税费明细账

明细科目：应交所得税   第 页

20×1年		记账凭证号数	摘要	对方科目	借方										贷方										借或贷	余额									
月	日				千	百	十	万	千	百	十	元	角	分	千	百	十	万	千	百	十	元	角	分		千	百	十	万	千	百	十	元	角	分
12	31	48	计算本季度应交所得税															1	3	5	8	8	1		贷				1	3	5	8	8	1	
			结转下年																																

（7）应付职工薪酬明细账，如表 3-64～表 3-66 所示。

表 3-64

应付职工薪酬明细账

明细科目：工资   第 页

20×1年		记账凭证号数	摘要	对方科目	借方										贷方										借或贷	余额									
月	日				千	百	十	万	千	百	十	元	角	分	千	百	十	万	千	百	十	元	角	分		千	百	十	万	千	百	十	元	角	分
11	10	12	11 月份发工资				1	4	5	3	3	6	8												借			1	4	5	3	3	6	8
	30	25	工资分配														1	4	5	3	3	6	8	平						0				
12	10	记10	发放 12 月份工资				1	4	5	3	3	6	8												借			1	4	5	3	3	6	8
	31	44	工资分配														1	4	5	3	3	6	8	平						0				

表 3-65

应付职工薪酬明细账

明细科目：社会保险   第 页

20×1年		记账凭证号数	摘要	对方科目	借方										贷方										借或贷	余额									
月	日				千	百	十	万	千	百	十	元	角	分	千	百	十	万	千	百	十	元	角	分		千	百	十	万	千	百	十	元	角	分
11	16	17	缴纳社会保险					1	1	7	7	1	2												借				1	1	7	7	1	2
	30	25	计提职工社会保险															1	1	7	7	1	2	平						0				
12	15	20	缴纳社会保险					1	1	7	7	1	2												借				1	1	7	7	1	2
	31	44	计提职工社会保险															1	1	7	7	1	2	平						0				

表 3-66

应付职工薪酬明细账

明细科目：职工福利　　　　　　　　　　　　　　　　　　　　　　　　　　　　　　　　　第　　页

20×1年 月	日	记账凭证号数	摘要	对方科目	借方 千	百	十	万	千	百	十	元	角	分	贷方 千	百	十	万	千	百	十	元	角	分	借或贷	余额 千	百	十	万	千	百	十	元	角	分
11	1		期初余额																						贷				3	1	9	0	8	9	0
12	17	28	报销探亲路费								5	5	5	0											贷				3	1	8	5	3	4	0
			结转下年																																

（8）实收资本明细账，如表 3-67～表 3-69 所示。

表 3-67

实收资本明细账

明细科目：张泽　　　　　　　　　　　　　　　　　　　　　　　　　　　　　　　　　第　　页

20×1年 月	日	记账凭证号数	摘要	对方科目	借方 千	百	十	万	千	百	十	元	角	分	贷方 千	百	十	万	千	百	十	元	角	分	借或贷	余额 千	百	十	万	千	百	十	元	角	分
1	1		上年结转																						贷	2	0	0	0	0	0	0	0	0	0
12	31		结转下年																																

表 3-68

实收资本明细账

明细科目：济南市泰康粮油加工厂　　　　　　　　　　　　　　　　　　　　　　　　第　　页

20×1年 月	日	记账凭证号数	摘要	对方科目	借方 千	百	十	万	千	百	十	元	角	分	贷方 千	百	十	万	千	百	十	元	角	分	借或贷	余额 千	百	十	万	千	百	十	元	角	分
1	1		上年结转																						贷	1	5	0	0	0	0	0	0	0	0
12	31		结转下年																																

表 3-69

实收资本明细账

明细科目：刘毅和　　　　　　　　　　　　　　　　　　　　　　　　　　　　　　　　第　　页

20×1年 月	日	记账凭证号数	摘要	对方科目	借方 千	百	十	万	千	百	十	元	角	分	贷方 千	百	十	万	千	百	十	元	角	分	借或贷	余额 千	百	十	万	千	百	十	元	角	分
1	1		上年结转																						贷	1	5	0	0	0	0	0	0	0	0
12	31		结转下年																																

（9）盈余公积明细账，如表 3-70 所示。

表 3-70 　　　　　　　　　　　　　盈余公积明细账

明细科目：法定盈余公积 　　　　　　　　　　　　　　　　　　　　　　　　　第　　页

20×1年		记账凭证号数	摘要	对方科目	借方										贷方										借或贷	余额									
月	日				千	百	十	万	千	百	十	元	角	分	千	百	十	万	千	百	十	元	角	分		千	百	十	万	千	百	十	元	角	分
1	1		期初余额																						贷					2	4	3	5	1	0
12	31		结转下年																																

（10）利润分配明细账，如表 3-71 所示。

表 3-71 　　　　　　　　　　　　　利润分配明细账

明细科目：未分配利润 　　　　　　　　　　　　　　　　　　　　　　　　　第　　页

20×1年		记账凭证号数	摘要	对方科目	借方										贷方										借或贷	余额									
月	日				千	百	十	万	千	百	十	元	角	分	千	百	十	万	千	百	十	元	角	分		千	百	十	万	千	百	十	元	角	分
1	1		期初余额																						贷				4	5	0	1	1	8
12	31	50	本年利润结转						5	8	6	9	1	1											借					1	3	6	7	9	3
			结转下年																																

（11）本年利润明细账，如表 3-72 所示。

表 3-72 　　　　　　　　　　　　　本年利润明细账

明细科目： 　　　　　　　　　　　　　　　　　　　　　　　　　　　　　　第　　页

20×1年		记账凭证号数	摘要	对方科目	借方										贷方										借或贷	余额									
月	日				千	百	十	万	千	百	十	元	角	分	千	百	十	万	千	百	十	元	角	分		千	百	十	万	千	百	十	元	角	分
11	1		期初余额																						贷					7	2	6	9	6	7
	30	记28	收入结转															3	9	0	2	9	1	3	贷				4	6	2	9	8	8	0
	30	记29	结转成本费用						3	5	7	6	6	8	7										贷					1	0	5	3	1	9	3
	30		本月合计						3	5	7	6	6	8	7				3	9	0	2	9	1	3	贷					1	0	5	3	1	9	3
12	31	46	结转收入															3	6	8	3	5	9	3	贷				4	7	3	6	7	8	6
		47	结转成本费用						5	1	8	7	8	1	6										借						4	5	1	0	3	0
		49	结转所得税							1	3	5	8	8	1										借						5	8	6	9	1	1
		50	结转未分配利润																	5	8	6	9	1	1	平										
	31		本月合计						5	3	2	3	6	9	7				4	2	7	0	5	0	4	平										

（12）主营业务收入明细账，如表 3-73 所示。

表 3-73　　　　　　　　　　　主营业务收入明细账

明细科目：　　　　　　　　　　　　　　　　　　　　　　　　　　　第　页

20×1年 月	日	记账凭证号数	摘要	对方科目	借方	贷方	借或贷	余额
11	2	记4	磨辊加工收入			1941748	贷	1941748
	12	记14	磨辊加工收入			893204	贷	2834952
	30	记23	磨辊加工收入			1067961	贷	3902913
	30	记28	结转本年利润		3902913		平	～
	30		本月合计		3902913	3902913	平	～
12	14	记18	加工收入			2058252	贷	2058252
	16	24	加工收入			330097	贷	2388349
	23	34	加工收入			305825	贷	2694174
	28	39	加工收入			252427	贷	2946601
	31	40	加工收入			728155	贷	3674756
	31	46	结转本年利润		3674756		平	～
	31		本月合计		3674756	3674756	平	～

（13）主营业务成本明细账，如表 3-74 所示。

表 3-74　　　　　　　　　　　主营业务成本明细账

明细科目：加工成本　　　　　　　　　　　　　　　　　　　　　　　第　页

20×1年 月	日	记账凭证号数	摘要	对方科目	借方	贷方	借或贷	余额
11	8	记10	领用加工配件		600000		借	600000
	25	记22	领用加工机油		508768		借	1108768
	30	记25	计提工资、社会保险		1571080		借	2679848
	30	记26	计提折旧、摊销房租		696769		借	3376617
	30	记29	结转本年利润			3376617	平	～
	30		本月合计		3376617	3376617	平	～
12	12	记12	领用配件		530400		借	530400
	13	13	买金刚砂		1300000		借	1830400
	15	23	领用机油		127600		借	1958000
	31	42	交电费		387600		借	2345600
	31	43	计提折旧、摊销房租		696769		借	3042369
	31	44	分配工资及保险		1571080		借	4613449
	31	46	结转本年利润			4613449	借	～
	31		本月合计		4613449	4613449	平	～

（14）营业税金及附加明细账，如表 3-75 所示。

表 3-75　　　　　　　　　　营业税金及附加明细账

明细科目：　　　　　　　　　　　　　　　　　　　　　　　　　　第　页

20×1年 月	日	记账凭证号数	摘要	对方科目	借方 千百十万千百十元角分	贷方 千百十万千百十元角分	借或贷	余额 千百十万千百十元角分
11	30	记27	结转本月应交税费		1 2 8 80		借	1 2 8 80
	30	记29	结转本年利润			1 2 8 80	平	0
	30		本月合计		1 2 8 80	1 2 8 80	平	0
12	31	记45	结转本月应交税费		1 2 1 27		借	1 2 1 27
	31	47	结转本年利润			1 2 1 27	平	0
	31		本月合计		1 2 1 27	1 2 1 27	平	0

（15）财务费用明细账，如表 3-76 及表 3-77 所示。

表 3-76　　　　　　　　　　财务费用明细账

明细科目：工本及手续费　　　　　　　　　　　　　　　　　　　　第　页

20×1年 月	日	记账凭证号数	摘要	对方科目	借方 千百十万千百十元角分	贷方 千百十万千百十元角分	借或贷	余额 千百十万千百十元角分
11	7	记9	支付手续费		5 70		借	5 70
	30	记29	结转本年利润			5 70	平	0
	30		本月合计		5 70	5 70	平	0

表 3-77　　　　　　　　　　财务费用明细账

明细科目：利息费用　　　　　　　　　　　　　　　　　　　　　　第　页

20×1年 月	日	记账凭证号数	摘要	对方科目	借方 千百十万千百十元角分	贷方 千百十万千百十元角分	借或贷	余额 千百十万千百十元角分
12	20	记32	收到利息			8 8 37		8 8 37
		46	结转本年利润		8 8 37		平	0
	30		本月合计		8 8 37	8 8 37	平	0

（16）所得税费用明细账，如表 3-78 所示。

表 3-78　　　　　　　　　　所得税费用明细账

明细科目：所得税费用　　　　　　　　　　　　　　　　　　　　　第　页

20×1年 月	日	记账凭证号数	摘要	对方科目	借方 千百十万千百十元角分	贷方 千百十万千百十元角分	借或贷	余额 千百十万千百十元角分
12	31	48	计算第四季度所得税		1 3 5 8 81		借	1 3 5 8 81
		49	结转所得税			1 3 5 8 81	平	0
			本月合计		1 3 5 8 81	1 3 5 8 81	平	0

（17）管理费用明细账，如表 3-79 所示。

表3-79

管理费用明细账

20×1年 月	日	凭单号	摘要	借方 办公费	借方 业务招待费	借方 社会保险	借方 差旅费	借方 其他	借方 合计	贷方	余额
11	3	记5	购买汽油					300 00	300 00		300 00
	4	记6	支付业务招待费		396 00				396 00		696 00
	14	记16	支付电话费	500 00					500 00		1196 00
	18	记20	买汽油					310 00	310 00		1506 00
	20	记19	报销差旅费				360 20		360 20		1866 20
	30	记29	结转本年利润							1866 20	Ø
	30		本月合计	500 00	396 00		360 20	610 00	1866 20	1866 20	
12	1	记1	汽车加油					245 00	245 00		245 00
	5	5	报销住宿费					300 00	300 00		545 00
	7	7	买取暖炉					3196 00	3196 00		3741 00
	13	15	报销招待费		304 00				304 00		4045 00
	15	21	报销邮费	8 40					8 40		4053 40
	16	26	买杀毒软件	200 00					200 00		4253 40
	17	27	汽车加油					248 00	248 00		4501 40
	18	29	报销会务费	180 00					180 00		4681 40
	19	30	交上月电话费	420 00					420 00		5101 40
	27	38	报销差旅费				521 00		521 00		5622 40
	31	47	结转本年利润							5622 40	Ø
			本月合计	808 40	304 00		521 00	3989 00	5622 40	5622 40	

（18）原材料明细账，如表 3-80～表 3-82 所示。

表 3-80

最高储存量____
最低储存量____

本账页数	
本户页数	

原材料明细账

编号_____ 规格_____　　　　　　　　　　单位　卷　名称　包装纸

20×1年		凭证		摘要	借方			贷方			借或贷	结存		
月	日	种类	号数		数量	单价	百十万千百十元角分	数量	单价	百十万千百十元角分		数量	单价	百十万千百十元角分
11	1			期初结存								33	1481.42	48886.86
				结转下年										

表 3-81

最高储存量____
最低储存量____

本账页数	
本户页数	

原材料明细账

编号_____ 规格_____　　　　　　　　　　单位　批　名称　配件

20×1年		凭证		摘要	借方			贷方			借或贷	结存		
月	日	种类	号数		数量	单价	百十万千百十元角分	数量	单价	百十万千百十元角分		数量	单价	百十万千百十元角分
11	7	记	8	入库	1	6 000.00	6000.00				借	1	6 000.00	6000.00
	8	记	10	领用				1	6 000.00	6000.00	平			Q
	30			本月合计			6000.00			6000.00				
12	12	记	11	入库	1	5 304.00	5304.00				借	1		5304.00
	12	记	12	领用				1	5 304.00	5304.00	平			Q
	31			本月合计			5304.00			5304.00				

表 3-82

最高储存量____
最低储存量____

本账页数	
本户页数	

原材料明细账

编号_____ 规格_____　　　　　　　　　　单位　吨　名称　机油

20×1年		凭证		摘要	借方			贷方			借或贷	结存		
月	日	种类	号数		数量	单价	百十万千百十元角分	数量	单价	百十万千百十元角分		数量	单价	百十万千百十元角分
11	22	记	21	入库	0.6778	7 505.89	5087.68				借	0.6778	7505.89	5087.68
	25	记	22	领用				0.6778	7505.89	5087.68	平			Q
	30			本月合计			5087.68			5087.68				
12	15	记	22	入库	0.17	7505.88	1276.00				借			1276.00
	15	记	23	领用						1276.00	平			Q
	31			本月合计			1276.00			1276.00				

八、凭证类——科目汇总表

科目汇总表，如表 3-83 所示。

表 3-83

科目汇总表

20×1 年 12 月 31 日

记 1 号至记 50 号凭证汇总 12 号

会计科目	记账符号	借方发生额										贷方发生额									
		千	百	十	万	千	百	十	元	角	分	千	百	十	万	千	百	十	元	角	分
库存现金	√				6	3	5	0	0	0	0				4	9	6	4	4	7	0
银行存款	√				4	8	1	8	8	3	7				2	9	0	6	6	6	7
应收账款	√				2	4	3	5	0	0	0				5	2	3	0	0	0	0
原材料	√					6	5	8	0	0	0					6	5	8	0	0	0
预付账款	√														1	5	3	9	1	1	7
累计折旧	√															4	5	7	6	5	2
应付职工薪酬	√				1	5	7	6	6	3	0				1	5	7	1	0	3	0
应交税费	√				1	0	6	6	6	7					2	5	8	2	5	2	
其他应付款	√					4	3	3	6	8						4	3	3	6	8	
本年利润	√				5	3	2	3	6	9	7				4	1	9	8	5	3	5
主营业务收入	√				3	6	7	4	7	5	6				3	6	7	4	7	5	6
主营业务成本	√				4	6	1	3	4	4	9				4	6	1	3	4	4	9
营业税金及附加	√					1	2	1	2	7						1	2	1	2	7	
管理费用	√					5	6	2	2	4	0					5	6	2	2	4	0
账务费用	√						8	8	3	7							8	8	3	7	
所得税费用	√					1	3	5	8	8	1					1	3	5	8	8	1
利润分配	√					5	1	4	9	4	2										
合　计				3	0	8	3	4	4	3	1			3	0	8	3	4	4	3	1

记账：李冰　　　　审核：　　　　　　制表：李冰

九、凭证类——记账凭证及所附原始凭证

（1）记字第 1 号记账凭证及所附原始凭证，如表 3-84～表 3-86 所示。

表 3-84

记账凭证

20×1 年 12 月 1 日

记字第 1 号

摘　要	会计科目	明细科目	√	借方金额									√	贷方金额									
				千	百	十	万	千	百	十	元	角	分		千	百	十	万	千	百	十	元	角	分
汽车加油	管理费用	其他	√						2	4	5	0	0											
	库存现金													√						2	4	5	0	0
合　计									2	4	5	0	0							2	4	5	0	0

财务主管：李冰　　　记账：李冰　　　出纳：徐晋　　　　　审核：　　　　　　制单：徐晋

附单据 2 张

表 3-85

费用报销单

报销日期：20×1 年 12 月 01 日 　　　　　　　　　　　　　　　　　附件 1 张

费用项目	类别	金额	负责人（签章）	王美
加油		245.00		
			审核意见	李冰
			报销人（签章）	赵敏
报销金额合计			¥245.00	
核实金额（大写）	⊗万⊗仟贰佰肆拾伍元零角零分			¥245.00
借款金额		应退金额		应补金额

现金付讫

审核：　　　　　　　　　　　　　　　　　出纳：徐 晋

表 3-86　　　　　　　　　　　加油发票

山东省商品销售统一发票

全国统一发票监制章　山东省　国家税务总局监制

发票代码 137010722789

发票号码 07841684

客户名称

中国石油山东济南销售公司

品名	单价	数量	金额
E97#	8.00	30.625	245.00

合计金额：245.00 元　　00008054

优惠合计：0.00 元　　11：50：49

大写：贰佰肆拾伍元整

开票日期：2001.10.01

欢迎光临中国石油

备注：

除客户名称手写无效二〇×一年底前开具有效

鲁国税发票字[20×1]079 号卷数×××××××××

山东金岁印务中心 20×1 年 8 月印

（2）记字第 2 号记账凭证及所附原始凭证，如表 3-87～表 3-89 所示。

表 3-87

记账凭证

20×1 年 12 月 4 日

记字第 2 号

摘　要	会计科目	明细科目	√	借方金额		√	贷方金额	
				千百十万千百十元角分			千百十万千百十元角分	
预存税款	银行存款	信用社	√	6 0 0 0 0				
	库存现金					√	6 0 0 0 0	
合　计				6 0 0 0 0			6 0 0 0 0	

附单据 2 张

财务主管：李冰　　　记账：李冰　　　出纳：徐晋　　　　　审核：　　　　　　制单：徐晋

表 3-88

费用报销单

报销日期：20×1 年 12 月 04 日

附件 1 张

费用项目	类别	金额	负责人（签章）	王美
预交税款		600.00		
			审核意见	李冰
				现金付讫
			报销人（签章）	徐晋
报销金额合计			¥600.00	
核实金额（大写）	⊗万⊗仟陆佰零拾零元零角零分		¥600.00	
借款金额		应退金额		应补金额

审核：　　　　　　　　　　　　　出纳：　徐　晋

表 3-89

现金缴款单（回单）

1

20×1 年 12 月 04 日

缴款单位	名称	山东爱家科技开发有限公司	款项来源		税　款						
	账号	90102140030100131434	缴款部门								
人民币（大写）		陆佰元整		亿千百十万千百十元角分							
				¥ 6 0 0 0 0							
券别	张数	千百十万千百十元	券别	张数	千百十元角分	入账					
一百元	6	6 0 0	一元								
五十元			五角			济南市历城区农村信用合作联社					
二十元			二角			华山信用社					
十元			一角			（收款信用社盖章）					
五元			分币			20×1.12.04					
二元						（4）					
						经手人					

（3）记字第 3 号记账凭证及所附原始凭证，如表 3-90 及表 3-91 所示。

表 3-90

记账凭证

20×1 年 12 月 4 日　　　　　　　　　　　　　　　　　记字第 3 号

摘 要	会计科目	明细科目	√	借方金额	√	贷方金额	
				千 百 十 万 千 百 十 元 角 分		千 百 十 万 千 百 十 元 角 分	
交纳上月税金	应交税费	应交城建税	√	8 1 9 6			附单据1张
		教育费附加	√	4 6 8 4			
	银行存款	信用社			√	1 2 8 8 0	
合 计				1 2 8 8 0		1 2 8 8 0	

财务主管：李冰　　　记账：李冰　　　出纳：徐晋　　　审核：　　　　　制单：徐晋

表 3-91

委托银行划款专用凭证

填发日期 20×1 年 12 月 4 日

纳税人识别号	370112733690588		征收机关	济南市地税局历城分局
缴款人名称	山东爱家科技开发有限公司		收款国库	历城区支库
开户银行	华山信用社		划款日期	20×11204
账 号	90102140030100131434			
税（费）种	所属期		电子交易号	实缴金额
城市维护建设税	20×11101—20×11130			81.96
教育费附加	20×11101—20×11130			35.13
地方教育附加	20×11101—20×11130			11.71
金额合计	壹佰贰拾捌元捌角零分			¥128.80 (4)
银行签章		柜员号		备注

济南市历城区农村信用合作社
华山信用社
20×1.12.04
业务转讫章

（4）记字第 4 号记账凭证及所附原始凭证，如表 3-92 及表 3-93 所示。

表 3-92

记账凭证

20×1 年 12 月 5 日　　　　　　　　　　　　　　　　　记字第 4 号

摘 要	会计科目	明细科目	√	借方金额	√	贷方金额	
				千 百 十 万 千 百 十 元 角 分		千 百 十 万 千 百 十 元 角 分	
交纳上月税金	应交税费	应交增值税	√	3 2 0 3 9			附单据1张
	银行存款	信用社			√	3 2 0 3 9	
合 计				3 2 0 3 9		3 2 0 3 9	

财务主管：李冰　　　记账：李冰　　　出纳：徐晋　　　审核：　　　　　制单：徐晋

表 3-93 　　　　　　　　　　　　委托银行划款专用凭证

填发日期 20×1 年 12 月 5 日

纳税人识别号	370112733690588		征收机关	济南市历城区国税局华山分局	
缴款人名称	山东爱家科技开发有限公司		收款国库	历城区支库 农村信用合用联社 华山信用社	
开户银行	华山信用社		划款日期	20×11205 20×1.12.05	
账　号	90102140030100131434				
税（费）种	所属期		电子交易号	业务转缴额 实缴金额 (4)	
增值税	20×11101—20×11130				320.39
金额合计	叁佰贰拾元叁角玖分				
银行签章		柜员号		备注	

（5）记字第 5 号记账凭证及所附原始凭证，如表 3-94～表 3-96 所示。

表 3-94 　　　　　　　　　　　　记账凭证

20×1 年 12 月 5 日 　　　　　　　　　　　　记字第 5 号

摘　要	会计科目	明细科目	√	借方金额 千 百 十 万 千 百 十 元 角 分	√	贷方金额 千 百 十 万 千 百 十 元 角 分	
报销杨阳住宿费	管理费用	其他		3 0 0 0 0	√		附 单 据 2 张
	库存现金				√	3 0 0 0 0	
合　计				3 0 0 0 0		3 0 0 0 0	

财务主管：李冰　　　记账：李冰　　　出纳：徐晋　　　审核：　　　制单：徐晋

表 3-95 　　　　　　　　　　　　费用报销单

报销日期：20×1 年 12 月 5 日 　　　　　　　　　　　　附件 1 张

费用项目	类别	金额	负责人（签章）	王美
上海杨阳住宿		300.00		
			审核意见	李冰 现金付讫
			报销人（签章）	杨阳
报销金额合计			￥300．00	
核实金额（大写）	⊗万⊗仟叁佰零拾零元零角零分			￥300.00
借款金额		应退金额		应补金额

审核：　　　　　　　　　　　　出纳：徐晋

表 3-96   住宿发票

上海市服务业、娱乐业、文化
体育业通用发票（卷）

发票联

SHANGHAI GENERAL INVOICE

INVOICE

密　　码
PASSWORD

发 票 代 码：370112798501
INVOICECODE

发 票 号 码：98503425
INVOICE No

机打票号：XEUE-8958
PRINTING No.

机器编号：
RECEIVER No.

收款单位：上海市×××大饭店
PAYEE

税务登记号：370113145278964
TAX REGISTRY No.

开票日期：20×1-12-05　　　收款员：TJ-1
DATE ISSUED　　　　　　RBCCLVED

付款单位（个人）：上海爱家科技开发有限公司
PAYER

经营项目：　　　　　　　金　　额
SERVICE ITEM　　　　AMOUNT CHARGED
住　宿：　　　　　　　　300.00

合计（小写）：￥300.00
TOTAL IN FIGURES
合计（大写）：叁佰元整
TOTAL IN CAPLTAL
税 控 码：××××××
ANTI-FORGERY CODE

- -

兑　　　　　　奖　区　　　　密　码
奖　　　　AWARD AREA　　PASSWORD
联

发票代码：370112798501

发票号码：98503425

（竖排文字）
HAND-WRITTING INVALID EXCEPT PAYER
除附款单位外手写无无效

PAYEE（SEAL）
收款单位签章

（6）记字第 6 号记账凭证及所附原始凭证，如表 3-97 及表 3-98 所示。

表 3-97

记账凭证

20×1 年 12 月 6 日　　　　　　　　　　　　　　　　　　　　　　记字第 6 号

摘　要	会计科目	明细科目	√	借方金额									√	贷方金额									
				千	百	十	万	千	百	十	元	角	分		千	百	十	万	千	百	十	元	角	分
提现	库存现金							4	0	0	0	0	0	√										
	银行存款	农行												√					4	0	0	0	0	0
合　计								4	0	0	0	0	0						4	0	0	0	0	0

财务主管：李冰　　　　记账：李冰　　　　出纳：徐晋　　　　审核：　　　　　制单：徐晋

附单据 1 张

表 3-98

支票存根

中 国 农 业 银 行

现金支票存根

XⅡ 0012001

科　　目 ＿＿＿＿＿＿＿＿
对方科目 ＿＿＿＿＿＿＿＿
出票日期　20×1 年 12 月 06 日

收款人：山东爱家科技开发有限公司

金　额：￥4 000. 00

用　途：提现

单位主管：王美　　　　会计：李冰

（7）记字第 7 号记账凭证及所附原始凭证，如表 3-99～表 3-101 所示。

表 3-99

记账凭证

20×1 年 12 月 7 日　　　　　　　　　　　　　　　　　　　　　　记字第 7 号

摘　要	会计科目	明细科目	√	借方金额									√	贷方金额									
				千	百	十	万	千	百	十	元	角	分		千	百	十	万	千	百	十	元	角	分
安装取暖炉	管理费用	其他						3	1	9	6	0	0	√										
	库存现金													√						3	1	9	6	0	0
合　计								3	1	9	6	0	0							3	1	9	6	0	0

财务主管：李冰　　　　记账：李冰　　　　出纳：徐晋　　　　审核：　　　　　制单：徐晋

附单据 2 张

表 3-100

费用报销单

报销日期：20×1 年 12 月 7 日   附件 1 张

费用项目	类别	金额	负责人（签章）		王美
购买取暖炉		3 196.00			
			审核意见		李冰
			报销人（签章）		赵敏
报销金额合计			￥3 196.00		
核实金额（大写）	⊗万叁仟壹佰玖拾陆元零角零分				￥3 196.00
借款金额		应退金额		应补金额	

审核：   出纳： 徐 晋

表 3-101   购买取暖炉发票

山东省商品销售统一发票

国家税务总局监制

发票代码 137010722789

发票号码 07841684

客户名称

山东五金市场

除客户名称手写无效二○×二年底前开具有效

20×1-12-07   No.9873-108597

五金暖炉   3 196.00

购买数量   1

合计金额   3 196.00

大写：叁仟壹佰玖拾陆元整

山东五金市场
发票专用章

鲁国税发票字[20×1]079 号卷数×××××××××

山东金岁印务中心 20×1 年 8 月印

（8）记字第 8 号记账凭证及所附原始凭证，如表 3-102 及表 3-103 所示。

表 3-102

记账凭证

20×1 年 12 月 7 日　　　　　　　　　　　　　　　　记字第 8 号

摘　要	会计科目	明细科目	√	借方金额										√	贷方金额										
				千	百	十	万	千	百	十	元	角	分		千	百	十	万	千	百	十	元	角	分
收回加工费	银行存款	农行						6	4	0	0	0	0	√										
	应收账款	徐州华能公司												√					6	4	0	0	0	0
合　计								6	4	0	0	0	0						6	4	0	0	0	0

附单据 1 张

财务主管：李冰　　　记账：李冰　　　出纳：徐晋　　　审核：　　　制单：徐晋

表 3-103　　　　中国农业银行山东省分行联行来账凭证

20×1 年 11 月 30 日　　　网内往来

日期：20×11130	来账业务序号：15133102891 借/贷：贷
往账行行号：10—2521	往账行行名：农行郓州金山支行
付款人账号：452101040007899	付款人户名：徐州华能面粉有限公司
收款人账号：34615133101040002897	收款人户名：山东爱家科技开发有限公司
转账金额：6 400.00	人民币：陆仟肆佰元整
业务种类：汇兑	汇出行行名：农行郓州金山支行
加急标志：普通	汇入行行名：山东省济南市东风支行
附言：	

上述款项已代转账，如有疑问，请持此单来行面洽

此致

（开户单位）

第三联　客户入账通知

打印：　　　　　　　　　　复核：

（9）记字第 9 号记账凭证及所附原始凭证，如表 3-104 及表 3-105 所示。

表 3-104

记账凭证

20×1 年 12 月 10 日　　　　　　　　　　　　　　　记字第 9 号

摘　要	会计科目	明细科目	√	借方金额										√	贷方金额										
				千	百	十	万	千	百	十	元	角	分		千	百	十	万	千	百	十	元	角	分
提现	库存现金							2	0	0	0	0	0	√										
	银行存款	农行												√					2	0	0	0	0	0
合　计								2	0	0	0	0	0						2	0	0	0	0	0

附单据 1 张

财务主管：李冰　　　记账：李冰　　　出纳：徐晋　　　审核：　　　制单：徐晋

表 3–105

支票存根

中 国 农 业 银 行

现金支票存根

XII   0012002

科　目 ＿＿＿＿＿＿＿＿

对方科目 ＿＿＿＿＿＿＿＿

出票日期　20×1 年 12 月 10 日

收款人：山东爱家科技开发有限公司
金　额：￥20 000.00
用　途：提现

单位主管：王美　　　　　会计：李冰

（10）记字第 10 号记账凭证及所附原始凭证，如表 3-106 及表 3-107 所示。

表 3–106

记账凭证

20×1 年 12 月 10 日　　　　　　　　记字第 10 号

摘　要	会计科目	明细科目	√	借方金额 千百十万千百十元角分	√	贷方金额 千百十万千百十元角分	
发工资	应付职工薪酬	工资		1 4 5 3 3 6 8	√		附单据1张
	库存现金				√	1 4 1 0 0 0 0	
	其他应付款	代扣保险				4 3 3 6 8	
合　计				1 4 5 3 3 6 8		1 4 5 3 3 6 8	

财务主管：李冰　　　记账：李冰　　　出纳：徐晋　　　　　审核：　　　　　　　制单：徐晋

表 3-107   山东爱家科技开发有限公司
                              12 月份职工工资表

姓　名	基础工资	计件工资	应发工资	代扣社会保险	其他扣款	实发工资	签名	备注
李冰	1 600.00	280.38	1 880.38	216.84		1 663.54	李冰	
杨阳	1 600.00	280.38	1 880.38	216.84		1 663.54	杨阳	
徐晋	1 500.00	150.34	1 650.34			1 650.34	徐晋	
王美	1 500.00	150.34	1 650.34			1 650.34	王美	
赵敏	1 250.00	131.00	1 381.00			1 381.00	赵敏	
钱鹏	1 250.00	131.00	1 381.00			1 381.00	钱鹏	
周光明	1 000.00	110.00	1 110.00			1 110.00	周光明	
武敬	900.00	110.00	1 010.00			1 010.00	武敬	
郑爽	800.00	80.24	880.24			880.24	郑爽	
张珂	800.00	60.00	860.00			860.00	张珂	
刘亦铭	800.00	50.00	850.00			850.00	刘亦铭	
合计	13 000.00	1 533.68	14 533.68	433.68		14 100.00		

审核：李冰　　　　制表：徐晋

（11）记字第 11 号记账凭证及所附原始凭证，如表 3-108～表 3-111 所示。

表 3-108   记账凭证
                          20×1 年 12 月 12 日   记字第 11 号

摘　要	会计科目	明细科目	√	借方金额	√	贷方金额	
购买加工配件	原材料	配件		5 304 00	√		附单据3张
	库存现金				√	5 304 00	
合　计				5 304 00		5 304 00	

财务主管：李冰　　记账：李冰　　出纳：徐晋　　审核：　　制单：徐晋

表 3-109   费用报销单

                      报销日期：20×1 年 12 月 12 日   附件 1 张

费用项目	类别	金额	负责人（签章）	王美
购买加工配件		5 304.00	审核意见	李冰 现金付讫
			报销人（签章）	赵敏
报销金额合计		¥5 304.00		
核实金额（大写）	⊗万伍仟叁佰零拾肆元零角零分			¥5 304.00
借款金额		应退金额	应补金额	

审核：　　　　出纳：徐晋

表 3-110　　　　　　　　　　　　　　　入　库　单

存放地点：仓库　　　　　　　　　　20×1 年 12 月 12 日　　　　　　　　No：5290383

编号	品名	规格型号	单位	数量	单价	金额
0101	加工配件		批	1	5 304.00	5 304.00
备注						

保管：张珂

表 3-111　　　　　　　　　　　　　　山东增值税普通发票

3700019852　　　　　　　　　　　　发　票　联　　　　　　　　　　№　00821657

开票日期：20×1 年 12 月 12 日

购货单位	名　　称：山东爱家科技开发有限公司 纳税人识别号：370112733690588 地址、电话：济南市将军路 170 号 0531-81238875 开户行及账号：中国农业银行济南东风支行 34615133101040002897	密码区	67893--+9827/16<241<加密版本：010<<>3<2+876<-6105>4+> 51*84-9319<8>9-20<750 0/-3000252/9-*+91>>4+	3700019852 00821657

货物或应税劳务名称	规格型号	单位	数量	单价	金额	税率	税额
配件		批	1	4 533.33	4 533.33	17%	770.67
合计					¥4 533.33		¥770.67

价税合计（大写）	⊗伍仟叁佰零肆元整	（小写）¥5 304.00

销货单位	名　　称：山东压缩机销售有限公司 纳税人识别号：370112887444118 地址、电话：济南市历城区洪楼西路 50 号　0531-89374951 开户行及账号：工行槐办张庄分行　160202609887706787	备注	

收款人：孙亮　　　　复核：李苗　　　　开票人：刘一明　　　销货单位：　（章）

第二联：发票联　购货方记账凭证

国税函[2010]150 号华森印制

（12）记字第 12 号记账凭证及所附原始凭证，如表 3-112 及表 3-113 所示。

表 3-112　　　　　　　　　　　　　　记账凭证

20×1 年 12 月 12 日　　　　　　　　　　　　记字第 12 号

摘　要	会计科目	明细科目	√	借方金额 千百十万千百十元角分	√	贷方金额 千百十万千百十元角分
领用配件	主营业务成本			5 3 0 4 0 0	√	
	原材料	配件			√	5 3 0 4 0 0
合　计				5 3 0 4 0 0		5 3 0 4 0 0

附单据 1 张

财务主管：李冰　　　记账：李冰　　　出纳：徐晋　　　审核：　　　　制单：徐晋

表 3-113

领 料 单

领料部门：车间　　　　　　　　　　20×1 年 12 月 12 日　　　　　　　　　　No:5290847

编号	品名	规格型号	单位	数量	单价	金额
0101	加工配件		批	1	5 304.00	5 304.00

备注：加工用

审核：李冰　　　　　　　　　　保管：张珂　　　　　　　　　　领料：刘亦铭

（13）第 13 号记账凭证及所附原始凭证，如表 3-114 及表 3-115 所示。

表 3-114

记账凭证

20×1 年 12 月 13 日　　　　　　　　　　记字第 13 号

摘　要	会计科目	明细科目	√	借方金额 千 百 十 万 千 百 十 元 角 分	√	贷方金额 千 百 十 万 千 百 十 元 角 分
购买金钢砂到货	主营业务成本			1 3 0 0 0 0 0	√	
	预付账款	河北涞源公司			√	1 3 0 0 0 0 0
合　计				1 3 0 0 0 0 0		1 3 0 0 0 0 0

附单据 1 张

财务主管：李冰　　　记账：李冰　　　出纳：徐晋　　　审核：　　　制单：徐晋

表 3-115

河北增值税普通发票

2700058165　　　　　　　　发 票 联　　　　　　　№ 00382844

开票日期：20×1 年 12 月 13 日

购货单位	名　称：山东爱家科技开发有限公司 纳税人识别号：370112733690588 地址、电话：济南市将军路 170 号 0531-81238875 开户行及账号：中国农业银行济南东风支行 34615133101040002897	密码区	67893--+9827/16<241<加密版本：01 0<<>3<2+876<-6105>4+> 51*84-9319<8>9-20<750 0/-3000252/9-*+91>>4+ 3700021985 00382165

货物或应税劳务名称	规格型号	单位	数量	单价	金额	税率	税额
金钢砂		吨	2	5 555.56	11 111.11	17%	1 888.89
合计					￥11 111.11		￥1 888.89

价税合计（大写）	⊗壹万叁仟元整	（小写）￥13 000.00

销货单位	名　称：河北涞源金刚砂有限公司 纳税人识别号：270105775285694 地址、电话：石家庄市新华区友谊北大街 167 号 85856679 开户行及账号：中国工商银行石家庄友谊支行 0008003700005757	备注	货款已预付

收款人：王洋　　　复核：张勇　　　开票人：赵玉娟　　　销货单位：（章）

（14）记字第 14 号记账凭证及所附原始凭证，如表 3-116 及表 3-117 所示。

表 3-116

记账凭证

20×1 年 12 月 13 日　　　　　　　　　　　　　　　　　　　　　记字第 14 号

摘　要	会计科目	明细科目	√	借方金额								√	贷方金额								
				千	百	十	万	千	百	十	元	角	分		千	百	十	万	千	百	十	元	角	分
收回加工费	库存现金					2	1	0	0	0	0	0	√											
	应收账款	日照滨阳公司											√			2	1	0	0	0	0	0
合　计						2	1	0	0	0	0	0				2	1	0	0	0	0	0

财务主管：李冰　　　记账：李冰　　　出纳：徐晋　　　　　审核：　　　　　　　制单：徐晋

附单据 1 张

表 3-117　　　　　　　　**服务业统一收款收据**　　　　　　No 00121577

交款人：日照滨阳公司　　　　　　　　　　　　　　　　　　　　20×1 年 12 月 13 日

项　目	单　位	数量	单价	金　额								备注
				百	万	千	百	十	元	角	分	
收加工费	个	100	210		2	1	0	0	0	0	0	
金　额人民币	（大写）贰万壹仟元整			￥	2	1	0	0	0	0	0	

开票人：李冰　　　　　收款：徐晋　　　　　　　　　　　　　　　单位签章：

第三联：记账联

（15）记字第 15 号记账凭证及所附原始凭证，如表 3-118～表 3-120 所示。

表 3-118

记账凭证

20×1 年 12 月 13 日　　　　　　　　　　　　　　　　　　　　　记字第 15 号

摘　要	会计科目	明细科目	√	借方金额								√	贷方金额								
				千	百	十	万	千	百	十	元	角	分		千	百	十	万	千	百	十	元	角	分
报销招待费	管理费用	业务招待费							3	0	4	0	0	√										
	库存现金												√						3	0	4	0	0
合　计									3	0	4	0	0						3	0	4	0	0

财务主管：李冰　　　记账：李冰　　　出纳：徐晋　　　　　审核：　　　　　　　制单：徐晋

附单据 2 张

表 3-119

费用报销单

报销日期：20×1 年 12 月 13 日

附件 1 张

费用项目	类别	金额	负责人（签章）		王美
招待液压站 10 人		304.00			
			审核意见		李冰 现金付讫
			报销人（签章）		杨阳
报销金额合计			￥304.00		
核实金额（大写）		⊗万⊗仟叁佰零拾肆元零角零分		￥304.00	
借款金额		应退金额		应补金额	

审核：

出纳：徐 晋

表 3-120

餐费发票

山东省济南市市服务业、娱乐业、
文化体育业通用发票（卷）
JINAN SHANDONG GENERAL INVOICE FOR SERVICE INDUSTRY,
ENTERTAINMENT INDUSTRY AND CULTURE SPORT INDUSTRY

发 票 联
INVOICE

密　　码
PASSWORD

发 票 代 码：
INVOICE CODE　134010500100

发 票 号 码：
INVOICE No.　0293832

机 打 票 号：
PRINTING No.　63274834

机 器 编 号：
RECEIVER No.64732889

收 款 单 位：
PAYEE　　济南张记粥府有限公司

税 务 登 记 号：
TAX REGISTRY No.　37010164728388

开 票 日 期：
DATE ISSUED　　1210　收 款 员
RECEIVED BY 王芳

付 款 单 位（个人）：
PAYER
山东爱家科技开发有限责任公司

除付款单位外手写无效
HAND-WRITING INVALID EXCEPT PAYER

项　目 SERVICE ITEM	金　额 AMOUNT CHARGED
餐费	304.00

合 计（小写）：
TOTAL IN FLGURES 304.00

合 计（大写）：
TOTAL IN CAPITALS 叁佰零肆元整

税 控 码：
ANTI-FORGERY CODE　783292023

收款单位签章
PAYEE(SEAL)

济南张记粥府有限公司
税号：37010164728388
发票专用章

（16）记字第16号记账凭证及所附原始发票，如表3-121～表3-123所示。

表3-121

记账凭证

20×1年12月14日　　　　　　　　　　　　　记字第16号

摘　要	会计科目	明细科目	√	借方金额 千百十万千百十元角分	√	贷方金额 千百十万千百十元角分	
预存税款	银行存款	信用社		1 2 0 0 0 0	√		附单据2张
	库存现金				√	1 2 0 0 0 0	
合　计				1 2 0 0 0 0		1 2 0 0 0 0	

财务主管：李冰　　　　记账：李冰　　出纳：徐晋　　　　　审核：　　　　　　　制单：徐晋

表3-122

费用报销单

报销日期：20×1年12月14日　　　　　　　　　　　　　附件1张

费用项目	类别	金额	负责人（签章）	王美
预存税款		1 200.00	审核意见	李冰 现金付讫
			报销人（签章）	徐晋
报销金额合计		¥1 200.00		
核实金额（大写）	⊗万壹仟贰佰零拾零元零角零分			¥1 200.00
借款金额		应退金额		应补金额	

审核：　　　　　　　　　　　　　　出纳：徐晋

表3-123

现金缴款单（回单）　　1

20×1年12月14日

缴款单位	名称	山东爱家科技开发有限公司						款项来源			税款					
	账号	90102140030100131434						缴款部门								
人民币（大写）	壹仟贰佰元整		亿	千	百	十	万	千	百	十	元	角	分			
								¥	1	2	0	0	0	0		
券别	张数	千百十万千百十元	券别	张数	千百十元角分	上列款项已如数收妥入账
一百元	1	1 0 0	一元			
五十元	6	3 0 0	五角			济南市历城区农村信用合作联社（收款信用社盖章）
二十元	40	8 0 0	二角			
十元			一角			20×1.12.04
五元			分币			经手人 业务转讫章
二元						(4)

（17）记字第 17 号记账凭证及所附原始凭证，如表 3-124 和表 3-125 所示。

表 3-124

记账凭证

20×1 年 12 月 14 日　　　　　　　　　　　　　　　　　　　　记字第 17 号

摘　要	会计科目	明细科目	√	借方金额											√	贷方金额										
				千	百	十	万	千	百	十	元	角	分		千	百	十	万	千	百	十	元	角	分
预交本月税款	应交税费	应交增值税						6	1	7	4	8	√											
	银行存款	信用社												√					6	1	7	4	8
合　计								6	1	7	4	8							6	1	7	4	8

财务主管：李冰　　　　记账：李冰　　　出纳：徐晋　　　　审核：　　　　　制单：徐晋

附单据 1 张

表 3-125

委托银行划款专用凭证

填发日期 20×1 年 12 月 14 日

纳税人识别号	370112733690588		征收机关	济南市历城区国税局华山分局
缴款人名称	山东爱家科技开发有限公司		收款国库	历城区支库
开户银行	华山信用社		划款日期	20×1. 12. 14
账　号	90102140030100131434			济南市历城区农村信用合用联社 华山信用社 20×1.12.14 业务转讫章 （4）
税（费）种	所属期		电子交易号	金额
增值税	20×11201—20×11231			617. 48
金额合计	陆佰壹拾柒元肆角捌分			
银行签章		柜员号		备注

（18）记字第 18 号记账凭证及所附原始凭证，如表 3-126～表 3-128 所示。

表 3-126

记账凭证

20×1 年 12 月 14 日　　　　　　　　　　　　　　　　　　　　记字第 18 号

摘　要	会计科目	明细科目	√	借方金额											√	贷方金额										
				千	百	十	万	千	百	十	元	角	分		千	百	十	万	千	百	十	元	角	分
加工磨辊，未收款	应交账款	河南黑马粮油公司					8	7	0	0	0	0		√										
		长春香香面粉				1	2	5	0	0	0	0		√										
	主营业务收入													√				2	0	5	8	2	5	2
	应交税费	应交增值税												√						6	1	7	4	8
合　计						2	1	2	0	0	0	0					2	1	2	0	0	0	0

财务主管：李冰　　　　记账：李冰　　　出纳：徐晋　　　　审核：　　　　　制单：徐晋

附单据 2 张

表 3-127

山东增值税专用发票

3700051256

发票联

№ 00232168

开票日期：20×1 年 12 月 14 日

| 购货单位 | 名　称：河南黑马粮油工业有限责任公司
纳税人识别号：130181765184669
地址、电话：辛集市市府大街东风路南侧　0411-84381344
开户行及账号：工商银行辛集支行　56080236192404014018 | | | | 密码区 | 67893--+9827/16<241<加密版本：01
0<<>3<2+876<-6105>4+>
51*84-9319<8>9-20<750　3700051256
0/-3000252/9-*+91>>4+　00232168 |

货物或应税劳务名称	规格型号	单位	数量	单价	金额	税率	税额
磨辊修理费（表面处理）		支	22	383.94	8 446.60	3%	253.40
合计					￥8 446.60		￥253.40

| 价税合计（大写） | ⊗ 捌仟柒佰元整 | （小写）￥8 700.00 |

| 销货单位 | 名　称：山东省济南市历城区国家税务局华山分局（代开税关）
纳税人识别号：37011203DK00150
地址、电话：济南市华山镇姬家庄　0531-88268890
开户行及账号：工商银行历山北路支行　00037000700181987675 | 备注 | 代开企业税号 3701127336905 88
山东爱家科技开发有限公司 |

收款人：赵丽　　　复核：石燕　　　开票人：张欣欣　　　销货单位：（章）

第二联：记账联　购货方记记账凭证

国税函[2010]150 号华森印刷厂

表 3-128

山东增值税专用发票

3700050987

发票联

№ 00345168

开票日期：20×1 年 12 月 14 日

| 购货单位 | 名　称：长春香香面粉股份有限公司
纳税人识别号：210113243418895
地址、电话：长春农业高新技术开发区东区　84381344
开户行及账号：农业银行长春高新支行　06-180001040023401 | | | | 密码区 | 67893--+9827/16<241<加密版本：01
0<<>3<2+876<-6105>4+>
51*84-9319<8>9-20<750　3700050987
0/-3000252/9-*+91>>4+　00345168 |

货物或应税劳务名称	规格型号	单位	数量	单价	金额	税率	税额
磨辊修理费（表面处理）		支	30	404.53	12 135.92	3%	364.08
合计					￥12 135.92		￥364.08

| 价税合计（大写） | ⊗ 壹万贰仟伍佰元整 | （小写）￥12 500.00 |

| 销货单位 | 名　称：山东省济南市历城区国家税务局华山分局（代开税关）
纳税人识别号：37011203DK00150
地址、电话：济南市华山镇姬家庄　0531-88268890
开户行及账号：工商银行历山北路支行　00037000700181987675 | 备注 | 代开企业税号 3701127336905 88
山东爱家科技开发有限公司 |

收款人：孙南飞　　　复核：杨林　　　开票人：刘开明　　　销货单位：（章）

第一联：记账联　销货方记记账凭证

国税函[2010]150 号华森印刷厂

（19）记字第 19 号记账凭证及所附原始凭证，如表 3-129 及表 3-130 所示。

表 3-129

记账凭证

20×1 年 12 月 15 日

记字第 19 号

摘 要	会计科目	明细科目	√	借方金额		贷方金额
				千百十万千百十元角分	√	千百十万千百十元角分
提现	库存现金			4 0 0 0 0 0	√	
	银行存款	农行			√	4 0 0 0 0 0
合 计				4 0 0 0 0 0		4 0 0 0 0 0

附单据 1 张

财务主管：李冰　　　记账：李冰　　　出纳：徐晋　　　审核：　　　制单：徐晋

表 3-130

支票存根

中 国 农 业 银 行

现 金 支 票 存 根

XII 0012003

科　　目 _____

对方科目 _____

出票日期　20×1 年 12 月 15 日

收款人：山东爱家科技开发有限公司
金　额：￥4 000.00
用　途：提现

单位主管　王美　　　会计：李冰

（20）记字第 20 号记账凭证及所附原始凭证，如表 3-131～表 3-133 所示。

表 3-131

记账凭证

20×1 年 12 月 15 日

记字第 20 号

摘　要	会计科目	明细科目	√	借方金额 千 百 十 万 千 百 十 元 角 分	√	贷方金额 千 百 十 万 千 百 十 元 角 分	
交纳养老保险	应付职工薪酬	社会保险		1 1 7 7 1 2	√		附单据2张
	其他应付款	代扣保险		4 3 3 6 8	√		
	库存现金					1 6 1 0 8 0	
合　计				1 6 1 0 8 0		1 6 1 0 8 0	

财务主管：李冰　　　记账：李冰　　　出纳：徐晋　　　审核：　　　制单：徐晋

表 3-132

费用报销单

报销日期：20×1 年 12 月 15 日

附件 1 张

费用项目	类别	金额	负责人（签章）	王美
缴纳社会保险		1 610.80		
			审核意见	李冰
			报销人（签章）	徐晋
报销金额合计			¥ 1 610.80	
核实金额（大写）	⊗万壹仟陆佰壹拾零元捌角零分			¥1610.80
借款金额		应退金额		应补金额

审核：　　　　　　　　　　　　　　　　　　　出纳：徐 晋

表 3-133

山东省社会保险费专用收款收据

No **242004019868**

缴款单位：010011848　　山东爱家科技开发有限公司　　　　经济类别：私营有限责任公司　　单位：元

收费项目	起始年月	终止年月	人数	单位缴纳额	个人缴纳额	滞纳金	利息	合计金额	
基本养老保险费	20×1-12	20×1-12	2	752.15	300.86	0.00	.00	1 053.01	第一联
基本医疗保险费	20×1-12	20×1-12	2	300.86	95.22	0.00	.00	396.08	收据联
失业保险费	20×1-12	20×1-12	2	75.22	37.60	0.00	.00	112.82	
工伤保险费	20×1-12	20×1-12	2	18.80	0.00	0.00	.00	18.80	付款人收据
生育保险费	20×1-12	20×1-12	2	30.09	0.00	0.00	.00	30.09	
人民币合计（大写）：壹仟陆佰壹拾元捌角								¥ 1 610.80	

收款单位（章）：　　　财务复核人：　　　业务复核人：　　　操作员：　　　开票时间：20×1-12-15

（21）记字第 21 号记账凭证及所附原始凭证，如表 3-134～表 3-136 所示。

表 3-134

记账凭证

20×1 年 12 月 15 日　　　　　　　　　　　　　　记字第 21 号

摘　要	会计科目	明细科目	√	借方金额	√	贷方金额
				千百十万千百十元角分		千百十万千百十元角分
报销邮费	管理费用	办公费		8 4 0	√	
	库存现金				√	8 4 0
合　计				8 4 0		8 4 0

财务主管：李冰　　　记账：李冰　　　出纳：徐晋　　　审核：　　　制单：徐晋

附单据 2 张

表 3-135

费用报销单

报销日期：20×1 年 12 月 15 日　　　　　　　　附件 1 张

费用项目	类别	金额	负责人（签章）	王美
挂号信		8.40		
			审核意见	现金付讫
			报销人（签章）	李冰
报销金额合计			¥8.40	
核实金额（大写）	⊗万⊗仟⊗佰⊗拾捌元肆角零分			¥8.40
借款金额		应退金额		应补金额

审核：　　　　　　　　　出纳：徐晋

表 3-136

山东省邮政业务专用发票

发票代码：23745679856
发票号码：00036789

20×1 年 12 月 15 日

项　目	单　位	数　量	单　价	金　额
				千百十元角分
邮费				8 4 0
金额人民币	（大写）⊗仟⊗佰⊗拾捌元肆角零分			¥8 4 0

开票人：　　　收款人：王蒙　　　　　　单位签章：

第二联：发票联

200

（22）记字第 22 号记账凭证及所附原始凭证，如表 3-137～表 3-140 所示。

表 3-137

记账凭证

20×1 年 12 月 15 日

记字第 22 号

摘　　要	会计科目	明细科目	√	借方金额		√	贷方金额	
				千百十万千百十元角分			千百十万千百十元角分	
购买加工用机油	原材料	机油		1 2 7 6 0 0		√		
		库存现金				√	1 2 7 6 0 0	
合　　计				1 2 7 6 0 0			1 2 7 6 0 0	

附单据 3 张

财务主管：李冰　　　记账：李冰　　出纳：徐晋　　　　审核：　　　　　　制单：徐晋

表 3-138

费用报销单

报销日期：20×1 年 12 月 15 日

附件 1 张

费用项目	类别	金额	负责人（签章）		王美
购买机油		1 276.00			
			审核意见		李冰
			报销人（签章）		赵敏
报销金额合计			￥1 276.00		
核实金额（大写）	⊗ 万壹仟贰佰柒拾陆元零角零分				￥1 276.00
借款金额		应退金额		应补金额	

审核：　　　　　　　　　　　　　出纳：徐晋

表 3-139

入 库 单

存放地点：仓库　　　　　　　20×1 年 12 月 15 日　　　　　　No:5290384

编号	品名	规格型号	单位	数量	单价	金额
	机油		吨	0.17	7 505.88	1 276.00
备注						

保管：张珂

表 3-140 　　　　　　　　　山东增值税普通发票

3700021985　　　　　　　　　　发票联　　　　　　　№　00382165

开票日期：20×1 年 12 月 15 日

购货单位	名　称：山东爱家科技开发有限公司 纳税人识别号：：370112733690588 地　址、电话：济南市将军路 170 号　0531-81238875 开户行及账号：中国农业银行济南东风支行　34615133101040002897	密码区	67893--+9827/16<241<加密版本：01 0<<>3<2+876<-6105>4+> 51*84-9319<8>9-20<750 0/-3000252/9-*+91>>4+ 3700021985 00382165

货物或应税劳务名称	规格型号	单位	数量	单价	金额	税率	税额
32#机械油		吨	0.17	6 415.29	1 090.60	17%	185.40
合计					¥ 1 090.60		¥ 185.40

价税合计（大写）　⊗壹仟贰佰柒拾陆元整　　　（小写）¥ 1 276.00

销货单位	名　称：济南奥克利润滑油有限公司 纳税人识别号：370105775823232 地　址、电话：历城区北坦大街 167 号　85856679 开户行及账号：济南市商业银行北圆支行　0008003700005757	备注	

收款人：孙亮　　　复核：李茜　　　开票人：刘一明　　　销货单位：（章）

第二联：发票联　购货方记账凭证

国税函[2010]150 号华森印制厂

（23）记字第 23 号记账凭证及所附原始凭证，如表 3-141 及表 3-142 所示。

表 3-141 　　　　　　　　　记账凭证

20×1 年 12 月 15 日　　　　　　　记字第 23 号

摘　要	会计科目	明细科目	√	借方金额 千百十万千百十元角分	√	贷方金额 千百十万千百十元角分
领用配件	主营业务成本			1 2 7 6 0 0	√	
	原材料	机油			√	1 2 7 6 0 0
合　计				1 2 7 6 0 0		1 2 7 6 0 0

财务主管：李冰　　　记账：李冰　　　出纳：　　　审核：　　　制单：徐晋

附单据 1 张

表 3-142 　　　　　　　　　领 料 单

领料部门：车间　　　　　20×1 年 12 月 15 日　　　　　No:5290848

编号	品名	规格型号	单位	数量	单价	金额
	机油		吨	0.17	7 505.88	1 276.00

备注：加工用

审核：李冰　　　保管：张珂　　　领料：刘亦铭

（24）记字第 24 号记账凭证及所附原始凭证，如表 3-143 及表 3-144 所示。

表 3-143

记账凭证

20×1 年 12 月 16 日　　　　　　　　　　　　　　　　　记字第 24 号

摘　要	会计科目	明细科目	√	借方金额		√	贷方金额	
				千百十万千百十元角分			千百十万千百十元角分	
加工磨辊收款	库存现金			3 4 0 0 0 0		√		
	主营业务收入					√	3 3 0 0 9 7	
	应交税费	应交增值税				√	9 9 0 3	
合　计				3 4 0 0 0 0			3 4 0 0 0 0	

财务主管：李冰　　　记账：李冰　　出纳：徐晋　　　审核：　　　　　制单：徐晋

附单据 1 张

表 3-144　　　　　　　　山东省修理修配统一发票

发票代码 137010760153

记 账 联

发票号码 00039990

客户名称及地址　丹顶鹤面粉有限公司　　　　　　　　20×1 年 12 月 16 日填制

第三联：记账联（填票单位作记账凭证）

项　目	单　位	数　量	单　价	金　额						说　明
				千	百	十	元	角	分	
磨辊拉丝	支	2	300		6	0	0	0	0	20×2 年底前开具有效
磨辊喷砂	支	8	350	2	8	0	0	0	0	汽车维修行业必须附山东省汽车维修结算清单
金　额 人民币	（大写）叁仟肆佰零拾零元零角零分			3	4	0	0	0	0	

开票人：李冰　　　收款人：徐晋　　　　　　　　单位签章：

（25）记字第 25 号记账凭证及所附原始凭证，如表 3-145～表 3-147 所示。

表 3-145

记账凭证

20×1 年 12 月 16 日

记字第 25 号

摘　要	会计科目	明细科目	√	借方金额									√	贷方金额									附单据2张
				千	百	十	万	千	百	十	元	角	分		千	百	十	万	千	百	十	元	角	分	
存现	银行存款	农行					3	4	0	0	0	0	√												
	库存现金													√					3	4	0	0	0	0	
合　计							3	4	0	0	0	0							3	4	0	0	0	0	

财务主管：李冰　　　记账：李冰　　出纳：徐晋　　　　审核：　　　　制单：徐晋

表 3-146

费用报销单

报销日期：20×1 年 12 月 16 日

附件 1 张

费用项目	类别	金额	负责人（签章）	王美
存现金		3 400.00		
			审核意见	李冰
			报销人（签章）	徐晋
报销金额合计		¥ 3 400.00		
核实金额（大写）	⊗万叁仟肆佰零拾零元零角零分	¥ 3 400.00	现金付讫	
借款金额		应退金额	应补金额	

审核：　　　　　　　　出纳：徐晋

表 3-147

现金缴款单（回单）1

20×1 年 12 月 16 日

缴款单位	名称	山东爱家科技开发有限公司					款项来源				收入						
	账号	34615133101040002897					缴款部门										
人民币（大写）	叁仟肆佰元整						亿	千	百	十	万	千	百	十	元	角	分
												¥	3	4	0	0	0	0
券别	张数	千	百	十	万	千	百	十	元	券别	张数	千	百	十	元	角	分	上列款项已如数收妥入账
一百元	30					3	0	0	0	一元								（收款银行盖章）
五十元	8					4	0	0		五角								
二十元										二角								
十元										一角								
五元										分币								
二元																		

（收款银行盖章）中国农业银行济南东风支行　20×1.12.16　业务处理讫章（6）

（26）记字第 26 号记账凭证及所附原始凭证，如表 3-148～表 3-150 所示。

表 3-148

记账凭证

20×1 年 12 月 16 日   记字第 26 号

摘　要	会计科目	明细科目	√	借方金额										√	贷方金额										
				千	百	十	万	千	百	十	元	角	分		千	百	十	万	千	百	十	元	角	分
报销杀毒软件	管理费用	办公费							2	0	0	0	0	√										
	库存现金													√						2	0	0	0	0
合　计									2	0	0	0	0							2	0	0	0	0

附单据 2 张

财务主管：李冰　　　　记账：李冰　　　　出纳：徐晋　　　　审核：　　　　制单：徐晋

表 3-149

费用报销单

报销日期：20×1 年 12 月 16 日   附件 1 张

费用项目	类别	金额	负责人（签章）	王美
购买杀毒软件		200.00	审核意见	李冰
			报销人（签章）	赵敏
报销金额合计		¥200.00		
核实金额（大写）	⊗万⊗仟贰佰零拾零元零角零分	¥200.00		现金付讫
借款金额		应退金额		应补金额

审核：　　　　　　　　　　出纳：徐晋

表 3-150

购买软件发票

山东省地方税务局通用定额发票

（济南市）

山东省
发票局联

发票代码：237011200008

发票号码：00062981

山东江民技术有限

密码

税号：370104658243716

发票专用章

贰佰元整

（加盖发票专用章有效）

东巷印刷厂 20×0 年 12 月印 18100 本 准印号 00010855

（27）记字第 27 号记账凭证及所附原始凭证，如表 3-151～表 3-153 所示。

表 3-151

记账凭证

20×1 年 12 月 17 日　　　　　　　　　　　　记字第 27 号

摘　要	会计科目	明细科目	√	借方金额										√	贷方金额										
				千	百	十	万	千	百	十	元	角	分		千	百	十	万	千	百	十	元	角	分
汽车加油	管理费用	其他							2	4	8	0	0	√										
	库存现金													√						2	4	8	0	0
合　计										2	4	8	0	0							2	4	8	0	0

附单据 2 张

财务主管：李冰　　　　记账：李冰　　　出纳：徐晋　　　　　　审核：　　　　　　　制单：徐晋

表 3-152

费用报销单

报销日期：20×1 年 12 月 17 日　　　　　　　　　　　　附件 1 张

费用项目	类别	金额	负责人（签章）	王美
购买汽油		248.00		
			审核意见	李冰
			报销人（签章）	赵敏
报销金额合计		￥248.00		
核实金额（大写）	⊗万⊗仟贰佰肆拾捌元零角零分	￥248.00	现金付讫	
借款金额		应退金额		应补金额

审核：　　　　　　　　　　　　出纳：徐晋

表 3-153 加油发票

山东省商业发票监制章

山东省
国家税务总局监制

发票代码 13761012722789
发票号码 07841664

客户名称

中国石油山东济南销售公司

品名	单价	数量	金额
E97 #	8.00	31.00	248.00

合计金额: 248.00 元   00008054
优惠合计: 0.00 元   13: 57: 49
大写: 贰佰肆拾捌元整
开票日期: 20×1 ...山东济南销售分公司
税号: 370102726208353
欢迎光临中国石油   发票专用章
备注:

鲁国税发票字 [20×1] 079 号卷数 ××××××××××
山东金岁印务中心 20×1 年 8 月印

除客户名称手写无效 二O二二年底前开具有效

（28）记字第 28 号记账凭证及所附原始凭证，如表 3-154～表 3-158 所示。

表 3-154 记账凭证

20×1 年 12 月 17 日   记字第 28 号

摘要	会计科目	明细科目	√	借方金额		√	贷方金额	
				千百十万千百十元角分			千百十万千百十元角分	
报销职工探亲路费	应付职工薪酬	职工福利		5 5 5 0	√			
	库存现金				√		5 5 5 0	
合　计				5 5 5 0			5 5 5 0	

附单据 4 张

财务主管: 李冰   记账: 李冰   出纳: 徐晋   审核: 制单: 徐晋

表 3-155

费用报销单

报销日期：20×1 年 12 月 17 日 　　　　　　　　　　　　　　　　附件 3 张

费用项目	类别	金额	负责人（签章）		王美
探亲路费		55.50			
			审核意见		李冰
			报销人（签章）		郑爽
报销金额合计			¥55.50		现金付讫
核实金额（大写）	⊗万⊗仟⊗佰伍拾伍元伍角零分		¥55.50		
借款金额		应退金额		应补金额	

审核：　　　　　　　　　　　　　　　　出纳：徐晋

表 3-156

汽车票

山 东 省 公 路 汽 车 客 票

济东(07)2540554

12-15　09：17　　　9-02540554　淄川标准票价：27.00 元

始 站	到 站	票 价	车 次
济南东站	淄川	22.00 元（优）	ZCY 次
检票口	座号	乘车日期	发车时间
12 号	08 座	20×1 年 12 月 15 日	流时水分

山东省交通厅道路运输局监制

1. 本客票含旅客站务费，具有商务合同、保护旅客合法权益的作用。
2. 限乘当日当次车，过期、涂改、污染、撕损即失效。

表 3-157

出租车发票

济南市出租车发票
JINAN TAXI INVOICE

发票代码：237010711103
发票号码：29498613
监督电话：
市物价局：
市客管中心：

机打发票 手写无效

单位代码：　　　　3000203
电话：
车号：鲁　　AX-0545
证号：　　　　000000
日期：　　20×1-12-16
上车：　　　　18：49
下车：　　　　19：01
单价：　　　　1.50
里程：　　　　4.8
等候：　00：00：00
状态：
金额：　　　¥10.50
卡号：

此发票经济南市地方税务局批准印制
济南市地税局票证打印所

表 3-158　　　　　　　　　汽车票
山东省公路汽车客票

淄(07)A7704187
12-16　09：17　　　6-0770418 7

始　站	到　站	票　价	车　次
淄川	济南	23.00 元（全）	100 次
检票口	座号	乘车日期	发车时间
1 号	18 座	20×1 年 12 月 16 日	流时水分

1. 本客票含旅客站务费，具有商务合同、保护旅客合法权益的作用。
2. 限乘当日当次车，过期、涂改、污染、撕损即失效。

（29）记字第 29 号记账凭证及所附原始凭证，如表 3-159～表 3-160 所示。

表 3-159　　　　　　　　　记账凭证
20×1 年 12 月 18 日　　　　　　　　　　记字第 29 号

摘　要	会计科目	明细科目	√	借方金额 千百十万千百十元角分	√	贷方金额 千百十万千百十元角分
报销会务费	管理费用	办公费		1 8 0 0 0	√	
	库存现金				√	1 8 0 0 0
合　计				1 8 0 0 0		1 8 0 0 0

附单据 2 张

财务主管：李冰　　记账：李冰　　出纳：徐晋　　审核：　　制单：徐晋

表 3-160　　　　　　　　　费用报销单

报销日期：20×1 年 12 月 18 日　　　　　　　　附件 1 张

费用项目	类别	金额		
统计会务费		180.00	负责人（签章）	王美
			审核意见	李冰
			报销人（签章）	杨阳
报销金额合计			¥180.00	现金付讫
核实金额（大写）	⊗万⊗仟壹佰捌拾零元零角零分		¥180.00	
借款金额		应退金额		应补金额

审核：　　　　　　　出纳：徐晋

表 3-161 　　　　　　　　　　　　会务费发票

济南XXXX大酒店

山东省济南市服务业、娱乐业、
文化体育业通用发票（卷）
JINAN SHANDONG GENERAL INVOICE FOR SERVICE INDUSTRY,
ENTERTAINMENT INDUSTRY AND CULTURE AND SPORT INDUSTRY

发　票　联
INVOICE

密　码
PASSWORD

发票代码 370112798501
INVOICE CODE

发票号码 98503425
INVOICE No.

机打票号 XEUE-8958
PRINTING No.

机器编号：
RECEIVER No.

收款单位：济南XXXX大酒店
PAYEE

税务登记号：370113145278964
TAX REGISTRY No.

开票日期 20X1.12.18　收款员 TJ-1
DATE ISSUED　　　　　　RECEIVED

付款单位（个人）山东爱家科技开发
PAYER　　　　　　有限公司

除付款单位外手写写无效
HANDWRITING INVALID EXCEPT PAYER

经营项目 ITEMS OF BUSINESS	金　额 AMOUNT CHARGED
会务费	￥180.00

收款单位签章
PAYER'S SEAL

济南XXXX大酒店
税号：370113145278964
发票专用章

合计（小写） ￥180.00
TOTAL IN FIGURE

合计（大写） 壹佰捌拾元零角零分
TOTAL IN CAPITAL

税控码 XXXXXXX
ANTI-FORGERY CODE

兑奖联

奖　区 AWARD AREA	密　码 PASSWORD

发票代码 370112798501
INVOICE CODE

发票号码 98503425
INVOICE No.

（30）记字第 30 号记账凭证及所附原始凭证，如表 3-162～表 3-164 所示。

表 3-162 　　　　　　　　　　　　记账凭证

20×1 年 12 月 19 日　　　　　　　　　　　　　　　　记字第 30 号

摘　要	会计科目	明细科目	√	借方金额								√	贷方金额							
				千	百	十	万	千	百	十	元	角	分	√	千	百	十	万	千	百	十	元	角	分
交纳上月电话费	管理费用	办公费						4	2	0	0	0	√								
	库存现金												√					4	2	0	0	0
合　计								4	2	0	0	0						4	2	0	0	0

附单据 2 张

财务主管：李冰　　　记账：李冰　　出纳：徐晋　　　　审核：　　　　　　　　制单：徐晋

表 3-163

费用报销单

报销日期：20×1 年 12 月 19 日　　　　　　　　　　　　　　　　　附件 1 张

费用项目	类别	金额	负责人（签章）	王美
交电话费		420.00		
			审核意见	李冰
			报销人（签章）	徐晋
报销金额合计			¥420.00	
核实金额（大写）	⊗万⊗仟肆佰贰拾零元零角零分		¥420.00	现金付讫
借款金额		应退金额		应补金额	

审核：　　　　　　　　　　　　　　　　出纳：徐晋

表 3-164　　　　　　　　　　　　　　电话费发票

中国网通（集团）有限公司山东省分公司专用发票

发 票 联

发票代码：237010142203

受理编号：422038509　　　合同号：381690016222228　　　发票号码：02020358

用户名称	山东爱家科技开发有限公司	电话号码	8123887
基本月租费	35.00		
本地通话费	326.65		
国内长话费	52.47	编号：ZJ(80) 收费专用章	
新业务费	3.00		
上次余额	-3.52		
本次余额	-0.64		
本次应收	412.96		
实收金额	（大写）肆佰贰拾元整	（小写）¥420.00	

第二联 发票联

本次费用起止从：20×1/11/01—20×1/11/30　　　收款日期：20×1. 12. 19　　　工号：11031263

（31）记字第 31 号记账凭证及所附原始凭证，如表 3-165 及表 3-166 所示。

表 3-165

记账凭证

20×1年12月20日　　　　　　　　　　　　　　　　　　记字第 31 号

摘 要	会计科目	明细科目	√	借方金额 千百十万千百十元角分	√	贷方金额 千百十万千百十元角分
收回加工费	库存现金			1 0 0 0 0 0	√	
	应收账款	济南贝通面粉			√	1 0 0 0 0 0
合 计				1 0 0 0 0 0		1 0 0 0 0 0

附单据 1 张

财务主管：李冰　　　记账：李冰　　　出纳：徐晋　　　审核：　　　　制单：徐晋

表 3-166　　　　　　　　　　服务业统一收款收据　　　　№ **00121578**

交款人：济南贝通面粉有限公司　　　　　　　　　　　　　20×1 年 12 月 20 日

项目	单位	数量	单价	金额								备注
				十	万	千	百	十	元	角	分	
收回上月磨辊加工	个		200		1	0	0	0	0	0	0	
							现 金 收 讫					
金　额人民币	（大写）壹仟元整　财务专用章				¥	1	0	0	0	0	0	

开票人：李冰　　　　　收款人：徐晋　　　　　　　单位签章：

第三联：记账联

（32）记字第 32 号记账凭证及所附原始凭证，如表 3-167 及表 3-168 所示。

表 3-167　　　　　　　　　　　　记账凭证

20×1 年 12 月 20 日　　　　　　　　　　　　　　　　　记字第 32 号

摘　要	会计科目	明细科目	√	借方金额									√	贷方金额								
				千	百	十	万	千	百	十	元	角	分		千	百	十	万	千	百	十	元	角	分
收第四季度利息	银行存款	农行							8	8	3	7	√									
	财务费用	利息费用											√						8	8	3	7
合　计									8	8	3	7							8	8	3	7

附单据 1 张

财务主管：李冰　　　记账：李冰　　　出纳：徐晋　　　审核：　　　制单：徐晋

表 3-168　　　　　　　　　　　　入账通知

中国农业银行
AGRICULTURAL BANK OF CHINA

利息入账通知

20×1 年 12 月 20 日　　　　　　　传票号：99997581

收款人：中国农业银行济南东风支行
计息账号：34615133101040002897
收款户名：山东爱家科技开发有限公司
收款账号：34615133101040002897
　　利息金额大写：（人民币）捌拾捌元叁角柒分
　　利息金额小写：RMB88.37
计息期间：20×10921—20×11220
活期存款积数：3 927 549.02　　　　利率：0.810 0
协定存款积数：0.00　　　　　　　　利率：0.810
摘要：结息

中国农业银行济南东风支行
20×1.12.20
业务处理讫章
（6）

客户入账通知

（33）记字第 33 号记账凭证及所附原始凭证，如表 3-169～表 3-171 所示。

表 3-169

记账凭证

20×1 年 12 月 20 日　　　　　　　　　　　　　　　　　　记字第 33 号

摘　要	会计科目	明细科目	√	借方金额		√	贷方金额		
				千百十万千百十元角分			千百十万千百十元角分		
存现	银行存款	农行		3 6 0 0 0 0		√			
	库存现金					√	3 6 0 0 0 0		
合　计				3 6 0 0 0 0			3 6 0 0 0 0		

附单据 2 张

财务主管：李冰　　　记账：李冰　　　出纳：徐晋　　　审核：　　　　　制单：徐晋

表 3-170

费用报销单

报销日期：20×1 年 12 月 20 日　　　　　　　　　　　　　　　　　附件 1 张

费用项目	类别	金额	负责人（签章）	王美
存现金		3 600.00		
			审核意见	李冰
			报销人（签章）	徐晋
报销金额合计		¥ 3 600.00		
核实金额（大写）	⊗万叁仟陆佰零拾零元零角零分	¥ 3 600.00		现金付讫
借款金额		应退金额		应补金额

审核：　　　　　　　　　　　　　　出纳：徐晋

表 3-171

现金缴款单（回单）1

20×1 年 12 月 20 日

缴款	名称	山东爱家科技开发有限公司		款项来源			收入					
单位	账号	34615133101040002897		缴款部门								
人民币（大写）	叁仟陆佰元整			亿	千	百	十	万	千	百	十	元	角	分

人民币（大写）						亿	千	百	十	万	千	百	十	元	角	分
叁仟陆佰元整										¥	3	6	0	0	0	0

券别	张数	千	百	十	万	千	百	十	元	券别	张数	千	百	十	元	角	分	上列款项已如数收入账
一百元	36					3	6	0	0	一元								（收款银行盖章）
五十元										五角								
二十元										二角								
十元										一角								
五元										分币								
二元																		

中国农业银行济南东风支行
20×1.12.20
业务处理讫章
(6)

（34）记字第 34 号记账凭证及所附原始凭证，如表 3-172 及表 3-173 所示。

表 3-172

记账凭证

20×1 年 12 月 23 日　　　　　　　　　　　　　　　　　　记字第 34 号

摘　　要	会计科目	明细科目	√	借方金额		√	贷方金额	
				千百十万千百十元角分			千百十万千百十元角分	
加工磨辊未收款	应收账款	莱阳玉美面粉		3 1 5 0 0 0		√		
	主营业务收入					√	3 0 5 8 2 5	
	应交税费	应交增值税				√	9 1 7 5	
合　　计				3 1 5 0 0 0			3 1 5 0 0 0	

财务主管：李冰　　　记账：李冰　　　出纳：　　　　审核：　　　　制单：徐晋

附单据 1 张

表 3-173

山东省修理修配统一发票

记　账　联

发票代码 137010760153

发票号码 00039991

客户名称及地址　莱阳玉美面粉有限公司　　　　　　　　　　20×1 年 12 月 23 日填制

项目	单位	数量	单价	金额					说明
				千	百	十	元	角	分
磨辊拉丝	支	1000#/2	300			0	0	0	0
磨辊喷砂	支	1000#/6	400	2	4	0	0	0	0
运费	次	1	150		1	5	0	0	0
金　额人民币	（大写）叁仟壹佰伍拾零元零分			3	1	5	0	0	0

20×2 年年底前开具有效汽车维修行业必须附山东省汽车维修结算清单

第三联：记账联

开票人：　徐晋　　　　收款人：　　　　　　单位签章：

（35）记字第 35 号记账凭证及所附原始凭证，如表 3-174～表 3-176 所示。

表 3-174

记账凭证

20×1 年 12 月 24 日　　　　　　　　　　　　　　　　　　记字第 35 号

摘　　要	会计科目	明细科目	√	借方金额		√	贷方金额	
				千百十万千百十元角分			千百十万千百十元角分	
预存税款	银行存款	信用社		1 5 0 0 0 0		√		
	库存现金					√	1 5 0 0 0 0	
合　　计				1 5 0 0 0 0			1 5 0 0 0 0	

财务主管：李冰　　　记账：李冰　　　出纳：徐晋　　　审核：　　　　制单：徐晋

附单据 2 张

表3-175

费用报销单

报销日期：20×1 年 12 月 24 日   附件 1 张

费用项目	类别	金额	负责人（签章）	王美
预交税款		1 500.00		
			审核意见	李冰
			报销人（签章）	徐晋
报销金额合计		¥1 500.00		现金付讫
核实金额（大写）	⊗万壹仟伍佰零拾零元零角零分	¥1 500.00		
借款金额		应退金额		应补金额

审核：   出纳：徐晋

表3-176

现金缴款单（回单）1

20×1 年 12 月 24 日

缴款单位	名称	山东爱家科技开发有限公司						款项来源					税款					
	账号	90102140030100131434						缴款部门										
人民币（大写）	壹仟伍佰元整							亿	千	百	十	万	千	百	十	元	角	分
													¥	1	5	0	0	0	0

券别	张数	亿	千	百	十	万	千	百	十	元	券别	张数	千	百	十	元	角	分	上列款项已如数收妥入账
一百元	15						1	5	0	0	一元								济南市历城区农村信用合作联社华山信用社（收款信用社盖章）★ 20×1.12.24 ★ 业务转讫章（4）
五十元											五角								
二十元											二角								
十元											一角								
五元											分币								
二元																			

（36）记字第 36 号记账凭证及所附原始凭证，如表3-177 及表3-178 所示。

表3-177

记账凭证

20×1 年 12 月 25 日   记字第 36 号

摘要	会计科目	明细科目	√	借方金额									√	贷方金额									
				千	百	十	万	千	百	十	元	角	分		千	百	十	万	千	百	十	元	角	分
收回加工费	银行存款	农行					1	5	2	0	0	0	0	√										
	应收账款	河北发晨面粉公司												√				1	5	2	0	0	0	0
合计							1	5	2	0	0	0	0					1	5	2	0	0	0	0

附单据 1 张

财务主管：李冰   记账：李冰   出纳：徐晋   审核：   制单：徐晋

表 3-178　　　　　　　中国农业银行山东省分行联行来账凭证

20×1 年 12 月 25 日　　　　网内往来

日期：20×11225	来账业务序号：15133102990 借/贷：贷
往账行行号：	往账行行名：
付款人账号：5608023619240457219	付款人户名：河北发展面粉有限责任公司
收款人账号：34615133101040002897	收款人户名：山东爱家科技开发有限公司
转账金额：15 200.00	人民币：壹万伍仟贰佰元整
业务种类：汇兑	汇出行行名：中国工商银行辛集支行
加急标志：加急	汇入行行名：中国农业银行济南市东风支行
附言：大额转网内修理费转东风分理处	

上述款项已代转账，如有疑问，请持此单来行面洽

此致

（开户单位）

中国农业银行济南东风支行
20×1.12.25
业务处理讫章
（6）

第三联　客户入账通知

打印：　　　　　　　　　　　复核：

（37）记字第 37 号记账凭证及所附原始凭证，如表 3-179 及表 3-180 所示。

表 3-179　　　　　　　　　　　记账凭证

20×1 年 12 月 26 日　　　　　　　　记字第 37 号

摘要	会计科目	明细科目	√	借方金额										√	贷方金额										
				千	百	十	万	千	百	十	元	角	分		千	百	十	万	千	百	十	元	角	分
收回加工费	银行存款	农行						8	7	0	0	0	0	√										
	应收账款	潍坊易好粮油公司												√					8	7	0	0	0	0
合　计								8	7	0	0	0	0						8	7	0	0	0	0

附单据 1 张

财务主管：李冰　　　记账：李冰　　　出纳：徐晋　　　审核：　　　制单：徐晋

表 3-180　　　　　　　中国农业银行山东省分行联行来账凭证

20×1 年 12 月 26 日　　　　网内往来

日期：20×11226	来账业务序号：15133102907 借/贷：贷
往账行行号：	往账行行名：
付款人账号：5608023619240401401	付款人户名：潍坊易好粮油工业有限责任公司
收款人账号：34615133101040002897	收款人户名：山东爱家科技开发有限公司
转账金额：8 700.00	人民币：捌仟柒佰元整
业务种类：汇兑	汇出行行名：中国工商银行辛集支行
加急标志：加急	汇入行行名：中国农业银行济南市东风支行
附言：大额转网内修理费转东风支行	

上述款项已代转账，如有疑问，请持此单来行面洽

此致

（开户单位）

中国农业银行济南东风支行
20×1.12.26
业务处理讫章
（6）

第三联　客户入账通知

打印：　　　　　　　　　　　复核：

（38）记字第 38 号记账凭证及所附原始凭证，如表 3-181～表 3-187 所示。

表 3-181

记账凭证

20×1 年 12 月 27 日

记字第 38 号

摘　　要	会计科目	明细科目	√	借方金额										√	贷方金额									
				千	百	十	万	千	百	十	元	角	分		千	百	十	万	千	百	十	元	角	分
报销差旅费	管理费用	差旅费						5	2	1	0	0		√										
	库存现金													√						5	2	1	0	0
合　　计								5	2	1	0	0									5	2	1	0	0

附单据 3 张

财务主管：李冰　　　记账：李冰　　　出纳：徐晋　　　　　审核：　　　　　　　制单：徐晋

表 3-182

费用报销单

报销日期：20×1 年 12 月 27 日

附件 2 张

费用项目	类别	金额	负责人（签章）	王美
差旅费		521.00		
（济南—上海—济南）			审核意见	李冰
			报销人（签章）	杨阳
报销金额合计			￥521.00	现金付讫
核实金额（大写）	⊗万⊗仟伍佰贰拾壹元零角零分		￥521.00	
借款金额		应退金额		应补金额

审核：　　　　　　　　　　　出纳：徐晋

表 3-183　　　　　　　火车票

74E077473　　　　　　　济南⑬

济南　　T105次　　上海
Jinan　　　　　→　　　Shanghai

20X1 年 12 月 24 日 08：39 开　14 号车 017 号
￥198.00 元　　　　　空调特快硬卧上
限乘当日当次车
在 4 日内到有效

表 3-184　　　　　　　火车票

74E077586　　　　　　　上海⑬

上　海　　T106次　济　南
Shanghai　　　　　　Jinan

20X1 年 12 月 26 日 01：53 开　09 号车 015 号
￥198.00 元　　　　　空调特快硬卧上
限乘当日当次车
在 4 日内到有效

表 3-185　　　　　　　　　　　　　　　　公交车票汇总

41/1 巴士一汽 97076	718/2 巴士新新 51840	164/2 巴士新新 89345	487/2 巴士新新 95172	310/2 巴士新新 85017
贰元 道路运输票证专章 车资凭证 上海市公共交通客运票务结算中心章	贰元 道路运输票证专章 车资凭证 上海市公共交通客运票务结算中心章	贰元 道路运输票证专章 车资凭证 上海市公共交通客运票务结算中心章	贰元 道路运输票证专章 车资凭证 上海市公共交通客运票务结算中心章	贰元 道路运输票证专章 车资凭证 上海市公共交通客运票务结算中心章

表 3-186　　　　　住宿发票

上海市服务业、娱乐业、
文化体育业通用发票（卷）
SHANGHAI GENERAL INVOICE FOR SERVICE INDUSTRY,
ENTERTAINMENT INDUSTRY AND CULTURE SPORT INDUSTRY

INVOICE

密　　码
PASSWORD

发票代码：
INVOICE CODE 295171002408

发票号码：
INVOICE No. 19737418

机打票号：
PRINTING No. 9258739100

机器编号：
RECEIVER No. 020487569520

收款单位：
PAYEE　上海亿嘉大酒店

税务登记号：
TAX REGISTRY No. 3118947524915701

开票日期：20X11226　　收款员：
DATE ISSUED　　　　　　RECEIVED BY

付款单位（个人）：
PAYER
山东爱家科技开发有限公司

项　　目　　　　　　　　　额
SERVICE ITEM　　　AMOUNT CHARGED

住宿　　　　　　￥110.00

合计（小写）：
TOTAL IN FIGURES　￥110.00

合计（大写）：
TOTAL IN CAPITALS　壹佰壹拾元整

税 控 码 ：
ANTI-FORGERY CODE

（竖排）除付款单位外手写无效
HAND-WRITING INVALID EXCEPT PAYER

（竖排）收款单位签章 PAYEE(SEAL)

表 3-187　　　　　地铁发票

上海申通地铁集团有限公司

定额发票

人民币：伍元

发票号码：2310007128446
发票代码：03494706
工商登记号：3100001006**
地税沪字：310046631755864
税号：310046631755864

（39）记字第 39 号记账凭证及所附原始凭证，如表 3-188 及表 3-189 所示。

表 3-188

记账凭证

20×1 年 12 月 28 日

记字第 39 号

摘　要	会计科目	明细科目	√	借方金额										√	贷方金额										附单据1张
				千	百	十	万	千	百	十	元	角	分		千	百	十	万	千	百	十	元	角	分	
加工磨辊，收款	库存现金						2	6	0	0	0	0		√											
	主营业务收入													√					2	5	2	4	2	7	
	应交税费	应交增值税												√							7	5	7	3	
合　计							2	6	0	0	0	0							2	6	0	0	0	0	

财务主管：李冰　　　记账：李冰　　　出纳：徐晋　　　　　　审核：　　　　　　　制单：徐晋

表 3-189

山东省修理修配统一发票

记 账 联

发票代码 137010760153

发票号码 00039992

客户名称：济南光荣面粉有限公司

20×1 年 12 月 28 日填制

项目	单位	数量	单价	金额						说明
				千	百	十	元	角	分	
磨辊拉丝	支	400#/4	100		4	0	0	0	0	20×2 年年底前开具有效汽车维修行业必须附山东省汽车维修结算清单
磨辊拉丝	支	500#/4	150		6	0	0	0	0	
磨辊喷砂	支	500#/8	200	1	6	0	0	0	0	
金额人民币	（大写）贰仟陆佰零拾零元零分			现金收讫	0	0	0	0	0	

第三联：记账联（填）
票单位作记账凭证

开票人：　　　　　　收款人：徐晋　　　　　　单位签章：

（40）记字第 40 号记账凭证及所附原始凭证，如表 3-190 及表 3-191 所示。

表 3-190

记账凭证

20×1 年 12 月 31 日

记字第 40 号

摘　要	会计科目	明细科目	√	借方金额										√	贷方金额										附单据1张
				千	百	十	万	千	百	十	元	角	分		千	百	十	万	千	百	十	元	角	分	
加工磨辊收现金	库存现金						7	5	0	0	0	0		√											
	主营业务收入													√					7	2	8	1	5	5	
	应交税金	应交增值税												√							2	1	8	4	5	
合　计							7	5	0	0	0	0							7	5	0	0	0	0	

财务主管：李冰　　　记账：李冰　　　出纳：徐晋　　　　　　审核：　　　　　　　制单：徐晋

表 3-191　　　　　　　　　山东省修理修配统一发票

记　账　联

发票代码 137010760153

发票号码 00039993

客户名称：蓬莱好一家有限公司　　　　　　20×1 年 12 月 31 日填制

项目	单位	数量	单价	千	百	十	元	角	分	说明
磨辊拉丝	支	1000#/9	300	2	7	0	0	0	0	20×2 年年底前开
磨辊喷砂	支	1000#/12	400	4	8	0	0	0	0	具有效汽车维修行
金额人民币		（大写）柒仟伍佰元整			7	5	0	0	0	业必须附山东省汽车维修结算清单

现 金 收 讫　　　财务专用章

开票人：　　　　收款人：徐 晋　　　　单位签章：

第三联：记账联（填

票单位作记账凭证

（41）记字第 41 号记账凭证及所附原始凭证，如表 3-192～表 3-194 所示。

表 3-192　　　　　　　　　记账凭证

20×1 年 12 月 31 日　　　　　　　　　记字第 41 号

摘要	会计科目	明细科目	√	借方金额 千百十万千百十元角分	√	贷方金额 千百十万千百十元角分
存现	银行存款	农行		7 5 0 0 0 0	√	
	库存现金				√	7 5 0 0 0 0
合　计				7 5 0 0 0 0		7 5 0 0 0 0

附单据 2 张

财务主管：李冰　　记账：李冰　　出纳：徐晋　　审核：　　制单：徐晋

表 3-193　　　　　　　　　费用报销单

报销日期：20×1 年 12 月 31 日　　　　附件 1 张

费用项目	类别	金额		
存现金		7 500.00	负责人（签章）	王美
			审核意见	李冰
			报销人（签章）	徐晋
报销金额合计		￥7 500.00		
核实金额（大写）	⊗万柒仟伍佰零拾零元零角零分	￥7 500.00		
借款金额		应退金额	应补金额	

审核：　　　　　出纳：徐 晋

表3-194　　　　　　　　　　现金缴款单（回单）1

20×1年12月31日

缴款单位	名称	山东爱家科技开发有限公司							款项来源			收入								
	账号	34615133101040002897							缴款部门											

人民币（大写）	柒仟伍佰元整							亿	千	百	十	万	千	百	十	元	角	分
													¥	7	5	0	0	0	0

券别	张数	千	百	十	万	千	百	十	元	券别	张数	千	百	十	元	角	分
一百元	70					7	0	0	0	一元							
五十元	10						5	0	0	五角							
二十元										二角							
十元										一角							
五元										分币							
二元																	

上列款项已如数收妥入账
收款报门盖章
（中国农业银行济南东风支行）
20×1.12.31
业务处理讫章
（6）

（42）记字第42号记账凭证及所附原始凭证，如表3-195～表3-197所示。

表3-195　　　　　　　　　　记账凭证

20×1年12月31日　　　　　　　　　　记字第42号

摘要	会计科目	明细科目	√	借方金额										√	贷方金额									
				千	百	十	万	千	百	十	元	角	分		千	百	十	万	千	百	十	元	角	分
支付11、12月电费	主营业务成本							3	8	7	6	0	0	√										
	库存现金													√					3	8	7	6	0	0
合计								3	8	7	6	0	0						3	8	7	6	0	0

附单据2张

财务主管：李冰　　　记账：李冰　　　出纳：徐晋　　　审核：　　　制单：徐晋

表3-196　　　　　　　　　　费用报销单

报销日期：20×1年12月31日　　　　　　　　　　附件1张

费用项目	类别	金额	负责人（签章）	王美
11、12月份电费		3 876.00		
			审核意见	李冰
			报销人（签章）	赵敏
金额合计		¥3 876.00		现金付讫
核实金额（大写）	叁仟捌佰柒拾陆元整	¥3 876.00		
借款金额		应退金额	应补金额	

审核：　　　　　　出纳：徐晋

表 3-197
山东省工业统一发票

发票代码 137010153760
发票号码 00033999
20×1 年 12 月 31 日填制

客户名称：山东爱家科技开发有限公司

项目	单位	数量	单价	金额						说明
				千	百	十	元	角	分	
11、12 月份工业及照明电				3	8	7	6	0	0	20×2 年年底前开具 有效
金　额 人民币　（大写）叁仟捌佰柒拾陆元整				3	8	7	6	0	0	

开票人：李斌　　　　　收款人：胡晓兵　　　　　单位签章：

（43）记字第 43 号记账凭证及所附原始凭证，如表 3-198 及表 3-199 所示。

表 3-198
记账凭证
20×1 年 12 月 31 日
记字第 43 号

摘　要	会计科目	明细科目	√	借方金额									√	贷方金额								
				千	百	十	万	千	百	十	元	角	分		千	百	十	万	千	百	十	元	角	分
固定资产折旧	主营业务成本							6	9	6	7	6	9	√										
房租摊销	累计折旧																		4	5	7	6	5	2
	预付账款	房租												√						2	3	9	1	1	7
合　计								6	9	6	7	6	9							6	9	6	7	6	9

财务主管：李冰　　　记账：李冰　　　出纳：　　　审核：　　　制单：徐晋

表 3-199
费用报销单

报销日期：20×1 年 12 月 31 日
附件　张

费用项目	类别	金额	负责人（签章）	王美
固定资产折旧		4 576.52		
摊销房屋租金		2 391.17	审核意见	李冰
			报销人（签章）	
金额合计		￥6 967.69		
核实金额（大写）	零万陆仟玖佰陆拾柒元陆角玖分	￥6 967.69		
借款金额		应退金额		应补金额	

审核：　　　　　　　　　出纳：

（44）记字第 44 号记账凭证及所附原始凭证，如表 3-200 及表 3-201 所示。

表 3-200

记账凭证

20×1 年 12 月 31 日　　　　　　　　　　　　　记字第 44 号

摘　要	会计科目	明细科目	√	借方金额										√	贷方金额									
				千	百	十	万	千	百	十	元	角	分		千	百	十	万	千	百	十	元	角	分
工资分配	主营业务成本						1	5	7	1	0	8	0	√										
	应付职工薪酬	工资												√				1	4	5	3	3	6	8
		社会保险																	1	1	7	7	1	2
合　计							1	5	7	1	0	8	0					1	5	7	1	0	8	0

附单据 1 张

财务主管：李冰　　　记账：李冰　　　出纳：　　　　　审核：　　　　　制单：徐晋

表 3-201

费用报销单

报销日期：20×1 年 12 月 31 日　　　　　　　　　附件　张

费用项目	类别	金额	负责人（签章）		王美
工资分配	工资	14 533.68			
	保险	1 177.12	审核意见		李冰
			报销人（签章）		
金额合计		¥ 15 710.80			
核实金额（大写）	壹万伍仟柒佰壹拾元捌角整				
借款金额		应退金额		应补金额	

审核：　　　　　　　　　　出纳：

（45）记字第 45 号记账凭证及所附原始凭证，如表 3-202 及表 3-203 所示。

表 3-202

记账凭证

20×1 年 12 月 31 日　　　　　　　　　　　　　记字第 45 号

摘　要	会计科目	明细科目	√	借方金额										√	贷方金额									
				千	百	十	万	千	百	十	元	角	分		千	百	十	万	千	百	十	元	角	分
计算本月应交税费	营业税金及附加							1	2	1	2	7		√										
城建税	应交税费	应交城建税												√							7	7	1	7
教育费附加		教育费附加												√							4	4	1	0
合　计								1	2	1	2	7									1	2	1	2	7

附单据 1 张

财务主管：李冰　　　记账：李冰　　　出纳：　　　　　审核：　　　　　制单：徐晋

表 3-203

费用报销单

报销日期：20×1 年 12 月 31 日　　　　　　　　　　　　　　附件　张

费用项目	类别	金额	负责人（签章）		王美
城建税	7%	77.17			
教育费附加	3%	33.07	审核意见		李冰
地方教育附加	1%	11.03			
当月应缴增值税			报销人（签章）		
1 102.44 元					
金额合计			￥121.27		
核实金额（大写）			壹佰贰拾壹元贰角柒分		
借款金额		应退金额		应补金额	

审核：李冰　　　　　　　　　　　　　　　　　出纳：

（46）记字第 46 号记账凭证，如表 3-204 所示。

表 3-204

记账凭证

20×1 年 12 月 31 日　　　　　　　　　　　　　　　记字第 46 号

摘 要	会计科目	明细科目	√	借方金额 千 百 十 万 千 百 十 元 角 分	√	贷方金额 千 百 十 万 千 百 十 元 角 分	
收入结转	主营业务收入			3 6 7 4 7 5 6	√		附单据张
	财务费用			8 8 3 7	√		
	本年利润				√	3 6 8 3 5 9 3	
合 计				3 6 8 3 5 9 3		3 6 8 3 5 9 3	

财务主管：李冰　　　记账：李冰　　　出纳：　　　　　审核：　　　　　制单：李冰

（47）记字第 47 号记账凭证，如表 3-205 所示。

表 3-205

记账凭证

20×1 年 12 月 31 日　　　　　　　　　　　　　　　记字第 47 号

摘 要	会计科目	明细科目	√	借方金额 千 百 十 万 千 百 十 元 角 分	√	贷方金额 千 百 十 万 千 百 十 元 角 分	
成本费用结转	本年利润			5 1 8 7 8 1 6	√		附单据张
	主营业务成本				√	4 6 1 3 4 4 9	
	营业税金及附加				√	1 2 1 2 7	
	管理费用				√	5 6 2 2 4 0	
合 计				5 1 8 7 8 1 6		5 1 8 7 8 1 6	

财务主管：李冰　　　记账：李冰　　　出纳：　　　　　审核：　　　　　制单：李冰

（48）记字第 48 号记账凭证及所附原始凭证，如表 3-206 及表 3-207 所示。

表 3-206

记账凭证

20×1 年 12 月 31 日

记字第 48 号

摘　　要	会计科目	明细科目	√	借方金额										√	贷方金额										
				千	百	十	万	千	百	十	元	角	分		千	百	十	万	千	百	十	元	角	分
计算第四季度	所得税费用						1	3	5	8	8	1		√										
企业所得税	应交税费	应交所得税												√					1	3	5	8	8	1
合　　计																								

财务主管：李冰　　　记账：李冰　　出纳：　　　　　　　　审核：　　　　　　　　制单：李冰

附单据 1 张

表 3-207

应交所得税计算表（第四季度）

计税项目	应纳税所得额	所得税税率	应交所得税	备注
（1）主营业务收入	（2）=（1）×7%	（3）=18%	（4）=（2）×（3）	1. 根据 11 月份利润表计算 1～3 季度主营业务收入为 4 004.18/7%/18%=317 792.06（元）
				2. 计算 10、11 月份主营业务收入为截至 11 月份累计收入 388 886.80 元减去 1～3 季度主营业务收入 317 792.06 元，即 71 094.74（元）
107 842.30	7 548.96	18%	1 358.81	
				3. 第四季度主营业务收入为 71 094.74+36 747.56=107 842.30（元）

审核：王美　　　　　　　　制表：李冰

（49）记字第 49 号记账凭证，如表 3-208 所示。

表 3-208

记账凭证

20×1 年 12 月 31 日

记字第 49 号

摘　　要	会计科目	明细科目	√	借方金额										√	贷方金额										
				千	百	十	万	千	百	十	元	角	分		千	百	十	万	千	百	十	元	角	分
结转所得税	本年利润						1	3	5	8	8	1		√										
	所得税费用													√					1	3	5	8	8	1
合　　计							1	3	5	8	8	1							1	3	5	8	8	1

财务主管：李冰　　　记账：李冰　　出纳：　　　　　　　　审核：　　　　　　　　制单：李冰

附单据 张

（50）记字第 50 号记账凭证，如表 3-209 所示。

表 3-209

记账凭证

20×1 年 12 月 31 日　　　　　　　　　　　　　　记字第 50 号

摘要	会计科目	明细科目	√	借方金额	√	贷方金额
				千百十万千百十元角分		千百十万千百十元角分
结转本年利润	利润分配	未分配利润		5 8 6 9 1 1	√	
	本年利润				√	5 8 6 9 1 1
合　计				5 8 6 9 1 1		5 8 6 9 1 1

附单据张

财务主管：李冰　　　记账：李冰　　出纳：　　　　审核：　　　　制单：李冰

任务二　掌握会计师事务所的审计工作流程

审计主体：山东中天运会计师事务所

山东中天运会计师事务所财务报表审计工作底稿目录如表 3-210 所示。

表 3-210　　　　中天运会计师事务所有限公司财务报表审计工作底稿目录

被审计单位：A 公司	编制：XXX	日期：20××年×月××日
时期/时点：20××年度/20××年××月××日	复核：YYY	日期：20××年×月××日

序号	底稿类别	底稿目录索引	备注
一	初步业务工作底稿	A	
二	风险评估工作底稿	B	
三	进一步审计程序工作底稿	C	
四	业务完成工作底稿	D	

一、初步业务活动工作底稿

初步业务活动工作底稿目录，如表 3-211 所示。

表 3-211　　　中天运会计师事务所有限公司财务报表审计工作底稿——初步业务活动工作底稿目录

序号	底稿类别	底稿目录索引	备注
1	☑初步业务活动程序表	A	
2	☐业务承接评价表	AA	
3	☐业务保持评价表	AB	

续表

序号	底稿类别	底稿目录索引	备注
4	□审计业务约定书	AC	
5	□未审报表	AD	
6	□职业道德守则对提供各类专业服务的具体要求	AE	
7	□审计和审阅业务对独立性的要求	AF	

初步业务活动程序表，如表 3-212 所示。

表 3-212　　　　中天运会计师事务所有限公司初步业务活动程序表

被审计单位：A 公司	编制：XXX	日期：20××年×月××日
时期/时点：20××年度/20××年××月××日	复核：YYY	日期：20××年×月××日
项目名称：初步业务活动程序表		索引号：A

初步业务活动程序表

一、初步业务活动目标	备注	

确定是否接受业务委托，如接受业务委托，确保在计划审计工作时达到下列要求。

（1）注册会计师已具备执行业务所需要的独立性和专业胜任能力。

（2）不存在因管理层诚信问题而影响注册会计师承接或保持该项业务意愿的情况。

（3）与被审计单位不存在对业务约定条款的误解

二、初步业务活动审计程序		索引号	执行人
1	如果是首次接受审计委托，实施下列程序。 （1）与被审计单位相关人员面谈，讨论下列事项。 1）审计的目标；2）审计报告的用途；3）管理层对财务报表的责任；4）审计范围；5）执行审计工作的安排，包括出具审计报告的时间要求；6）审计报告格式和对审计结果的其他沟通形式；7）管理层提供必要的工作条件和协助；8）注册会计师不受限制地接触任何与审计有关的记录、文件和所需要的其他信息；9）利用被审计单位专家或内部审计人员的程度（必要时）；10）审计收费。 （2）初步了解被审计单位及其环境，并予以记录。 如果是集团审计项目，集团项目组可以通过下列途径了解集团及其环境、集团组成部分及其环境：1）集团管理层提供的信息；2）与集团管理层的沟通；3）如适用，与前任集团项目组、组成部分管理层或组成部分注册会计师的沟通。 集团项目组需要对下列事项进行了解：1）集团结构，包括法律意义上的结构和组织结构（即集团财务报告系统是如何组织的）；2）组成部分中对集团重要的业务活动，包括业务活动在何种行业状况、监管环境以及经济和政治环境下发生；3）对服务机构的利用，包括共享服务中心；4）对集团层面控制的描述；5）合并过程的复杂程度；6）是集团项目合伙人所在的会计师事务所还是网络以外的组成部分注册会计师对组成部分财务信息执行相关工作，以及集团管理层委托多家会计师事务所的理由；7）集团项目组是否可以不受限制地接触集团治理层和管理层、组成部分治理层和管理层、组成部分信息和组成部分注册会计师（包括集团项目组需要获取的相关审计工作底稿），以及是否可以对组成部分财务信息执行必要的工作。 （3）征得被审计单位书面同意后，与前任注册会计师沟通		

续表

2	如果是连续审计，实施下列程序。 （1）了解审计的目标、审计报告的用途、审计范围和时间安排等； （2）查阅以前年度审计工作底稿，重点关注非标准审计报告涉及的说明事项、管理建议书的具体内容、重大事项概要等； （3）初步了解被审计单位及其环境发生的重大变化，并予以记录。 　　如果是集团审计项目，集团项目组应关注以下变化：1）集团组织结构的变化（如发生收购、处置或重组，或集团财务报告系统的组织方式发生变化）；2）对集团具有重要影响的组成部分业务活动的变化；3）集团治理层、管理层或重要组成部分的关键管理人员在构成上的变化；4）对集团或组成部分管理层诚信和胜任能力的疑虑；5）集团层面控制的变化；6）适用的财务报告编制基础的变化。 （4）考虑是否需要修改业务约定条款，以及是否需要提醒被审计单位注意现有的业务约定条款		
3	评价是否具备执行该项审计业务所需要的独立性和专业胜任能力		
4	完成业务承接评价表或业务保持评价表	AAAB	
5	签订审计业务约定书（适用于首次接受业务委托，以及连续审计中修改长期审计业务约定书条款的情况）	AC	

　　任务：假定已完成的初步业务活动，表明山东爱家科技开发有限公司财务报表审计委托可以接受，请你拟一份审计业务约定书。

二、风险评估工作底稿

　　风险评估工作底稿目录，如表 3-213 所示。

表 3-213　　　　　　　　　　　　　风险评估工作底稿目录

序号	工作底稿名称	索引号	执行人
1	了解被审计单位及其环境	BA/BB/BC	
2	风险评估结果汇总表	BD	
3	总体审计策略	BE	
4	具体审计计划	BF	
5	重要性确定表	BG	
6	总体审计策略与具体审计计划重大修改情况	BH	

　　编制风险评估工作底稿略。以下实质性程序的工作安排和审计完成阶段汇总发现的问题，都是在此基础上进行的。

　　任务：财务报表层次重要性水平确定表，如表 3-214 所示。

表 3-214　　　　　　　　　　　　财务报表层次重要性水平确定表

基准项目	未审数	百分比（%）	金额	财务报表层次重要性水平

三、进一步审计程序工作底稿

控制测试工作底稿略。

山东爱家科技开发有限公司项目审计实质性程序工作底稿目录，如表 3-215 所示。

表 3-215　　　　山东爱家科技开发有限公司项目审计实质性程序工作底稿目录

序号	项目审计工作底稿	序号	项目审计工作底稿
第一部分	明细表	第三部分	截止测试表
1	主营业务收入明细表	1	主营业务收入截止测试表
2	主营业务成本明细表	2	存货截止测试表
3	应收账款明细表	第四部分	询证函
4	存货明细表	1	银行询证函
5	固定资产明细表	2	应收账款询证函
6	应付账款明细表	第五部分	监盘
7	管理费用明细表	1	库存现金监盘表
8	销售费用明细表	2	存货监盘报告
9	应交税费明细表	第六部分	计算表
10	营业税金及附加明细表	1	存货计价测试表
11	应付职工薪酬明细表	2	折旧计算表
12	实收资本明细表	3	费用测算表
13	货币资金明细表	第七部分	审定表
第二部分	检查表	1	主营业务收入审定表
1	主营业务收入检查表	2	主营业务成本审定表
2	主营业务成本检查表	3	应收账款审定表
3	应收账款检查表	4	存货审定表
4	存货检查表	5	固定资产审定表
5	管理费用检查表	6	应付账款审定表
6	销售费用检查表	7	管理费用审定表
7	应交税费检查表	8	销售费用审定表
8	营业税金及附加检查表	9	应交税费审定表
9	应付职工薪酬检查表	10	营业税金及附加审定表
10	货币资金检查表	11	应付职工薪酬审定表
		12	实收资本审定表
		13	货币资金审定表

以主营业务收入为例，审计过程、审计证据及审计工作底稿之间的关系如图 3-3～图 3-5 所示。

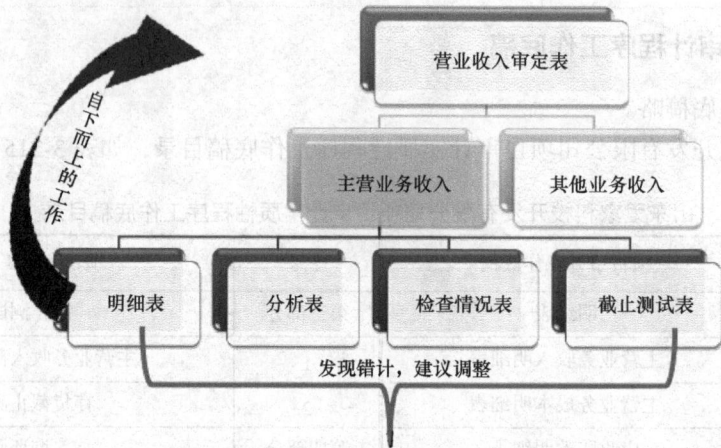

图 3-3　主营业务收入实质性程序工作底稿

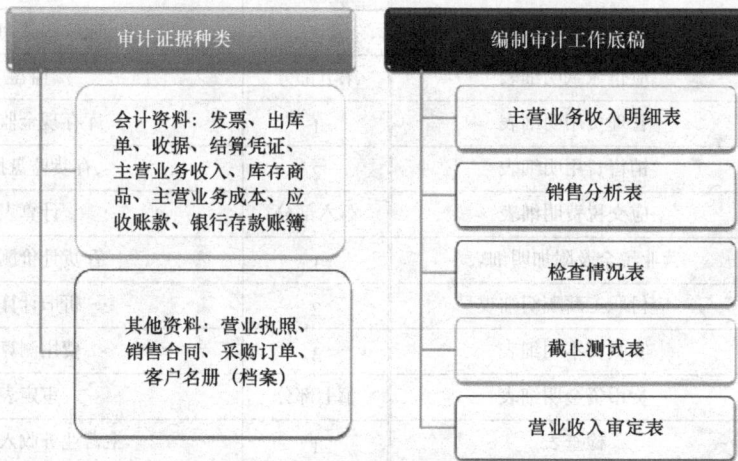

图 3-4　主营业务收入审计证据种类及编制的工作底稿

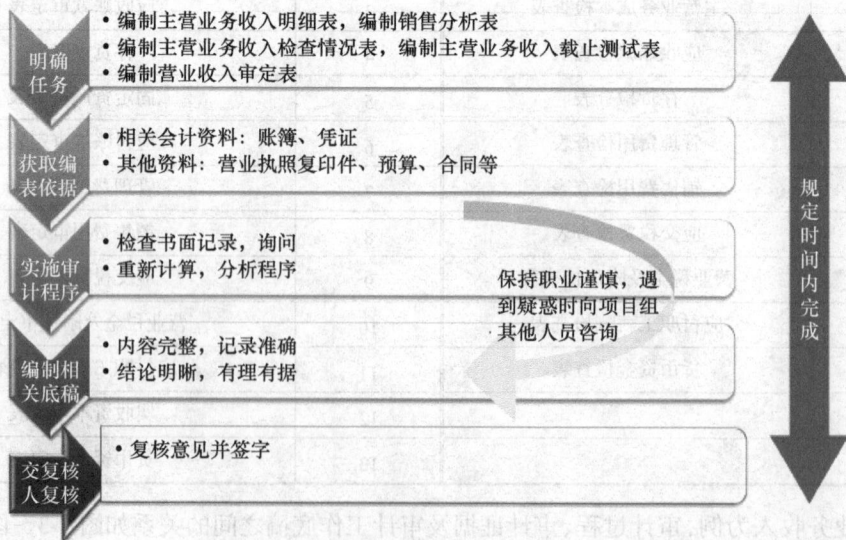

图 3-5　主营业务收入审计典型工作任务流程图

任务：请根据山东爱家科技开发有限公司的资料，编制以下审计工作底稿，见表 3-216～表 3-220（以下工作底稿的表头全部参照表 3-219 货币资金收支检查情况表，其他表略）。

表 3-216　　　　　　　　　　主营业务收入明细表

月份	主营业务收入明细项目			
	合计			
1 月				
2 月				
……				
12 月				
合计				
上期数				
变动额				
变动比例				

审计说明：

表 3-217　　　　　　　　　　营业收入检查情况表

记账日期	凭证编号	业务内容	借方科目	贷方科目	金额	附件	核对内容（用"√"、"×"表示）					备注
							1	2	3	4	5	

核对内容说明：

1. 原始凭证是否齐全；2. 记账凭证与原始凭证是否相符；3. 账务处理是否正确；4. 是否记录于恰当的会计期间；5. ……

审计说明：

表 3-218　　　　　　　　　　营业收入审定表

项目类别	本期末审数	账项调整		期末审定数	上期末审定数	本期审定数与上期审定数比较	
		借方	贷方			变动额	变动率
一、主营业务收入							
小计							
二、其他业务收入							
小计							
营业收入合计							

审计结论：

表 3-219   货币资金收支检查情况表

中天运会计师事务所有限公司   *JONTEN CPAS*

被审计单位：		编制：		日期：
时间/截止日：		复核：		日期：
项目名称：货币资金收支检查情况				索引号：ZA5

记账日期	凭证编号	业务内容	借方科目	贷方科目	金额	附件	核对内容（用"√"、"×"表示）					备注
							1	2	3	4	5	

核对内容说明：1. 原始凭证是否齐全；2. 记账凭证与原始凭证是否相符；3. 账务处理是否正确；4. 是否记录于恰当的会计期间；5. ……

对不符事项的处理：

注：当企业规模和业务量较大时，可分库存现金、银行存款、其他货币资金科目分别使用该表，应注意修改索引号。

审计说明：

表 3-220   应交税费测算表

序号	税费项目	计税基础	计税基数	税率	测算数	未审账面数	差异	备注
			1	2	3=2×1	4	5=4-3	
1	增值税							
2	城建税							
3	教育费附加							
合计								

审计说明：

四、业务完成工作底稿

业务完成阶段工作底稿目录，如表 3-221 所示。

表 3-221　　　　　　　　　　业务完成阶段工作底稿目录

序号	底稿名称	索引号	备注	序号	底稿名称	索引号	备注
1	□ 业务完成阶段审计工作	E		12	□ 总结会会议纪要	EF	
2	□ 账项调整分录汇总表	EA		13	□ 与治理层的沟通函	EG	
3	□ 重分类调整分录汇总表	EB		14	□ 专业意见分歧解决表	EH	
4	□ 列报调整汇总表	EC		15	□ 重大事项概要汇总表	EI	
5	□ 未更正错报汇总表	ED		16	□ 管理层声明书	EJ	
6	□ 资产负债表试算平衡表	EE-1		17	□ 审计总结	EK	
7	□ 利润表试算平衡表	EE-2		18	□ 审计工作完成情况核对表	EL	
8	□ 现金流量试算表	EE-3		19	□ 业务复核核对表	EM	
9	□ 财务报表	EE-4		20	□ 审计报告	EN	
10	□ 重要性分析	EE-5		21	□ 管理建议书	EO	
11	□ 已审报表趋势分析	EE-6		22	□ 底稿目录	EZ	

任务：针对山东爱家科技开发有限公司的管理实际，发现存在下列事实。

（1）全年为个体加工的磨辊未开发票，开具收据收取的现金共计 380 000.00 元未入账。请计算：

① 主营业务收入少计=

② 应交增值税少计=

③ 营业税金及附加少计=

④ 应交城建税少计=

⑤ 应交教育费附加少计=

⑥ 应交所得税少计=

编制审计调整分录：

（2）应收账款——滨州通达公司的加工款 35 000.00 元于 2009 年 1 月份发生，经确认滨州通达公司已于审计年度注销，经多次追收全部欠款无法收回。截至年末尚未处理。请计算：

① 对资产负债表 _____ 项目有直接影响，影响额（多计或少计）=

② 对利润表 _____ 项目有直接影响，影响额（多计或少计）=

（3）年末盘点车间存放的金刚砂共计 1.18 吨。请计算：

① 对资产负债表_____项目有直接影响，影响额=

② 对利润表_____项目有直接影响，影响额=

编制审计调整分录：

（4）期末盘点包装纸实存 21 卷，由于收发手续执行得不到位，实际领用时未保管、传递好领料单，耗用的包装纸未计入本期"主营业务成本"（注：包装纸的账面单价为 1 481.42 元）。请计算：

① 对资产负债表_____项目有直接影响，影响额（多计或少计）=

② 对利润表_____项目有直接影响，影响额（多计或少计）=

编制审计调整分录：

不考虑其他项目的影响，将上述审计发现的问题，编制以下工作底稿。

（1）编制账项调整分录汇总表，见表 3-222。

表 3-222   账项调整分录汇总表

被审计单位：_____   索引号：_____EA-1_____

项目：_____   财务报表截止日/期间：_____

编制：_____   复核：_____

日期：_____   日期：_____

序号	内容及说明	索引号	调整内容				影响利润表+（−）	影响资产负债表+（−）	错报性质
			借方项目	借方金额	贷方项目	贷方金额			

续表

序号	内容及说明	索引号	调整内容				影响利润表+（-）	影响资产负债表+（-）	错报性质
			借方项目	借方金额	贷方项目	贷方金额			

结论：

是否同意上述审计调整_____

被审计单位授权代表签字_____ 日期_____

（2）编制利润表试算平衡表，见表 3-223。

表 3-223　　　　　　　　　　利润表试算平衡表

项　　目	未审数	账项调整借方	账项调整贷方	审定数
一、营业收入	425 634.36			
减：营业成本	378 320.70			
营业税金及附加	2 687.90			
销售费用				
管理费用	45 426.40			
财务费用	-294.52			
加：投资收益（损失以"-"号填列）				
二、营业利润（亏损以"-"号填列）	-506.12			
加：营业外收入				
减：营业外支出				
三、利润总额（亏损以"-"号填列）	-506.12			
减：所得税费用	5 362.99			
四、净利润（净亏损以"-"号填列）	-5 869.11			

（3）编制资产负债表试算平衡表，见表 3-224。

表 3-224　　　　　　　　　　　　　资产负债表试算平衡表

资产	期末未审数	账项调整借方	账项调整贷方	期末审定数	负债和所有者权益（或股东权益）	期末余额	账项调整借方	账项调整贷方	期末审定数
流动资产：					流动负债：				
货币资金	70 709.29				短期借款				
短期投资					应付票据				
应收票据					应付账款				
应收账款	182 636.00				预收账款				
预付账款	17 039.54				应付职工薪酬	31 853.40			
应收股利					应交税费	1 965.04			
应收利息					应付利息				
其他应收款	40 096.79				应付利润				
存货	48 886.86				其他应付款	24 613.27			
其中：原材料	48 886.86				其他流动负债				
在产品					流动负债合计	58 431.71			
库存商品					非流动负债：				
周转材料					长期借款				
其他流动资产					长期应付款				
流动资产合计	359 368.48				递延收益				
非流动资产：					其他非流动负债				
长期债券投资					非流动负债合计				
长期股权投资					负债合计	58 431.71			
固定资产原价	534 216.00								
减：累计折旧	334 085.60								
固定资产账面价值	200 130.40								
在建工程									
工程物资									
固定资产清理									
生产性生物资产					所有者权益（或股东权益）：				
无形资产					实收资本（或股本）	500 000.00			
开发支出					资本公积				
长期待摊费用					盈余公积	2 435.10			
其他非流动资产					未分配利润	-1 367.93			
非流动资产合计	200 130.40				所有者权益（或股东权益）合计	501 067.17			
资产总计	559 498.88				负债和所有者权益（或股东权益）总计	559 498.88			

　　任务：假定已完成的各项审计工作表明经调整的山东爱家科技开发有限公司财务报表不存在重大错报，请你代项目负责人注册会计师孙诚信完成标准审计报告。

参考文献

［1］财政部. 中国注册会计师审计准则.

［2］财务报表审计工作底稿编制指南——中国注册会计师协会.